그들은 어떻게 이단이 되었는가

HERESY: A History of Defending the Truth

Copyright © 2009 by Alister E. McGrath
Published by arrangement with HarperOne, an imprint of HarperCollins Publishers.
All rights reserved.
Korean translation copyright © 2011 by Poiema, an imprint of Gimm-Young Publishers, Inc.
Korean translation copyrights arranged with HarperCollins Publishers through EYA(Eric Yang Agency).

그들은 어떻게 이단이 되었는가
HERESY

알리스터 맥그라스 · 홍병룡 옮김

포이에마

그들은 어떻게 이단이 되었는가

알리스터 맥그라스 지음 | 홍병룡 옮김

1판 1쇄 발행 2011. 5. 11. | **1판 7쇄 발행** 2024. 3. 15. | **발행처** 포이에마 | **발행인** 박강휘 | **등록번호** 제 300-2006-190호 | **등록일자** 2006. 10. 16. | 서울특별시 종로구 북촌로 63-3 우편번호 03052 | 마케팅부 02)3668-3260, 편집부 02)730-8648, 팩스 02)745-4827

본 저작물의 한국어판 저작권은 EYA(Eric Yang Agency)를 통하여 HarperCollins Publishers사와 독점 계약한 포이에마에 있습니다. 신 저작권법에 의해 한국 내에서 보호받는 저작물이므로 무단 전재와 무단 복제를 금합니다.

값은 뒤표지에 있습니다. ISBN 978-89-93474-55-8 03230 | 독자의견 전화 02)730-8648 | 이메일 masterpiece@poiema.co.kr | 좋은 독자가 좋은 책을 만듭니다. | 포이에마는 독자 여러분의 의견에 항상 귀를 기울이고 있습니다.

역사가 그러하듯 이단은
스스로 반복하는 습관을 갖고 있다.

차례

추천의 말 _ 릭 워렌 • 8

들어가는 말 _ 이단과 나누는 정사 • 10

1부 이단이란 무엇인가

1. 신앙, 신조 그리고 기독교 복음 • 31
2. 이단 개념의 기원 • 57

2부 이단의 뿌리

3. 다양성: 초기 이단의 배경 • 73
4. 이단의 초기 발달사 • 99
5. 이단의 본질은 무엇인가 • 129

3부 고전적인 기독교 이단들

6. 초기의 고전적 이단들 • 155
에비온주의, 도세티즘, 발렌티누스주의, 마르키온주의

7. 후기의 고전적 이단들 • 203
아리우스주의, 도나투스주의, 펠라기우스주의

4부 계속되는 이단의 영향력

8. 이단 발생의 문화적 동인과 지적 동기 • 259
9. 정통, 이단 그리고 권력 • 289
10. 이단과 이슬람의 기독교관 • 329

나가는 말_이단의 미래 • 340

주註 • 344

찾아보기 • 392

추천의 말

18세기 아일랜드 철학자요 저자요 정치가였던 에드먼드 버크는 "역사를 무시하는 자들은 역사를 되풀이하게 되어 있다"는 유명한 말을 남겼다. 그렇기에 이 책은 너무나 소중하다. 또 한 명의 아일랜드 철학자요 저자요 신학자가 쓴 이 책은 교회의 역사가 남긴 교훈을 무시하면 안 되는 이유를 아주 잘 보여준다.

버크로부터 백오십 년이란 세월이 흐른 뒤에 조지 산타야나는 《상식 속의 이성*Reason in Common Sense*》이란 책에서 버크의 금언을 다시금 진술했다. "과거를 기억하지 못하는 자들은 과거를 되풀이하는 저주를 받았다"고 말이다. 역사 속에 나타난 기독교 이단들의 예보다 이 원칙이 분명하게 드러나는 것도 없다. 대다수 신자는 교회 역사에 관해 거의 알지 못하기 때문에 이전 세대 정통 그리스도인이 논박하고 배척했던 예전의 오류가 나중에 다시 등장해도 알아차리지 못한다.

진리는 변치 않고 영원하다. 우리는 이것을 잘 알고 있다. 그리고 이게 사실이라면 진리는 절대로 새로운 것이 아니다. 그런데 거짓말도 마찬가지이다. 거짓되고 그릇된 신념 역시 새로운 것이 아니다. 전도서 1장 9절에서 솔로몬은 "역사는 스스로 되풀이할 뿐이다. 그것은 모두 이미 일어났던 일이다. 해 아래 진정 새것은 없다"고 말했다.

한 세대의 유행은 결국 또 다른 세대에 되돌아오기 마련이다. 이단의 이름이나 딱지는 바뀔지 모르지만, 그 오류는 과거 이천 년에 걸쳐 거듭 잘못된 것으로 판명되었던 것일 가능성이 많다.

뉴에이지 철학은 사실 새로운 것이 전혀 없는 풍조이다. 옛 거짓을 다시 포장한 것일 뿐이다. 당신이 곧 하나님이라거나 하나님일 수 있다는 믿음은 에덴동산만큼이나 오래된 것이다. 인류가 받은 최초의 시험도 바로 이거였다.

오늘날의 대중매체는 정통 신앙을 보도할 만한 가치가 없는 것이라 여긴다. 이런 이유 때문이라도 이 책은 우리 시대에 더더욱 중요한 책이다. 우리는 신자들에게 역사를 잘 가르쳐서 요즘 유행하는 신학과 우리의 신앙에 도전하는 많은 것들이 이미 과거에 등장했던 이단과 다를 바 없다는 걸 알게 해야 한다.

나는 우리 시대에 알리스터 맥그라스를 주신 하나님께 감사한다. 당신도 이 책을 읽고 나면 내 말에 동감할 것이다. 그의 글과 통찰은 명료하고 설득력이 있으며 포괄적이다.

혼자만 읽지 말고 다른 사람에게도 선물하여 교회를 굳게 세우길 소망한다.

_릭 워렌, 새들백 교회 담임목사

들어가는 말

이단과 나누는 정사

요즘처럼 이단의 사상에 관심이 많았던 적이 없었다. 교회가 기틀을 다지던 초창기에 모호하고 위험한 사상으로 간주했던 고대 이단들이 지금 매력적으로 치장하고 다시 나타났다. 종교적 금기가 지금처럼 강하게 사람들을 매혹한 적이 없었던 것 같다. 영국의 시인 제프리 초서Geoffrey Chaucer는 14세기에 "우리에게 어떤 것을 금지해보라. 그러면 바로 그걸 우리가 원하게 될 것이다"[1]라고 말한 바 있다. 오늘날 종교에서 멀어진 많은 사람들은 이단을 영적 자유를 주장하는 대담하고 용감한 소리로 간주하고 피해야 할 것이 아니라 소중히 간직해야 할 것으로 여긴다.[2] 이들에게 이단은 정통성 확보를 놓고 벌인 과거의 싸움에서 잔인한 기존 종교 권력에 패배한 용감한 패자들이다. 역사는 승자의 손으로 기록되는 까닭에 이단은 불공평하게 역사의 뒤안길로 밀려났고 그들의 영적이고 지적인 덕도 적들에게 억압당하고 말았다고 생각하는 것이다. 따라서 이단 사상을 복권하는 일을 전형적인 정통파보다 현대 문화에 더 잘 조율된, 이제껏 억압받아온 기독교의 다른 유형들을 되살려 과거의 불의를 바로잡는 작업으로 반드시 필요하다고 본다. 이런 생각들 덕에 이단은 유행을 타게 되었다.

문화 분위기에서도 이단을 새롭게 조명하고 그 가치를 인정하는 방향으로 일종의 변천이 있었다. 예일 대학교 문화사가 피터 게이Peter Gay는 최근에 〈이단의 매혹〉이라는 글을 썼는데, 이는 기존의 문화적 기대를 뒤집어엎고 도전하는 압도적이고 매력적인 갈망을 제대로 짚어낸 표현이다.³ 피터 게이는 전통을 거스르고 싶은 욕망이 현대 예술의 특징이라 말한다. 따라서 이 운동의 영예로운 배지는 그것이 유발한 핍박과 고소와 분노에 있다. 당연히 그들의 적은 인간의 독창성과 창의성의 불꽃을 억압하는 따분하기 그지없는 정통파이다.

이런 사고가 오늘날 서양 문화 속에 깊이 뿌리박혀 있다. 이단은 급진적이고 혁신적인 반면에 정통파는 단조롭고 반동적이라는 생각 말이다. 유대인 작가 윌 허버그Will Herberg가 1960년대 미국에서 신에 반대하는 저항의 물결이 극에 달했을 때 날카롭게 지적한 것처럼, 정통 종교는 건조하고 무기력한 반면 이단은 지적 에너지와 문화적 창의성을 뿜어내는 것처럼 보인다. "요즘 사람들은 스스로 자신이 이단이라고 자랑스레 밝힘으로써 다른 이들에게 흥미로운 존재로 보이길 바란다. 오늘날 이단이란 창의적 지성, 곧 스스로 생각하고 신조와 도그마를 경멸하는 사람을 일컫는 말에 다름 아니기 때문이다."⁴

허버그의 논점을 간과해서는 안 된다. 정통 종교는 죽어가는 중이거나 억압적인 것으로 간주되는 반면에(종교를 일괄적으로 배척하는 풍조를 포함하여), 다른 종교적 대안들이 점점 더 강렬한 호소력을 발휘하는 현상을 그냥 지나쳐서는 안 된다는 말이다. 특히 19세기에 서구 문화에서 일어난 무신론에 대한 관심 폭증은 정통 종교에 대한 문화적 환멸과 각성을 보여주는 또 다른 잣대이다. 최근 '새로운 무신론'에 대한 관심이 급증한 것도 이런 현상이 21세기 초 서양에서 여전히 중요한 흐름을 이루고 있다는 걸 보여준다.[5]

그런데 현대 서구 문화가 느끼는 이단의 매력은 정통파의 구제 불능한 따분함이나 도덕적 해이에 대한 대중의 인식을 훨씬 뛰어넘는다. 오늘날 이단 논의의 밑바닥에는 권력이 미치는 부정적 영향에 대한 포스트모더니즘의 뿌리 깊은 의심이 스며들어 있는 경우가 많다. 역사가 승자에 의해 기록된다는 건 누구나 아는 사실이다. 소위 '정통파'라는 건 어쩌다 싸움에서 이긴 하나의 이단, 그래서 재빨리 경쟁자들을 누르고 그들의 목소리를 묵살해버린 하나의 이단에 불과할 뿐이다. 이것이 바로 독일 신학자 발터 바우어Walter Bauer가 전개한 논지이다. 가장 초창기에 진정한 기독교 신앙은 아마 정통 신앙이 아니라 다분히 이단적인 신앙이었을 거라는 주장이다. 정통파란 훗날에 발전한 형태일 뿐이며, 이전에는 진정한 신앙으로 수용되었던 여러 기독교 신앙을 억압하려 애써왔다는 게 발터 바우어의 주장이다.[6] 바우어의 저서가 1934년에 독일에서 출판되었을 때는 그리 관심을 끌지 못했다. 그러다 1971년에 영어로 번역되었는데, 그때는 문화 분위기가 1930년대 모더니즘에서 벗어나 1960년대 말의 포스트모더니즘으로 완전히 전환된 시점이었다. 바우어의 사상은 갈수록 깊어지는 반反권위주의 문화의 회의적 눈초리나 가치관과 맞물려 공명을 일으켰다. 그래서 바우어의 책은 졸지에 정통파를 비판하는 포스트모던 비평가들의 부적符籍이 되었다.

바우어의 논지는 이단이란 본래 기독교 세계에서 권력과 영향력을 가진 자들에게 억압을 당한 하나의 정통 신앙이었다는 것이다. 억압자들은 당시를 지배하던 로마 교회였다. 그러므로 우리는 자기네 사상이 정통 신앙으로 공인되기를 바랐던 자들에 의해 억압당하고 묵살당한 일련의 "잃어버린 혹은 압제당한 다양한 기독교"의 존재를 인정해야 마땅하다.[7] 이 견해에 따르면, 이단과 정통의 구별은 역사적 우발성의 문제로 상당히 자의적인 것이다. 말하자면, 정통은 싸움에서 승리한 사상을, 이단은 패배한 사상을 일컬을 뿐이다. 이런 관점을 지닌 이들이 이제는 문화적 권위를 가지고 이런 주장을 하기 때문에 우리는 더욱더 정통과 이단 그리고 권력의 상호관계를 자세히 조사할 필요가 있다. 그래서 이 책을 진행하면서 그런 문제들을 철저히 탐구할 생각이다.

그런데 개중에는 여기에서 한 발 더 나아간 이들이 있다. 정통은 미심쩍은 방법으로 우세한 고지를 점령한 일련의 사상에 불과한 것이 아니라, 로마제국에서 기독교회의 종교 권력 기반을 확보하고자 고의로 조작한 것이라고 주장하는 이들이다. 2003년에 출간되어 일 년 내내 베스트셀러 반열에 올랐던 댄 브라운의 《다빈치 코드》가 주장하는 핵심 주제 중 하나가 바로 이것이다.[8] 이 소설의 줄거리는 1982년에 마이클 베이전트Michael Baigent와 리처드 리Richard Leigh, 헨리 링컨Henry Lincoln이 전개한 고도로 사변적인 이론의 영향을 받은 것이다.[9] 세 사람은 《성혈과 성배Holy Blood, Holy Grail》라는 책에서 지극히 취약한 역사적 증거에 기초하여 나사렛 예수가 막달라 마리아와 결혼해서 자식을 낳았다고 주장한다. 덧붙여 그때 이후로 가톨릭교회가 나사렛 예수의 혈통을 억압하려 했다는 의심스러운 주장을 문서로 증명하려 한다. 브라운의 책은 이 이론을 소설화했을 뿐 아니라 리 티빙Leigh Teabing 경이라는 등장인물까지 만들어 리처드 리와 마이클 베이전트를 암시하기도 했다. Teabing은 Baigent의 철자 조합을 바꾼 것이다.[10]

브라운의 소설이 이단의 기원과 의미에 관한 대중의 인식과 상관이 있다는 사실은 티빙이란 등장인물의 대담한 주장에서 확인할 수 있다. "우리 선조가 그리스도에 관해 가르쳐준 것은 거의 모두가 거짓이다." 주후 325년에 니케아 공의회에서 나사렛 예수의 신성이 투표에 부쳐지기 전까지 그리스도인들은 예수를 신적 존재로 여긴 적이 없다고 티빙은 선언한다. 그리고 그 안건은 겨우 통과되었다고 덧붙인다. 기호학자인 소피는 그 말에 충격을 받고 되묻는다. "이해가 안 돼요. 예수의 신성이요?"

"아가씨, 그때까지 역사상의 예수는 추종자들에게 한 사람의 예언자일 뿐이었어. 위대하고 힘 있는 사람이지만, 그래도 결국 죽음을 면할 수 없는 인간일 뿐이었지" 하고 티빙이 말했다.

"하나님의 아들이 아니고요?"

"그렇지, 하나님의 아들이라는 예수의 위상은 니케아 공의회에서 공식적으로 제기되고 투표에 부쳐진 것이었어" 하고 티빙이 말했다.

"잠깐만요. 그럼 예수의 신성이 투표의 결과라는 말이세요?"

"그것도 아주 근소한 차이로 그렇게 되었지" 하고 티빙이 덧붙였다.[11]

여기서 이 대화가 얼마나 부정확한가 하는 것(이를테면, 투표 결과는 압도적인 승리였다)은 일단 접어두자.[12] 이런 인식이 문화 분위기를 타고 동조를 받아 개연성이 부여되고 하나의 실재가 되었다는 게 더 중요하다.

《다빈치 코드》는 그리스도의 신성이 타락한 교회의 편에서 무슨 수단을 쓰고 무슨 대가를 치르더라도 자신의 사회적 지위를 확보하기 위해 조작한 고의적 책략이요 날조였다고 선언한다. 티빙은 이어서 그것이 언제 기독교로 개종했는지 불확실한 콘스탄티누스 황제가 취한 냉소적이고 교활한 조처였다고 주장한다. 콘스탄티누스는 기독교가 로마제국의 공식 종교가 되어야 한다고 선포했다. 이로 보건대, 콘스탄티누스가 예수를 단순한 인간에서 영원한 하나님의 아들로 격상시키는 일은 지극히 자연스러운 일 아니었겠느냐고 티빙은 주장한다.

"역사를 다시 쓰려면 대담한 조치가 필요하다는 걸 콘스탄티누스는 알았지. 이런 배경에서 기독교 역사의 가장 심오한 순간이 튀어나온 거야. 콘스탄티누스는 새로운 성경을 제작하게 하고 자금을 지원했어. 그리스도의 인간적인 특성을 얘기하는 복음서들은 모두 빼버리고, 그를 신처럼 묘사한 복음서만을 골라 아름답게 윤색한 거야. 초기 복음서들은 금서로 지정하고 모아서 불태웠지. 그런데 다행스러운 일은 복음서들 중 일부가 가까스로 살아남았다는 거야. 1945년에 이집트의 나그함마디에서 발견되었지."[13]

들어가는 말 **15**

역사가들에게는 천만다행으로 콘스탄티누스는 논란이 될 만한 복음서를 모두 없애는 데 실패했다고 티빙은 말한다. 그리고 이제 우리는 현대 성경이 예수 그리스도라는 인간의 신성을 선전하여 그의 영향력을 이용해 자기네 권력 기반을 공고히 하려는 "정치적 의도를 갖고 있던 자들에 의해 편찬되었다"는 사실을 알고 있다고 일러준다.

브라운의 이야기는 소설이 어떻게 실재에 대한 인식에 영향을 주는지를 보여주는 좋은 본보기이다. 소설 속에서 권력과 정통을 동일시하는 관행이 너무나 큰 영향력을 발휘한 나머지 오늘날 많은 사람이 이를 당연하게 받아들일 정도이다. 그러나 이런 주장은 심각한 도전을 피할 수 없다. 무엇보다 기독교 공동체가 로마제국 문화의 주변에 위치한 변두리 집단에 불과했을 때에도 이미 정통의 개념이 생기기 시작했기 때문이다. 당시의 역사적 현실은 기독교 역사에 대한 브라운의 천편일률적인 설명보다 훨씬 복잡하다. 아울러 더 흥미로울 뿐아니라 지적으로도 더 탄탄하다.

브라운의 뛰어난 소설은 특히 권력이 특정 관념에 특권을 주는 현상과 같은 권력의 속성에 대한 포스트모던적 의구심에 동조한다. 2002년에 막을 내린 TV 시리즈 〈X파일〉과 마찬가지로 《다빈치 코드》는 기발하게 날조된 역사적 '사실들'과 함께 당대에 널리 퍼져 있던 정부에 대한 불신, 음모론에 대한 관심, 종교에 반하는 영성에 대한 끌림 등과 잘 맞아떨어졌다. 하지만 여러 면에서 《다빈치 코드》는 오늘날의 이단 논의에 배경이 되기도 한다.

오늘날 많은 사람은 이단을 주류 정통파에 의해 잔인하게 짓밟히고 부당하게 억압당한 뒤, 뒤틀리고 부정하고 악마적인 것으로 제시되는 일련의 고상한 사상, 일종의 신학적 희생자라고 본다. 이런 낭만적인 설명에서 이단은 탄탄한 지적 토대가 아니라 적나라한 교회 권력을 등에 업은 멍청한 정통파의 대양 한복판에 떠 있는 자유사상의 섬으로 묘사된다. 바로 이것이 댄 브라운의 《다빈치 코드》 속에 깊이 박혀 있는 이단에 대한 설명이다. 《다빈치 코드》의 줄거리는 콘스탄티누스 이후 교회가 영속적으로 도모한 책략, 즉 종종 폭력까지 동원하여 자신들의 복음을 전복시킬 만한 진실을 숨기고 교회의 복음을 지키려고 한 책략에 초점을 맞춘다. 그래서 이처럼 억눌린 진실을 발견하는 일을 마치 성배聖杯를 찾는 고전적인 탐색에 버금가는 포스트모던 시대의 과업인 양 제시한다. 이 진실을 소유하는 자는 역사상 최대의 제도적 범죄자라 할 수 있는 가톨릭교회를 무너뜨릴 수 있다. 물론 이는 한낱 공상에 불과하다. 하지만 상당한 대중의 지지와 주목을 끄는 공상이고, 최근의 문화적 관심사와 의제를 보여주는 중요한 지표가 된다.

요즘 이단은 비밀스런 지식의 매혹, 신성한 경계의 침범, 금지된 과일의 섭취 등을 연상시키며 새로운 매력을 풍긴다.[14] 기독교 성경은 두 가지 침범 행위, 즉 금지된 과일의 섭취(창 3장)와 바벨탑 건축(창 11장)에 대한 이야기로 문을 연다. 중요한 점은 둘 다 인류를 위해 하나님이 설정하신 경계에 도전하는 행위라는 것이다. 지금은 경계란 모름지기 그것을 보존하는 데서 이득을 얻는 기득권자가 만든 것이라는 소리를 듣는 시대이다. 따라서 경계를 침범함으로써 우리는 우리 나름의 정체성과 권위를 확립하고 반자유주의적 기득권에 도전한다. 신들의 불을 훔치는 프로메테우스처럼 침범 행위는 권력에 도전하고 자유를 가져오는 문제인 셈이다. 지금은 금지된 것이 고상한 지위를 얻어 합법적 욕망의 대상으로 변모했다. 이단은 인류를 신정정치의 굴레에서 벗어나게 해주는 프로메테우스적 해방자인 셈이다. 이렇게 문화 분위기가 확연히 바뀌면 그에 따른 결과 역시 뚜렷하게 드러나는 법이다. 이단은 더 이상 학문이나 신학의 문제로만 간주되지 않는다. 이제 문화 이슈가 되었다.

왜 그런가? 한 가지 중요한 요인은 갈수록 선택을 강조하는 분위기에 있다. 선택을 진정한 인간 실존의 특징으로 삼는 풍조 말이다. 이단을 뜻하는 영어 단어 heresy의 어원인 헬라어 *hairesis*는 '선택하기' 내지는 '선택'과 밀접한 관계가 있다. 선택한다는 것은 우리 자신의 자유를 표현하고, 우리의 세계를 창조하고 통제하는 자신의 역량을 펼친다는 뜻이다.

이런 발전 양상은 종교적 대안들이 유용하다는 사실과 직접적인 연관이 있다. 급성장 중이던 12세기 유럽 사회에서 이단이 더 큰 매력을 풍긴 것은 결코 우연이 아니다. 재화와 교육이 선택 가능하다는 의식이 사람들 사이에 널리 퍼졌고, 이런 인식은 종교에 대한 태도에도 반영되었다. 평신도 계층이 카타르파와 발도파가 제공한 것과 같은 또 다른 종교적 대안들을 탐구하는 방향으로 나아가자, 중세 가톨릭의 독점적 지위가 흔들렸다.[15] 제도적 교회가 그런 위협에 대처하는 방식은 개개인에게 선택의 여지를 주지 않고 획일적으로 밀어붙이는 것이었다. 하지만 현대 서양 사회에서는 종교적 다양성이 증가하는 동시에 획일성을 강요하는 교회의 법적 능력이 상당히 약화되었다.

사회학자 피터 버거Peter Berger는 1979년에 출간한 획기적인 책《이단의 시대Heretical Imperative》에서 이런 발전 양상의 함의를 끌어냈다. 전통적인 원시문화에서는 개개인이 기본 가정假定 하나에만 노출된다는 게 버거의 주장이다. 각 문화는 하나의 '신화'에 바탕을 두고 있고, 그에 따라 경계가 어느 정도 정해진다. 여기서 신화란 그 문화에 합법성을 부여하고 문화의 토대가 되는 이야기 또는 일련의 가정을 일컫는다. 이 토대를 이루는 신화에 도전하는 것이 곧 이단이 되는 것이고, 이단은 전통적으로 죽음이나 추방을 모면하기 어려웠다. 그런데 지금 우리는 너무 많은 종교와 철학과 패러다임에 직면해 있다. 이제는 단 하나의 근본적이고 지배적인 거대담론이 존재하지 않는다. 우리는 자유로이 선택하고 원하는 대로 골라내어 섞을 수 있다. 이것이 바로 피터 버거가 말하는 이단의 본질이다.

인간의 삶과 사상의 다른 영역들과 마찬가지로 종교의 측면에서도 현대인에게는 스스로 믿음을 선택할 기회가 주어졌을 뿐 아니라 반드시 선택하게끔 되어 있다. 오늘날의 상황에서 많은 이들이 이단이 되는 이유가 여기에 있다. 그래서 한때는 주변부를 맴도는 별종들의 몫이었던 이단이 지금은 훨씬 더 일반적인 현상으로 변했다. 이런 의미에서 이단이 보편화되었다고 할 수 있다.[16]

우리는 이제 이미 포장된 세계관을 억지로 수용하는 게 아니라, 우리가 바람직하다고 생각하는 세계관을 창조할 수 있다. 이단은 사물의 존재양식 혹은 우리가 바라는 사물의 존재양식을 선택하는 등 우리가 스스로 만들어낸 우주의 주인이 되는 것과 관련이 있다.

우리 시대에 이단이 이토록 매력적으로 보이는 것은 권위에 대한 도전 사상 때문이 아닐까 한다.[17] 종교적 정통은 절대 권위와 동일시되고, 그것은 곧 자유의 이름으로 저항하고 전복해야 할 대상이다. 따라서 이단은 추종자들에게 해방을 주는 권위주의의 타파로 간주된다. 하지만 역사적 관점에서 보면 이런 입장을 진지하게 고려하는 것은 사실상 불가능하다. 일부 이단은 그들과 경쟁하던 정통파들 못지않게 권위적이었기 때문이다. 이단이 지적으로나 도덕적으로 해방을 안겨준다는 신념은 1세기의 현실보다는 오늘날 서양의 문화 풍토와 훨씬 더 관련이 깊다. 문화의 사상적 수용성에 관한 모든 이론이 인정하는 것처럼, 어떤 고대 사상이 오늘날에도 적실한지 여부는 고대 사상이 제공하는 것과 현대인이 찾고 있는 것이 얼마만큼 관련이 있느냐에 달려 있다. 따라서 이단의 중요성은 이단 자체에 내재되어 있는 것이 아니라 원초적인 이단과 현대의 해석자 사이의 관계 속에서 결정되는 것이다.[18]

이처럼 권위를 의심하는 태도는 정통파에 대한 의심에서 성경적 토대에 대한 의심으로 쉽게 전이될 수 있다. 일부 저자들은 기존 체제에 수용될 만한 초기 기독교 저술만을 인정한 권위주의적 조처로 지금의 신약성경이 정경으로 받아들여졌다고 생각한다. 신약성경의 문헌들은 기독교의 기원에 관한 진실을 가리고자 꾸며낸, 마치 당국에서 배포한 신빙성 없는 보도자료 취급을 받고 있다. 공식적인 해석으로 보이면 무엇이든 의심의 눈초리를 받게 된다. 이 견해에 따르면, 체제 전복의 가능성이 있는 문헌(무엇보다도 영지주의와 연관된 것들)은 억압을 당하고 찬밥 신세를 면치 못한다. 신학자이자 문화평론가인 개릿 그린Garrett Green은 이런 논점의 중요성을 이렇게 얘기했다. "의심에 찬 포스트모던의 시각으로 바라보면 성경의 권위를 믿는 모든 신앙은 일종의 잘못된 의식으로 보이고, 신성한 텍스트를 믿는 모든 신앙은 권력을 옹호하는 은밀한 미사여구처럼 보인다."[19] 교회의 권위를 타파하려면 권위의 바탕이 되는 텍스트의 진정성을 무너뜨려야 하기 때문이다.

2006년에 〈유다복음〉을 둘러싸고 대중매체가 호들갑을 떤 것은 이런 흐름을 반영한다. 대중매체는 앞다퉈 "바로 여기에 전통적인 기독교 복음서들에 대한 대안이 있는데, 초대교회가 교회의 권위를 위협한다는 이유로 이를 억압했다"고 보도했다.[20] 〈유다복음〉은 포스트모던 시대가 가진 이단의 모델에 안성맞춤이었다. 불안한 교회 지도자들이 고의로 은폐했다가 진실을 파헤치기로 결심한 대담한 기자들의 손에 의해 밝혀진 기독교의 기원에 대한 금지된 설명이었던 것이다. 대표적인 영국 신문은 〈유다복음〉을 "이천 년에 걸친 기독교의 가르침"에 위협을 제기한 "온 시대를 통틀어 최대의 고고학적 발견"이라 선언했을 정도이다.[21]

그런데 〈유다복음〉이 실제 미친 여파는 평범한 수준에 불과했다. 〈유다복음〉은 비교적 후대의 문헌으로 기독교 안에서 다른 모든 사람이 나사렛 예수를 크게 오해했다고 확신한 주변부에서 유래한 것이 거의

1970년, 이집트 카이로에서 남쪽으로 160킬로미터가량 떨어진 지역에서 콥트어로 쓰인 문서가 하나 발견되었다. 흔히 차코스 사본(Codex Tchacos)이라 불리는 이 문서의 33쪽부터 58쪽에 〈유다복음〉이 들어 있다. 220-340년경 그리스어 원본을 콥트어로 번역한 필사본으로 추정되며, 2006년 〈내셔널지오그래픽〉의 보도로 세간의 이목을 끌었다.

확실하다. 당시 그리스도인들이 권위 있는 문헌으로 받아들인 어떤 자료(신약의 정경에 포함된 적이 없는 일부 저술까지 포함한)에도 그들의 입장을 지지하는 내용은 없었다. 그래서 그들은 그들만의 복음서를 기록하여 그런 상황을 타개하려 했다. 〈유다복음〉에 따르면 진정으로 예수를 이해한 사람은 유다뿐이었다고 한다. 다른 제자들은 그분을 오해했고, 그분의 의의에 대해 지극히 혼란스런 설명만을 후대에 남겨놓았다는 것이다.

〈유다복음〉은 예수가 다른 제자들은 따돌리고 유다만을 불러서 그와 사적인 대화를 나누며 은밀한 지식을 전수하려 했다고 말한다. 따라서 이런 배제의 수사학은 오직 유다만이 하나님나라의 참 비밀을 위탁받은 입문자 부류에 포함되었다는 논의로 이어진다. 〈유다복음〉이 묘사하는 나사렛 예수는 2세기와 3세기 영지주의 선생들과 비슷한 영적 스승으로 공관복음서에 나타난 예수의 초상과는 거리가 멀다. 〈유다복음〉 안에서 기독교는 우주를 운행하는 거대한 관료제에 기초한 일종의 신비주의 컬트가 되고, 그에 관해 예수가 유다에게 매우 정교하게 설명해주는 것으로 묘사되어 있다. 따라서 나사렛 예수가 영지주의 사상을 가진 선생으로 개조되었다는 결론을 피하기 어렵다. 〈유다복음〉은 사실상 2세기 중반의 영지주의를 이해하는 데 한 줄기 빛을 비춰줄 뿐 아니라 영지주의와 당시 세계관 간의 기생 관계도 보여준다.[22] 그러나 〈유다복음〉 안에 기독교의 기원이나 나사렛 예수의 정체성과 관련하여 믿을 만한 역사적 증거는 전혀 없는 것 같다.[23] 아울러 전통 기독교에 제기하는 중대한 위협거리도 찾아볼 수 없다.

게다가 〈유다복음〉은 급진적인 문헌도 아니다. 영국의 신약학자 톰 라이트N. T. Wright는 전통 사상을 쓸어버리겠다고 위협하는 영지주의가 창의적이고 지적인 에너지를 지닌 매우 혁신적인 사상이라 믿는 현대의 통념을 고려할 가치가 없다고 일축한다.[24] 오히려 영지주의자를 당시 신비주의 종교들이 내세운 여러 주제를 반영하는 문화적 보수주의로 보는 편이 낫다고 말한다. 반대로 정통 그리스도인들이야말로 "신기원을 이루고 있었으며" 그로 말미암아 핍박을 당했다고 주장한다. 영지주의 복음서들이 '보수적인' 정경 복음서들에 대한 급진적 대안을 제시한다고 주장하는 이들도 더러 있지만, 사실은 그와 정반대라는 게 톰 라이트의 주장이다. 참으로 급진적인 것은 바로 신약성경의 메시지이다. 하지만 오랜 세월이 지나면서 서구 문화가 기독교에 친숙해졌고, 재발견된 영지주의는 상대적으로 참신해 보이는 바람에 다른 문화적 인식이 생겨난 것이다. 종교적 정통은 친숙함에 따른 피로감의 희생자가 되었고, 이는 참신함에 대한 갈망을 낳았다.[25]

이 책은 이 분야의 중요한 최신 연구를 다함께 묶고 그것이 오늘날 이단의 개념을 이해하는 데 얼마나 적절한지 탐구하려는 일종의 종합화 작업이다. 따라서 일반적인 이단의 개념에 대해 설명하거나 구체적으로 특정 이단에 대해 참신한 해석을 내놓을 생각은 없다. 아울러 기독교 내부에서 발생한 많은 이단을 자세히 그리고 포괄적으로 설명할 생각도 없다. 어떤 이단은 따로 자세히 논의할 터인데, 그 자체가 특별히 중요해서이거나 이단 운동의 기원과 발달의 저변에 깔린 일반 원리를 조명해주기 때문이다.

요즘은 역사상 이단이 어떻게 발생해서 어떻게 발전했는지 새로운 빛을 던져주는 학술서가 많이 나오고 있는데, 이런 문헌들은 이단에 대한 고정관념에 도전을 주곤 한다. 초기 기독교에 대한 집중적인 연구 결과에 따르면, 일부 기독교 저자들이 생각하듯 이단은 근본적으로 악의에 차서 정통파를 공격한 것도 아니고, 제도 교회가 억압하는 뚜렷한 신조를 가진 대안도 아니었다. 이 책 후반부에서는 뛰어난 현대 저작을 세밀하게 참고하면서 이단에 대해 나름대로 설명해볼 생각이다. 또한 왜 그토록 많은 초기 기독교 저자들이 이단을 위험한 존재로 간주했는지 살펴보고, 그럼에도 불구하고 이단으로 판명된 사상을 따르는 자들을 왜 악마로 규정하지 않았는지 그 이유도 살펴볼 것이다.[26]

그러면 이단이란 무엇인가? 이단이란 계획적이기보다는 우발적으로 기독교 신앙의 핵심을 뒤집고 동요시키고 심지어는 파괴하게 된, 기독교 신앙의 한 유형이라고 보는 것이 바람직하다. 이처럼 신앙을 동요시키는 과정과 그 위협을 파악하는 일은 상당히 긴 기간에 걸쳐 이뤄질 수도 있다. 기독교 신앙의 어떤 측면을 설명하는 이론이 맨 처음에는 환영을 받고 널리 수용되다가도 훗날에는 그것이 낳을 부작용 때문에 중단되는 경우도 있었다. 대표적인 예가 나사렛 예수의 정체성에 관한 문제이다.

이 어려운 개념을 좀 더 분명히 이해하기 위해 한 가지 비유를 들어보자. 파르테논은 고대의 불가사의한 건축물 가운데 하나로 널리 인정받고 있다. 그런데 1885년에 이르자 한때 영광을 누렸던 이 고전적인 그리스 건물은 상당히 퇴락하여 보수가 불가피했다. 보수업자는 가까운 펜텔리쿠스 산에서 채석한 거대한 흰 대리석을 지탱할 수 있도록 꺾쇠와 쇠막대기를 이용했다. 그런데 그는 쇠가 온도 변화에 따라 수축하여 석조 건물에 압력을 가한다는 사실을 감안하지 못했다. 더 큰 문제는 철제 부분을 녹슬지 않게 처리하는 작업을 간과한 것이다. 녹이 슬자 쇠가 팽창하면서 대리석을 지탱하기는커녕 오히려 깨뜨리고 말았다. 본래는 건물을 되살릴 목적으로 취한 조처가 결국 퇴락을 가속화하는 바람에 후손들이 훨씬 더 근본적인 보수 작업을 떠맡지 않으면 안 되었다. 중대한 실수를 바로잡는 일은 비용과 시간이 많이 드는 작업이다. 그럼에도 반드시 해야 할 일이다. 이단은 기독교 신앙의 중심 주제를 특정 방식으로 정립하려고 시도하지만, 조만간 교회는 그 방식이 위험할 정도로 부적절하거나 파괴적인 것임을 알아챈다. 한 세대가 정통으로 환영한 것이 다른 세대에는 이단으로 드러날 수도 있다.

  하나님의 진리를 인간의 언어로 표현하려는 모든 시도는 무언가 부족할 수밖에 없지만, 어떤 시도들은 다른 것들에 비해 훨씬 더 믿을 만하고 신빙성이 있다. 정통과 이단(이설, heterodoxy)은 신학적 스펙트럼의 양극단에 위치한다. 이 양극단 사이에는 완벽하지는 않지만 적절한 견해부터 파괴적이지는 않지만 의심스러운 견해에 이르기까지 다양한 견해가 포진해 있다.[27] 신앙의 음지에 자리하는 이단은 정통이 되려는 좋은 의도를 품었으나 파르테논 신전을 보수한 니콜라오스 발라노스의 꺾쇠처럼 결국 부식제로 판명난 실패한 시도라 할 수 있다.

물론 이 책에서는 기독교에 초점을 맞춰 논의를 진행할 테지만, 이단이라는 개념은 기독교 바깥에서도 널리 적용되는 개념임을 이해해야 한다. 이에 버금가는 개념들이 종교의 스펙트럼 전체에 걸쳐 나타나며 동양 종교에서도 발견되고 있다.[28] 아울러 세속적인 맥락에서도 이단이라는 개념이 점점 더 많이 수용되고 있는데, 보통은 지배적인 정설을 위협하는 잠재적으로 위험한 사상을 가리키는 말로 쓰인다.

하지만 이단은 관념의 영역에만 국한되지 않는다. 우리가 이 책에서 탐구하게 될 여러 이유들 때문에 이단과 정통 간의 논쟁은 사회 및 정치 영역에까지 쉽게 전이된다. 따라서 이단에 관한 모든 논의는 그 배후에 자리 잡은 어두운 면을 인식하지 않으면 안 된다. 바로 무력을 통한 사상 강요, 자유에 대한 억압, 권리 침해 같은 것들이다. 이 주제는 중세의 서부 유럽에서 무척 중요했고, 오늘날에는 이슬람 세계에서 점점 더 중요하게 부상하고 있다.

이처럼 이단의 본질에 조금만 다가서도 큰 의문점들이 떠오른다. 어느 것이 권위 있고 어느 것이 위험하다고 결정하는 사람은 누구인가? 그런 결정은 어떻게 이루어지는가? 이런 질문들이 이 책에서 다룰 핵심 주제이며, 지금부터 우리는 이것들을 탐구할 것이다. 이 여정의 가장 좋은 출발점은 당연히 기독교 신앙의 본질을 탐구하는 것이다. 이제 거기로 눈을 돌려보자.

1
이단이란 무엇인가

WHAT IS HERESY?

01

신앙, 신조 그리고 기독교 복음

기독교 안에는 관계를 중시하는 면과 함께 인지적 차원도 여전히 존재한다. 그리스도인은 나사렛 예수를 믿는 데 그치지 않고 그분에 관한 어떤 것들도 믿는다. 2세기에 이단과 정통의 개념이 출현한 배경에는 기독교의 정체성과 통일성을 유지하는 데 필요한 확실한 핵심 교리를 개발하고 유지하는 일이 중요하다는 인식이 깔려 있었다.

HERESY:
A HISTORY OF DEFENDING THE TRUTH

기독교 신앙에 핵심 정서가 있다면, 그것은 나사렛 예수라는 인물 때문에 느끼는 순전한 지적 기쁨과 흥분일 것이다. 공동체적 차원과 개인적 차원 양쪽에서 지적으로 빛을 발하고 영적으로 설득력이 있으며 한없이 만족스럽게 다가오는 인물이 바로 나사렛 예수이다. 그리스도인들은 이런 기쁨과 경이감을 신조로 표현하기도 하지만, 예배와 경배를 통해 더 많이 표출한다. 예배는 인간 영혼의 깊숙한 곳이 복음 진리를 향해 활짝 열리게 하여 지성을 설득할 뿐더러 상상력을 사로잡는 힘이 기독교 신앙 안에 있다고 선포한다. 예배를 통해 우리는 예수 그리스도를 향해 뜨거운 열정을 품게 된다. 그 열정으로 신학 작업을 수행할 뿐 아니라 우리가 경배하는 대상에 걸맞게 살 역량이 우리에게 있는지 자문하기도 한다.

나사렛 예수를 바라보는 그리스도인의 비전이 상상력을 자극한다는 점을 절대로 무시하거나 과소평가하면 안 되지만, 기독교 신앙의 핵심은 여전히 지적인 면에 있다. 저명한 심리학자 윌리엄 제임스William James는 1897년에 발표한 〈믿고자 하는 의지The Will to Believe〉라는 글에서 인간은 "강제적인, 현재의 또는 중대한" 지적 대안들 가운데 어느 하나를 스스로 선택해야 하는 입장에 있다고 주장했다.[1] 이 세계에서 우리가 접하는 경험을 이해하려면 작업가설working hypothesis이 필요하다. 작업가설이 항상 완전하게 증명되는 건 아니지만, 실제 세계에 관여하는 데 필요한 믿을 만하고 만족스러운 관점을 제공해주기 때문에 우리는 이 작업가설을 수용하고 그에 따라 행동한다. 종교든 정치든 철학이든 예술이든, 분야를 막론하고 모든 운동은 일단의 관념이나 믿음을 지극히 옳고 중요하다고 단언하기 마련이다.² 사유하는 인간은 정신세계를 구축하고 그 속에 거하면서, 그로부터 경험에 내재된 질서와 패턴을 분별하고, 또 그 수수께끼들의 뜻을 어느 정도라도 이해하게 된다.³ 철학자 마이클 폴라니Michael Polanyi가 말했듯이, 변호 가능한 믿음의 틀은 우리로 하여금 그렇지 않으면 소음만 들을 곳에서 하나의 곡조를 들을 수 있게 해준다.⁴

이렇게 말한다고 해서 기독교가 단순히 혹은 근본적으로 일련의 관념이라는 뜻은 아니다. 많은 그리스도인에게 하나님을 경험하는 일은 종교적 역학의 중심에 놓여 있다.⁵ 이 경험이 나중에 신학적 형식(만일 이것이 진정 하나님에 대한 경험이라면, 무엇이 참이어야 하는가?)으로 귀결될 수도 있는데, 이런 형식은 그것을 촉진시키고 형성한 경험에 비하면 부차적인 것에 불과하다. 사실 많은 이들이 하나님에 대한 경험을 구두적인 형태나 개념의 형태로 환원할 수 없다고 이야기한다.

미국 신학자 스탠리 하우어워스Stanley Hauerwas는 기독교를 단순히 교리나 신조의 집합체로 취급하는 것은 기독교의 특성을 심각하게 왜곡하는 처사라고 강조하는 저자들 중 하나이다. 오히려 기독교는 신자를 성령의 은혜로운 활동에 의해, 예수 그리스도를 통하여, 성부 하나님께로 향하게 하는 독특한 삶의 방식이라고 보는 것이 바람직하다는 것이다. 하우어워스는 인간 행동을 '보게' 해주는 어떤 틀이나 렌즈가 우리에게 필요하다고 주장한다. 기독교의 내러티브에 대한 지속적이고 상세하고 폭넓은 묵상이 바로 그런 틀이나 렌즈를 제공해준다.

기독교 윤리의 일차적 과업은 우리로 하여금 눈으로 보도록 돕는 것이다. 우리는 우리가 볼 수 있는 세계 안에서만 행동할 수 있고, 보는 훈련에 의해서만 그 세계를 똑바로 알 수 있기 때문이다. 그저 눈으로 본다고 보게 되는 것이 아니라, 어떤 내러티브에 입문하여 보는 훈련을 쌓아야만 진정으로 보게 되는 법이다.[6]

그래서 하우어워스는 사물을 있는 그대로 보게 해주는 기독교 신앙의 중요성을 강조하고, 이 진정한 실재관이 널리 선포되고 전파되어야 한다고 주장한다. "교회는 세상에 그 자신을 있는 그대로 볼 수 있게 해주는 수단을 제공함으로써 세상을 섬긴다."[7]

그러므로 기독교 신앙은 우리에게 세계를 '보는' 방식을 제공해주고, 이 덕분에 우리는 그 뜻을 이해하고 그 안에서 활동하게 되는 것이다. 기독교는 이 세계의 의미를 이해시키는 동시에 그 자체로도 의미를 지닌다. 이 신앙은 우리에게 사물의 통일성을 반영하고 또 창조하는, 사물을 보는 시각을 제공해준다. C. S. 루이스는 〈신학은 시詩인가?〉라는 글의 결론부에서 이 점을 잘 지적했다. "나는 태양이 떴다는 사실을 믿는 것처럼 기독교를 믿는다. 내가 그것을 보기 때문만이 아니라 그것을 통해 다른 모든 것을 보기 때문이다."[8] 여기서 말하는 요점은 기독교 신앙이야말로 우리로 하여금 사물을 새롭고도 신나게, 그리고 무엇보다 좀 더 일관성 있게 볼 수 있도록 우리의 생각mind을 새롭게 해준다는 것이다. 기독교는 그 자체로 의미를 지닐 뿐 아니라 다른 모든 것을 이해하게 도와준다.

사물을 '보는' 방식은 사물에 대한 행동방식에 영향을 준다. 기독교 신학의 목표는 자신이 보는 것에 관한 진리를 얘기해주는 것이다. 그리고 이 신학은 세계를 특정한 방식으로 본다. 말하자면, 하나님의 창조로 보는 것이다. 그래서 바울은 독자들에게 "이 세상을 본받지 말고" 오히려 "마음을 새롭게 함으로 변화를 받으라"고 권면한다(롬 12:2). 인간의 마음(지성)은 믿음으로 대체되는 것이 아니다. 오히려 지성은 믿음을 통하여 빛과 에너지를 얻고, 인식하는 이에게 새로운 성품을 빚어준다. 그리고 이는 순전히 인간의 이성이나 시각만으로 볼 수 없는 실재의 더 깊은 차원을 분별하는 새로운 사고방식을 낳는다.[9] 그 결과 세계는 새로운 의미를 덧입는다. 그리하여 세계는 이제 자신을 뛰어넘는 어떤 것을 가리키고 있다는 점에서 초월적 의미를 지니게 된다.[10]

실제로든 인식상으로든 세계의 변화라는 사고방식은 오랫동안 현자의 돌philosopher's stone이 지닌 강력한 이미지와 연결되어 있었다. 하찮은 것을 귀중한 것으로 변화시키는 능력을 갖고 있다 하여 중세 사람들은 이 돌을 열심히 찾아 헤맸다. 이 신비로운 돌에서 나온 연금유액이라는 액체가 육체적이고 영적인 중생을 불러오는 힘이 있다고 얘기하는 문헌도 있다. 중세에 기원을 둔 이 현자의 돌이라는 이미지는 르네상스 작가들의 상상력을 사로잡기도 했다.[11] 이것이 신학적 탐구에 지니는 잠재력은 조지 허버트George Herbert가 쓴 〈연금유액The Elixir〉이란 시에 잘 나타나 있다. 그리스도야말로 인간 존재의 비천한 금속을 구속救贖의 금으로 변화시키는 현자의 돌이다.

이것이 그 유명한 돌
모든 것을 황금으로 바꾸는 그것
하나님이 만지고 소유하는 것인즉
그보다 못한 것이 될 수 없도다.¹²

이 시에서 조지 허버트는 사물을 보는 방식을 변화시키는 하나님의 능력을 가리킨다. 이 세계는 비천한 금속에서 하나님이 "만지고 소유하는" 대상으로 변화되며, 이는 그보다 못한 것으로 '평가될' 수 없다.

신앙은 이처럼 우리에게 사물을 기독교 방식으로 보도록 하나의 관점, 하나의 안경을 제공한다. 위대한 과학철학자 핸슨N. R. Hanson이 지적한 대로 관찰의 작용에는 언제나 "이론이 실려" 있는 법이다. 우리는 이론이라는 안경을 쓰고 사물을 보고, 이 안경은 우리가 사물에 초점을 맞추도록 도와준다.¹³ 어떤 의미에서 그리스도인과 세속주의자는 똑같은 세계를 본다. 하지만 또 다른 의미에서 두 사람은 전혀 다른 방식으로 사물을 해석하고 평가하기 때문에 아주 다른 대상을 보는 셈이다. 각각 다른 안경을 끼고 있기 때문이다. 따라서 기독교 신앙은, 윌리엄 제임스의 용어를 빌리면 믿을 만한 '작업가설'로, 핸슨의 용어로는 믿을 만한 방식으로 세계를 '보게' 하는 하나의 안경이라 할 수 있다.

신앙의 본질

하나님을 믿는다는 것은 곧 하나님을 신뢰한다는 뜻이다. 이것이 신앙에 대한 적절한 정의는 아니지만, 좀 더 깊은 탐구를 시작하는 훌륭한 출발점은 될 수 있다. 하나님은 인생의 환난과 혼동과 불확실성의 와중에서도 우리가 신뢰할 수 있는 유일한 분이다. 누군가를 신뢰하는 것은 그에 대한 헌신으로 이어진다. 이 패턴은 기독교 전통에 등장하는 소명과 반응의 이야기들에 줄곧 나타난다. 위대한 신앙의 모범 가운데 하나가 족장 아브라함이다. 아브라함은 하나님을 신뢰했고 먼 나라에 가고자 집안이 오래 터 잡고 살던 고향을 떠났다(창 15, 17장). 하나님을 믿는다는 건 그분을 신뢰할 만한 분으로 믿는 것이기에 우리는 우리 자신을 하나님께 의탁하기 마련이다. 하나님을 믿는다는 건 하나님의 존재를 사실적으로 받아들이는 것 이상을 의미한다. 그 하나님을 신뢰할 수 있는 분이라고 선언하는 것이다. 이는 오랜 역사를 걸쳐 중요한 기독교 저자들이 거의 예외 없이 탐구해온 낯익은 주제이다.[14]

마찬가지로 그리스도를 믿는다는 것도 그분을 역사적 실존 인물로 받아들이는 것 이상을 의미한다. 그리스도에 대한 신앙의 순수한 의미는 그분을 신뢰할 만한 분으로 인정한다는 뜻이다. 나사렛 예수가 한 맹인을 고치고 나서 그에게 "네가 인자를 믿느냐?"(요 9:35)라고 물었을 때, 눈을 뜬 그 사람은 예수의 존재를 믿느냐는 질문을 받은 게 아니라는 걸 분명히 알았다. 예수를 신뢰하고 그분에게 자신을 의탁할 준비가 되어 있는지를 묻고 있다는 걸 말이다.

그렇기 때문에 신약의 복음서들은 왜 나사렛 예수가 신뢰할 만한 분인지, 그리고 이 신뢰가 어떤 모습으로 나타나는지 우리에게 이해시키려고 그토록 수고를 아끼지 않는 것이다. 이와 관련하여 첫 제자들을 부르는 장면이 특히 중요하다. 이 극적인 사건을 기록한 마가의 이야기에 따르면, 예수는 "나를 따라오라"는 말밖에 하지 않았다(막 1:16-20). 자세히 설명하지 않았다. 그런데도 어부들은 곧 모든 것을 버려두고 예수를 따라갔다. 그들이 무엇 때문에 자기네 삶에 아주 극적으로 들어온 이 낯선 사람을 좇기로 결단했는지 그 이유를 알 수 없다. 마가의 기록은 그분의 현존 자체가 동의를 불러일으킬 만큼 지극히 매혹적인 인물이라는 인상을 풍긴다. 그들은 어부의 생계수단인 그물을 버려두고 미지의 영역을 향해 낯선 인물을 따라갔다. 그분은 그들에게 자기 이름조차 얘기해주지 않는다. 그럼에도 그들은 그들 자신을 그분에게 의탁하기로 결심한 것이다.

바로 여기가 예수 그리스도에 대한 신앙이 시작되는 지점이다. 말하자면, 여기서 신앙이 끝난 것이 아니라는 뜻이다. 복음서들은 우리에게 제자들이 그리스도의 정체와 중요성에 관해 점차 더 많이 알아가면서 그들의 신앙도 성장하는 것을 보여주기 때문이다. 맨 처음에 그들은 그분을 신뢰했다. 그리고 시간이 흐르면서 그분이 누구인지, 그리고 왜 그분이 중요한 인물인지를 깨닫게 되었다. 이미 신약성경에서부터 이 깨달음이 하나님과 그리스도에 대한 개인적인 신뢰로 이어지고, 그것이 두 분의 정체성에 관한 믿음의 내용, 즉 교리적 진술로 보충되고 있는 것을 볼 수 있다. 예를 들어, 요한복음은 예수가 말하고 행한 것에 관해 이야기하는데, 그가 그렇게 하는 이유는 독자들로 하여금 그들 자신을 개인적으로 또 지적으로 그분에게 헌신하게 하기 위함이다. 예수의 언행에 관한 이야기가 기록된 것은 "너희로 예수께서 하나님의 아들 그리스도이심을 믿게 하려 함이요 또 너희로 믿고 그 이름을 힘입어 생명을 얻게 하려 함이니라"(요 20:31)라고 요한은 밝힌다.

이왕 기독교 용어에 발을 들여놓은 김에 관계적 용어로 이해하는 신앙faith과 인지적 혹은 개념적 용어로 이해하는 믿음belief을 이즈음에서 분명하게 짚고 넘어가는 게 좋을 것 같다. 신앙은 일차적으로 신뢰와 헌신과 사랑을 특징으로 하는 하나님과의 관계를 묘사하는 단어이다. 하나님을 신앙한다는 것은 본인의 신뢰를 하나님께 두고 그분이 그런 신뢰를 받을 만한 분이라고 믿는 것이다. 믿음이란 이 신앙의 내용을 언어로 표현하는 것을 뜻한다. 한편으로는 언어가 종종 자신이 묘사하는 것을 나타내기에 부족하다는 것을 인식하고, 다른 한편으로는 그래도 언어에 의탁할 필요성을 인식하면서 그렇게 하는 것이다. 어쨌든 언어는 의사소통과 토론과 성찰에 지극히 중요하기 때문이다. 그리스도인이 자기가 믿는 내용을 언어로 표현하려고 노력하지 않는 것은 상상할 수 없는 일이다. 그럼에도 이런 신조의 형식은 신뢰와 의탁의 행위에 비하면 부차적이라 할 수 있다.

초기 기독교 신앙에 관한 진술은 짧고 간결했다.[15] "예수는 주님이다!"(롬 10:9; 고전 12:3)라는 고백이 가장 압축된 형태의 신조에 해당한다.[16] 좀 더 긴 진술은 후대에 여러 신조들로 정리된 신앙고백에서 볼 수 있다. 한 가지 훌륭한 본보기가 고린도교회에 보낸 편지에 나온다.

내가 받은 것을 먼저 너희에게 전하였노니 이는 성경대로 그리스도께서 우리 죄를 위해 죽으시고 장사 지낸 바 되셨다가 성경대로 사흘 만에 다시 살아나사 게바에게 보이시고 후에 열두 제자에게와(고전 15:3-5).

여기에서 바울은 특정한 방식으로 역사 이야기와 신학적 해석을 함께 엮고 있는데, 이 방식이 초기 기독교 신조의 특징이 되었다. 즉, 나사렛 예수에 관한 역사 이야기를 재확증하고 그것을 다시 특정한 방식으로 해석하는 것이다. 이를테면 예수는 그냥 죽은 것이 아니다. 그냥 죽었다는 것은 순전히 역사적 진술일 뿐이다. 그런데 그는 "우리 죄를 위해 죽었다." 이는 나사렛 예수의 죽음이라는 역사 사건의 의의를 해석한 부분이다.[17] 역사를 부인하거나 제거한 것이 아니라 특정 방식으로 조명하고 해석한 것이다.

이로 보건대, 그리스도인은 단지 하나님이나 그리스도를 신뢰하는 것에 그치지 않는다. 그들은 또한 그 두 분과 관련하여 어떤 결정적인 것을 믿는 사람들이다. 그렇다고 해서 기독교 신앙을 그저 믿는 내용을 열거한 점검표 정도로 생각해도 무방하다는 뜻은 아니다. 어떤 의미에서 기독교는 신자가 하나님을 신뢰할 만한 분으로 영접하는 일에 바탕을 둔 지극히 관계중심적인 신앙이라 할 수 있다. 이 하나님은 처음부터 충분히 믿을 만한 분으로 입증되었기 때문이다. 언젠가 새뮤얼 테일러 콜리지Samuel Taylor Coleridge가 말한 것처럼, "신앙은 논리적 정확성이 아니라 마음의 정직함이다."[18] 기독교 내에는 이처럼 관계를 중시하는 면이 있지만 신앙의 인지적 차원도 여전히 존재한다. 그리스도인은 그냥 나사렛 예수를 믿는 데 그치지 않고 그분에 관한 어떤 것들도 믿는다. 2세기에 이단과 정통의 개념이 모두 출현한 배경에는 기독교의 정체성과 통일성을 유지하는 데 필요한 확실한 핵심 교리를 개발하고 유지하는 일이 중요하다는 인식이 깔려 있었다.

신앙을 굳게 세우는 일

초대교회가 직면한 도전 가운데 하나는 믿음을 굳게 세우는 일이었다. 역사적 증거를 보면 이것을 처음부터 최우선으로 간주한 것은 아니었다. 2세기 중반까지만 해도 대다수 그리스도인은 신학적으로 희미한 부분이 조금 있어도 그런대로 만족하면서 지냈던 것 같다. 신학적 부정확성이 기독교회의 통일성이나 존재를 위협한다고 생각하지 않았다. 이런 판단은 그 시대의 역사적 상황을 반영한다. 적대적인 문화와 정치 환경에서 생존을 위한 몸부림이 치열했던 탓에 다른 이슈들에 비해 덜 중요하게 생각했던 것이다.

그러나 논쟁이 가열되면서 좀 더 명확한 정의와 형식을 정립하지 않으면 안 되었다. 이처럼 신학적 정확성에 대한 관심이 커지는 것과 더불어 이른바 '진정한' 기독교의 경계를 엄밀하게 긋는 작업이 불가피했다. 예전에는 비교적 느슨하고 구멍이 숭숭 뚫려 있던 신앙 공동체의 바깥 둘레를 갈수록 더 엄격하게 긋고 단속하기 시작했다. 한때는 용납할 만하다고 여겼던 견해들이 논쟁을 동반한 엄격한 검토 과정을 통해 취약점과 결함을 드러냄에 따라 찬밥 신세를 면치 못했다. 앞 세대만 해도 탄탄하다고 여겼던 특정 교리에 대한 표현 방식이 혹독한 검사 아래서 부적절한 것으로 드러나기 시작했다. 그 방식들이 반드시 틀렸다고 말할 수는 없었다. 수용할 만큼 충분히 좋은 것은 아니라는 게 드러났을 뿐이다.

이런 발전 양상을 보여주는 좋은 예가 초기 기독교가 생각한 창조 교리이다. 맨 처음부터 기독교 저자들은 하나님이 세계를 창조했다고 주장했다. 하지만 창조의 개념에 내포된 의미를 이해하는 방식은 다양했다. 초기 기독교 저자들은 대부분 기존 유대교의 창조 개념을 취했다. 하나님의 창조 행위를 주로 선재先在하던 물질에 질서를 부과하거나 혼돈 세력을 무찌르는 일로 보는 견해이다. 이런 견해는 16세기에 이르기까지 유대교 안에서 줄곧 지배적인 위치를 차지했다.[19]

하지만 다른 기독교 신학자들은 말씀으로 무無에서 만물을 창조하는 것이 신약성경이 설명하는 창조의 개념이라 주장했다. 이것이 훗날에 무로부터의 창조*creation ex nihilo*라 알려진 사상이다. 이런 개념이 점점 힘을 얻자 창조를 기존 물질에 질서를 부여하는 일로 보던 예전의 견해는 원래 결함이 있던 것으로, 나중에는 잘못된 것으로 여겼다.[20] 한때는 주류를 이루던 개념이 점차 변두리로 밀려나더니 결국에는 몽땅 쓰레기통에 버려진 것이다. 이와 비슷한 과정이 기독교 사상의 다른 영역에서도 일어났다. 예수 그리스도의 정체성과 중요성에 대한 교회의 인식이 대표적인 예이다.

때로는 어떤 사상이 근본적으로 바뀌는 일이 벌어지기도 한다. 이를 보여주는 좋은 예는 과연 하나님도 고통을 당한다고 말할 수 있느냐 하는 문제이다. 유일한 견해는 아니었지만, 초대교회의 지배적인 견해는 하나님이 고통에 관해 알고는 있으나 그것을 몸소 경험하지는 않는다는 것이었다. 하지만 20세기에 들어 갈수록 더 많은 그리스도인이 하나님도 몸소 고통을 경험하는 게 분명하고 무엇보다 성육신의 결과로 고통을 경험하셨다는 견해를 갖게 되었다. "우리 하나님은 고통당하는 하나님이다"(디트리히 본회퍼). 이렇게 바뀐 부분적인 이유는 이 세상의 고통과 고난에 더 민감해진 현대인들이 '고통당하는 하나님'이라는 개념에 관심이 커진 탓도 있고, 그리스도의 고난을 한편으로는 세상의 고뇌와 다른 한편으로는 하나님의 본성과 연관시키려는 관심이 새로 생겨난 결과이기도 하다.[21]

교리의 발전 양상을 보여주는 가장 중요한 예로는 4세기에 공식적으로 정립된 성육신 교리를 들 수 있다. 이 신앙고백은 신중하고 철저하고 기나긴 신학적 성찰 및 탐구의 과정이 절정에 달한 결과라 볼 수 있다.[22] 교회는 나사렛 예수를 '하나님의 얼굴을 보여주고 그분의 목적과 성품을 인류에게 비추는 등 육신을 입은 하나님'으로 늘 인식해 왔다. 하지만 거기에 함축된 의미를 지적으로 탐구하는 데는 3세기 이상의 세월이 걸렸다. 그 작업에는 교회가 이미 진리로 발견한 것의 의미를 이해하는 데 필요한 폭넓은 지적 뼈대를 만들고 그것을 비판적으로 검토하는 일도 포함되었다. 어떤 의미에서 교회는 나사렛 예수가 왜 그토록 의미심장한 인물인지 이미 알고 있었던 셈이다. 문제는 그분에 관해 이미 알려진 것을 올바로 나타내는 지적 뼈대를 세우는 일이었다. 그래서 시행착오가 불가피했다.

나사렛 예수의 중요성을 공식화하는 최선의 방법에 대한 최종 합의, 즉 니케아 공의회는 당시 지식인층에게 널리 퍼져 있던 그리스의 형이상학 개념들을 일부 사용하되 최종 이론을 만들기보다 하나의 공식을 정립했던 것으로 보는 편이 나을 듯하다. 일부는 이런 발전 양상이 기독교 신앙의 단순한 성격을 왜곡했다고 주장했다. 아니, 왜 교회가 그리스도를 증언하는 데 신약성경에서 도무지 찾을 수 없는 그리스의 형이상학 개념을 사용해야 하는가? 성공회 신학자 찰스 고어 Charles Gore는 그리스도에 대한 성경의 증언과 기독교 신조에 나타난 그분의 정체성 및 중요성에 관한 이해가 어떤 관계가 있는지 상당히 심도 있게 설명한 인물이다.[23]

그리스도에 대한 성경 증언의 단순한 성격이 특히 처음 몇 세기에 걸친 신앙의 이론적 발전으로 말미암아 타협되고 왜곡되었다고 주장하는 사람들에 대해 고어는 이렇게 반응했다. "훗날에 정립된 신학 공식들은 명시적으로 공식화되지는 않았지만, 기독교 사상과 예배 속에 이미 내재해 있던 사상과 주제를 '점진적으로 펼쳐 보이는' 과정으로 보아야 한다."[24] 갈수록 교회의 증언을 신학 용어로 표현하려는 밑바탕에는 그 신비를 지적으로 이해하려는 인간의 욕구와 신비를 보호하거나 안전하게 지키려는 열망이 공존한다고 고어는 지적했다. "기독교가 형이상학의 색채를 입은 이유는 사람이 이성적 존재이기 때문이다."[25] 그러므로 교회의 증언이 신약성경의 단순한 언어와 이미지를 뛰어넘어 복잡한 관념으로 발전한 양상은 부분적으로 인간의 지적 호기심이 낳은 불가피한 결과라 할 수 있다.

하지만 그런 관념이 발달한 배후에는 한계점에 도전하거나 지적 탐구를 추구하는 인간의 욕망 이상의 요인이 있다. 초대교회의 성육신 탐구에서 중요한 주제 중 하나는 기독교 신앙에 대한 기존의 이해에 도전함으로써 신앙의 미스터리를 적절하게 수용하고 표현할 수 있게 하는 것이었다. 이는 지적 대안들을 탐구하는 이유가 단순한 호기심 때문이 아니라 교회의 생존과 안녕이 신앙에 대한 최상의 설명을 확보하는 일에 달려 있다는 깊은 확신 때문이었음을 의미한다. 그렇다고 초대 교부들이 최상의 설명이 아직 나오지 않았다는 생각으로 정통 신앙을 탐구했다는 말은 아니다. 사실 어느 정도의 근사치는 이미 나왔다는 생각을 하면서도 탐구를 계속했다. 하지만 알렉산드리아의 아타나시우스Athanasius와 같은 저자들은 어떤 의미에서는 정통 신앙이 아직 발견되지 않았다는 생각을 품고 있었던 것도 사실이다.[26] 사물에 대한 진리를 말해준다는 기독교 정통파의 주장은 그 진리가 기존의 교리 형식을 통해 완전하고 적절하게 표현될 수 있는지를 확인하지 않고는 계속 유지할 수 없는 법이다.

우리는 기독교 신앙의 핵심 진리를 언급하고자 이미 신비라는 표현을 사용했다. 이 언어가 이단의 개념과 상관이 있다는 것을 이해하려면 이를 조금 더 폭넓게 살펴볼 필요가 있다.

신앙의 신비를 보존하는 일

초기 기독교에서 교리 발전은 지적 탐구의 여정, 곧 핵심 개념을 정립할 방법을 여럿 검토하면서 일부는 긍정하고 일부는 부정하는 여정에 비유할 수 있다. 이런 과정은 사실 승자와 패자의 시각으로 판단해서는 안 된다. 오히려 모든 대안을 검토하고 평가하는 진정성에 대한 탐구 과정, 즉 "그리스도인들 사이에서 목표와 우선순위를 둘러싸고 일어난 생산적인 갈등"[27]으로 이해해야 한다.[28]

이런 탐구 과정은 자연스러우면서도 필요한 것이다. 시간이 흘러 2세기에 접어들고 그 후 세대로 넘어가는데도 기독교가 마냥 1세기 형태로 굳어 있을 수는 없었다. 기독교는 새로운 지적 도전에 직면했고, 종교 및 지성의 측면에서 기독교의 대안으로 떠오른 플라톤주의와 영지주의 같은 사상들과 싸울 만한 역량이 있는지 증명해야 했다. 그 결과 시간이 흐르면서 기독교 신앙의 내용을 개념적으로 확장하는 일이 일어났고, 그 일은 무척 신중하게 진행되었다. 이런 탐구 과정의 최종 결정체가 바로 신조의 형태로 드러났다. 신조는 개개인의 사적인 믿음이 아니라 신자의 동의*consensus fidelium*를 대변하는 공적이고 공통적이며 권위 있는 신앙 진술에 해당하는 것이었다.[29]

이런 지적 탐구의 여정에는 결국 무익하거나 위험한 것으로 판명된 길을 조사하는 작업도 포함되었다. 초기 단계에 잘못된 방향으로 나갔다가 나중에 수정된 예도 있었다. 왜 많은 사람이 초기의 신앙 패턴을 실로 진정한 모델로 믿는지 그 이유는 쉽게 이해할 수 있다. 그런데 에비온주의와 도세티즘 같이 교회가 훗날 이단으로 선언한 몇 가지 견해들은 일찍이 1세기 말부터 기독교 공동체 안에 그 모습을 드러냈었다. 테르툴리아누스(Tertullianus, 터툴리안) 같은 초기의 많은 저자들은 오래된 신학 견해일수록 정통 신앙으로 인도하는 믿을 만한 안내자라고 주장했지만, 사실은 그렇지 않다. 사실은 잘못된 견해가 초창기부터 등장했기 때문에 후대가 이를 바로잡아야 했다.

그렇다면 이는 초대교회가 나사렛 예수를 오해했거나 잘못 대변했다는 뜻인가? 여기서 우리가 분명히 해야 할 핵심 사안이 하나 있다. 맨 처음부터 그리스도인들은 하나님과 나사렛 예수와 관련해 정말로

/ 아리우스파를 이단으로 단죄한 325년의 니케아 공의회 프레스코화(바티칸 소재)

중요한 점이 무엇인지를 알고 있었다. 그러나 문제는 그 점을 이해하는 데 필요한 이론적 틀을 찾는 것이었다. 신비를 보존하기 위해서, 즉 교회가 진리로 발견한 것을 안전하게 보호하기 위해서 지적 뼈대를 세울 필요가 있었던 것이다. 이는 안목과 해석이 필요한 작업이었다. 우리가 또 이해해야 할 중요한 점은 그런 지적 뼈대를 세우는 일이 신적 계시를 통해 완전히 밝혀진 게 아니라는 사실이다. 교리라는 것은 이미 계시된 것을 안전하게 보호할 목적으로, 부분적으로나마 계시에 대한 반응으로 구성한 것이다. 아리우스 논쟁은 당시 구성한

교리적 틀 가운데 어느 것이 그리스도의 신비를 확보하고 보여주기에 가장 적합한지를 둘러싼 번잡하지만 생산적인 논쟁이었다. 과연 어느 틀이 그리스도의 정체성과 중요성에 관한 복잡한 성경의 증언을 가장 잘 통합한 것인가?

교회는 하나님의 본성과 목적이 나사렛 예수 안에 계시되었다는 걸 알고 있었지만, 여기에 담긴 뜻을 가장 잘 이해시키는 방법론을 둘러싸고 논쟁이 일어난 것이다. 그리스도인 저자들은 나사렛 예수의 죽음과 부활이 인간의 상황을 변혁시켰다는 진리를 충분히 인식했다. 그들의 과업은 끈기를 갖고 철저하게 진리의 의미를 이해하는 법을 모두 탐구하는 일이었다. 니케아 공의회가 예수는 "진정한 하나님이요 진정한 인간"이며, 성부와 "동일한 본질"을 가진 존재라고 진술한 것은 그리스도인들이 이미 진리로 알고 있던 것을 보호하기 위해서였다. 그러므로 교리는 그리스도인의 신앙과 삶의 중심에 있는 신비를 보존하는 동시에 심도 있게 검토하고 탐구하게 해주는 것이다.[30]

여기서 신비mystery라는 단어를 좀 더 설명하는 게 좋겠다. 이 단어의 기본 의미는 "너무나 광대해서 인간의 정신으로는 파악할 수 없는 어떤 것"이다. 하나님의 경험이 너무나 광대해서 인간의 정신은 그만 압도당하고 만다. 이 점은 루돌프 오토Rudolf Otto가 엄청난 신비tremendous mystery라는 유명한 말로 잘 표현하였다.[31] 이와 관련된 고전적인 논의에서 아우구스티누스는 사람들이 하나님을 완전히 이해할 수 없다고 왜 놀라는가 하고 물었다. 그러고는 "만일 당신이 그를 이해한다면, 그는 하나님이 아니다"라고 말했다.[32] 아우구스티누스는 하나님에 대한 믿음이 비합리적이라고 말하는 것이 아니다. 오히려 인간의 정신이 한참을 씨름해도 결국 '하나님의 장엄함'이라는 문제를 해결할 수 없다는 점을 밝히고 있을 뿐이다.

이 때문에 신학은 언제나 기독교 신앙의 중심에 있는 실재를 올바로 나타내기에는 부적합한 것으로 드러나고 만다. 우리가 제아무리 신학적 정확성을 겨냥하고 하나님의 실재와 기독교 복음을 붙들고 씨름해도 결국 인간의 정신은 한계에 봉착하고 좌절을 맛보기 마련이다. 교부 학자 앤드류 라우스Andrew Louth가 지적하듯이 복음은 인간의 언어나 개념으로 환원될 수 없다.

> 그들은 그리스도를 신적 신비로 이해한다. 이는 사도 바울의 서신에 나타난 핵심 사상이다. 이 비밀은 이미 선포되어온 비밀이다. 그럼에도 불구하고 여전히 비밀로 남아 있다. 선포된 내용이 이해될 수 없는 이유는 그것이 하나님의 비밀이기 때문이고, 하나님은 인간의 이해를 초월하는 분이기 때문이다.[33]

고어도 이와 비슷한 점을 지적하면서 인간의 언어는 신적 실재를 올바로 표현할 수 없다고 강조한다.

> 인간의 언어는 신적 실재를 결코 적절하게 표현할 수 없다. 인간의 언어가 지닌 표현의 한계에 대한 인식, 커다란 불가지론적 요소, 알려진 게 별로 없는 도무지 헤아릴 수 없이 깊은 대상에 대한 경외심 등은 하

나님을 생각하거나 표현하는 일을 맡은 신학자들의 마음에 늘 자리 잡고 있다. 사도 바울은 "우리가 수수께끼처럼 거울로 보는 것 같다"거나 "우리는 부분적으로 안다"고 말한다. 생 틸레르는 이렇게 불평한다. "우리는 도달할 수 없는 것에 도달하려고, 닿을 수 없는 곳에 오르려고, 말할 수 없는 것을 말하려고 애쓰지 않을 수 없다. 단순히 신앙을 찬미하는 대신에 신앙의 심오한 세계를 불완전한 인간의 표현에 의존하지 않을 수 없는 것이다."[34]

그래서 고어는 "법률 제정이 도덕적 원칙을 보호하듯이, 교리라는 형식은 그리스도의 신비를 보호하고자 그분에 관한 신약성경의 진술을 새로운 형태로" 정리한다고 주장했다.

따라서 교리는 그리스도인의 신앙과 삶의 중심에 있는 신비를 보존하는 셈이다. 신적 계시의 일부는 아닐지라도, 부분적으로 신적 계시에 근거를 두고 있고 부분적으로 계시를 보호하고 이해하는 면이 있기 때문에 교리는 그 정당성이 인정된다. 하나님의 신비는 우리가 그것을 이해하고 언어와 신조로 표현하려 하기 전에 이미 엄연히 존재하는 것이다. 그런데 만일 특정 교리가 그런 신비를 보호하기는커녕 오히려 침해하는 것으로 판명되면 어떻게 될까? 만일 신앙의 핵심 통찰을 방어하고 옹호해야 할 이론적 틀이 오히려 그것을 무너뜨리고 왜곡하는 것으로 드러나면 어떻게 될까? 바로 이런 질문이 이단의 본질과 연결된다. 이단이란 신앙의 신비를 보존하는 게 아니라 도리어 그것을 파괴하거나 흔들거나 왜곡하는 교리를 일컫는다. 한때는 어떤 신비를 변호하는 것으로 생각되었던 교리가 사실상 그 신비를 뒤집어 엎는 것으로 판명되는 경우도 있다. 이런 의미에서 이단은 정통이 되려 했다가 실패한 집단이다. 그들의 잘못은 여러 가능성을 탐구하거나 관념적 경계선을 압박하려는 태도가 아니라, 자신이 실패했다는 사실을 수용하지 않으려 했던 태도에 있다.

앞서 언급했듯이, 교리적 틀은 특히 나사렛 예수 안에서 또 그분을 통하여 하나님과 만나고 그분을 알게 되는 결정적인 경험을 이해하기 위해 생겨난 것이다.[35] 기독교 신학은 나사렛 예수의 삶과 죽음과 부활 안에 나타난 하나님의 계시와 활동에 대한 그리스도인의 경험 위에 일종의 보호망을 치려고 애쓴다. 교리적 진술은 실재에 대한 기독교적 관점을 보존하고 변호하려고 개발한 것이다. 이미 신약성경에서 진행되던 이 작업은 교부시대를 거치는 동안 더 공고해지고 확대되었다. 그런데 본래 변호와 보존의 역할을 담당하게 되어 있던 교리적 진술이 나중에 도리어 그 대상을 약화시키고 오염시키는 것으로 드러난다면 어떻게 되겠는가? 이것이 바로 내가 이 책에서 일관성 있게 주장하는 이단의 독특한 특징이다.

이단이 기독교 공동체에 가한 위협을 표현할 때는 흔히 고대 이스라엘의 삶에서 끌어온 이미지를 이용한다. 그 가운데서도 특히 순결을 지키고 오염이나 불결함을 피하는 것에 쏟는 그들의 관심에 비유하곤 한다. 그래서 이단은 곧 교회의 순결을 오염시키고 더럽게 하는 오염물질로 간주되었다. 이 점에 대해서는 교회의 순결을 지킬 필요성을 강조했던 제롬Jerome이 아주 명료하게 표현한 바 있다.

썩은 살을 잘라내고 더러운 양을 우리에서 쫓아내라. 그렇지 않으면 온 집, 온 반죽, 온 몸, 그리고 온 양떼가 불에 타거나 망하거나 썩거나 죽고 말 것이다. 아리우스는 알렉산드리아에서 불꽃 하나에 불과했지만, 그 불꽃이 즉시 꺼지지 않는 바람에 온 문명 세계가 그 불길에 휩싸여 황폐하게 되었다.[36]

제롬의 표현은 분명히 레위기에 나오는 규율을 상기하게 한다. 레위기는 누군가 파괴적인 영향을 미칠 가능성이 있으면 오염시키는 혹은 '불결한' 사람들을 공동체에서 쫓아내라고 명한다.[37]

벽과 울타리와 도랑 같은 인간의 건축물은 공동체의 정체성을 보호하는 장벽을 세우는 일이 얼마나 중요한지를 보여준다.[38] 집단의 정체성이 이념이나 가치관에 위협을 가하는 자들을 쫓아냄으로써 유지된다는 사실은 이미 잘 알려져 있다. 이처럼 지적 오염이나 도덕적 불결함을 가져오는 인물이나 집단을 공동체가 축출하는 일은 사회심리학의 개념으로 설명할 수도 있지만, 무엇보다 특정 관념이 공동체의 안정을 해친다는 판단에서 이런 축출이 나오는 것임을 이해해야 한다.

이제까지 믿음의 본질에 관해 간략히 살펴보았는데, 이를 배경으로 이제 이단의 현상에 관해 더 자세히 살펴보도록 하자.

이단 개념의 기원

요세푸스가 하이레시스라는 단어를 비정통파라는 의미로 사용한 건 절대 아니다. 그저 유대교 안에서 별개의 동종 집단을 이루고 있다는 뜻이었다. 하이레시스는 경멸의 뉘앙스가 없는 중립적인 단어로 아무 칭송이나 비판 없이 공통 견해를 지닌 일단의 사람들을 가리킬 뿐이다. 한 마디로 평가적 용어가 아니라 기술적 용어라는 뜻이다.

HERESY:
A HISTORY OF DEFENDING THE TRUTH

어떤 개념은 우리가 느끼는 욕구나 경험하는 현실에 부합하지 않아서 죽고 만다. 반면에 어떤 개념은 개인 및 공동체의 경험과 공명하고 뜻깊은 아이디어를 표명함으로써 계속 살아남는다. 이단은 두 번째 범주에 속한다. 어떤 이들은 이단을 종교적 정통을 강요하던 시대와 연결시켜 부패하고 신빙성이 없는 것으로 취급하기도 하지만, 대다수는 이단이 인생의 심오한 문제를 성찰하는 모든 이에게 꼭 필요한 사상을 표명하고 있다고 인정한다. 핵심 사상이나 가치에 바탕을 둔 모든 운동은 중심과 경계를 정하지 않으면 안 된다. 이 운동의 초점은 무엇인가? 이 운동 안에서 다양성의 한계는 어디인가?

기본 특징을 말하자면, 이단은 엄밀한 의미에서 기독교 세계관의 핵심 신념을 거부하는 불신앙은 아니고, 결국에는 전복적이거나 파괴적인 것으로 드러나는 일종의 신앙이며, 간접적으로 불신앙으로 이끄는 것이라 할 수 있다. 불신앙은 이단이 취하는 형태가 아니라 이단이 낳는 결과인 셈이다. 역사가 퍼거스 밀러Fergus Miller가 말하듯이, 이단은 "관찰 가능한 실재에 관한 단순한 보고서"가 아니다.[1] 오히려 특정한 일련의 사상이 신앙 공동체에 위협을 준다는 하나의 판단이다. 이단은 경험적 개념이 아니라 평가적 개념이다. 어떤 차원에서 보면, 이단은 어떤 공동체(여기에서는 기독교회)의 사상에 대한 판단 내지는 평가가 낳은 결과인 만큼 구성된 개념이라 할 수 있다.

방금 얘기한 내용으로 보건대, 단순한 사상의 차원에서 이단의 현상을 전반적으로 이해하거나 특정한 이단을 이해하는 것은 불가능하다. 우리에게 필요한 것은 이런 사상들이 상당 기간에 걸쳐 어떻게 그리고 왜 기독교 공동체에 의해 신앙에 대한 위협거리로 평가되었는지를 탐구하는 일이다. 그러므로 이단의 본질을 이해하려면, 이단으로 지명된 사상 자체는 물론이고 그들이 그런 정죄를 받게 된 사회적 과정까지 고려해야 한다. 나아가 이단은 다른 어떤 사상만큼이나 담론 공동체를 가리키고 있고, 그 공동체는 정통파 공동체에 사회적 정치적 위협을 제기하는 만큼 이단은 사회적 실체를 가진 개념이라 할 수 있다.

초기 기독교의 이단 이야기에 줄곧 등장하는 주제는 이단이 경쟁적 세계관을 신앙의 집안으로 살짝 밀어 넣는다는 것이었다. 이단은 우발적이든 고의든 주인의 집안에 대안적 신념 체계를 세우는 수단, 즉 일종의 트로이 목마 같은 것이다.[2] 이단은 겉으로는 기독교처럼 보이지만, 실제로는 파괴적 씨앗을 심는 신앙의 원수이다.[3] 그래서 숙주 속에 자리 잡고 숙주의 복제 시스템을 이용하여 지배력을 장악하려는 바이러스에 비유할 수 있다. 그런데 궁극적으로 이단의 기원이 무엇이든, 위협거리는 본디 신앙 공동체 내부에서 나오기 마련이다.

최근에 인도네시아에서 알 쿠야다 알 이슬라미야라는 이슬람 분파를 놓고 이슬람교로 인정해야 할지, 아니면 다른 종교로 취급해야 할지 논쟁했던 것을 떠올려보라.[4] 많은 인도네시아 이슬람 조직은 알 쿠야다 알 이슬라미야가 주류 이슬람교에서 이탈했다는 이유로 적대적인 태도를 취한다. 그중에서도 특히 메카 참배와 금식, 다섯 번의 매일 기도가 의무가 아니라고 주장하는 점과 마호메트 이후에 새로운 선지자가 출현할 거라고 기대하는 점 등을 문제 삼았다. 핵심 이슈는 그 분파의 견해를 이슬람 내부에서의 합법적인 의견 차이, 즉 이흐틸라프ikhtilaf로 간주할 것인가, 아니면 이슬람의 기본 신앙 및 관행과 상충하는 것으로 볼 것인가 하는 문제이다.[5] 알 퀴야다 알 이슬라미야는 틀림없이 자신을 이슬람 종파로 간주할 것이며, 따라서 그 신봉자들은 자기네를 쿠파르kuffar, 즉 '이교도'로 보는 것에 기겁할 것이다. 그럼에도 인도네시아 이슬람교에 속한 그들의 비판가들은 그 사상이 궁극적으로 이슬람교의 핵심 신앙을 전복시키고 무너뜨릴 거라고 주장한다.

이처럼 이단은 신앙에 위협을 가하므로 바깥에서 생기는 많은 도전거리보다 더 심각한 문제임이 틀림없다. 이단자들은 내부에서 체제를 전복하고 무너뜨리려는 자들이기 때문이다. 레스터 쿠르즈Lester Kurtz는 이단 운동이 주인의 입장에서 볼 때 내부자인 동시에 낯선 자라는 의미로 "가까움과 소원함이 강하게 결합된" 것이라고 말한다.[6] 프랑스 사회학자 피에르 부르디외Pierre Bourdieu는 이단의 의미를 사회학적으로 설명하면서, 한 세계관의 핵심 가정假定을 내부로부터 무너뜨리거나 흔들 수 있는 잠재력, 혹은 세계관 내부에서 그 세계관을 파격적으로 개조할 수 있는 불안정한 요소를 파악하는 능력으로 지적한다. 두 경우 다 본의 아니게 바깥의 적을 돕는 결과를 낳는다고 부르디외는 주장한다.[7]

종교적이든 세속적이든 모든 세계관은 나름의 정통과 이단을 가지고 있다.[8] 이단과 정통의 개념은 본래 초기 기독교에 뿌리를 두고 있지만, 한편에서는 다른 종교 전통들이 그리고 다른 한편에서는 정치 및 과학 이데올로기들이 이 개념을 받아들여 활용해왔다. 이를테면, 다윈주의 안에서도 친구와 적을 파악하고자 이단과 정통이란 용어를 널리 사용해왔고 여러 학파가 떠오르기도 하고 쇠락하기도 했다.[9] 가령, 대수롭지 않은 단백질 내의 아미노산 교체가 종種들 간의 배열상의 차이점을 설명해줄지도 모른다는 기무라 모토의 중립적 진화 개념이 1960년대 말에 처음 소개되었을 때만 해도 많은 생물학자가 이 개념을 이단으로 간주했다.[10] 하지만 지금은 다윈주의의 정통파에 속하는 개념이다. 이런 과학 논쟁을 묘사할 때 종교적 언어를 사용한다는 사실은 다음 두 가지 점을 시사한다. 하나는 모든 진영이 자기네 입장을 진지하게 여긴다는 점이고, 다른 하나는 다윈주의 스펙트럼 내의 어떤 입장들을 명백히 위험하게 여긴다는 점이다.[11]

이와 똑같은 발전 양상을 현대 의학에서도 볼 수 있다. 사회학적 관점에서 보면, 현대 의학은 질병의 원인 및 치료 방법에 관한 여러 설명 간의 복잡한 상호작용으로 생긴 것이다. 지배 이데올로기는 일부는 과학계가 주는 신임에 의해, 일부는 중요한 사회적 요인들에 의해 생기고 또 지탱된다.[12] 예컨대, 에이즈바이러스HIV와 에이즈AIDS의 관계를 둘러싼 오늘날의 논쟁은 흔히 정통 학파와 이단 학파의 견지에서 벌어지곤 한다.[13] 개념은 더 이상 쓸모가 없을 때 폐기처분된다. 하지만 이단은 신학적 형태든 세속적 형태든 계속 살아남는다.

그러면 어떻게 해서 이단이란 용어가 파괴적인 유형의 신앙을 가리키게 되었는가? 단어는 유동적이므로 세월이 흐르면서 그 의미와 연상이 바뀌기 마련이다. 영어 단어만 보아도 두어 세기를 지나면서 의미가 근본적으로 바뀌어 지금은 예전과 거의 정반대되는 것을 가리키는 경우도 적지 않다. 가령, to let이라는 동사는 16세기만 해도 '방해하다' 혹은 '훼방하다'라는 뜻을 가지고 있었으나, 지금은 허용하다 혹은 허락하다는 뜻으로 쓰인다. urbanize라는 단어는 본래 '누군가를 예의 바르게 만들다'라는 뜻을 갖고 있었다. 말하자면, 공손한 사람이 되도록 사회 예절로 교육한다는 뜻이었다. 그러나 오늘날에는 이 세계의 공공 공간을 무분별하게 개발하여 꼴사나운 도시로 바꿔버리는 현상을 가리키는 말이 되었다. 본래는 긍정적인 연상을 갖고 있던 단어가 비천해져서 이제는 부정적인 발전을 언급하는 단어로 변모한 셈이다.

이와 똑같은 양상을 헬라어 발전 과정에서도 볼 수 있다. *hypocrites*라는 단어는 본래 '배우'를 의미했고, 기원전 5세기에는 드라마에서 두드러진 배역을 맡은 배우를 가리키는 말로 종종 사용했었다.[14] 그러나 세월이 흐르면서 이 단어는 점차 어두운 색채를 덧입었다. 그래서 본연의 모습과 다른 모습으로 가장하는 사람, 즉 거짓말쟁이 혹은 오늘 우리가 '위선자'라고 부르는 인물을 가리키게 된 것이다. 본래는 중립적이었던 단어가 강한 부정적인 연상을 얻게 된 것이다.

이단heresy이란 단어의 어원에 해당하는 헬라어 하이레시스*hairesis*는 이보다 더 복잡한 변천 과정을 거쳤다. 이 단어는 본래 선택 행위를 뜻하는 것이었으나, 시간이 흐르면서 그 의미가 점차 확대되어 선택, 선호하는 행동 경로, 사상 학파, 철학적 혹은 종교적 분파 등을 가리키게 되었다.[15] 예를 들어, 후기 고전시대의 그리스 작가들은 당시의 다양한 의과 대학들과 더불어 스토아학파를 종종 하이레시스(달리 말하면, 사상의 학파)라 부르곤 했다. 1세기 유대인 역사가 요세푸스는 사두개파, 바리새파, 에세네파 등을 유대의 하이레시스의 예로 드는데, 이는 곧 파당이나 학파, 집단을 뜻하는 말이었다.[16] 여기서 요세푸스가 하이레시스라는 단어를 비非정통파라는 의미로 사용한 것은 절대로 아니다. 다만 그들이 유대교 안에서 별개의 동종 집단을 이루고 있다는 뜻이었다. 하이레시스라는 헬라어는 경멸의 뉘앙스가 없는 중립적인 단어로 아무 칭송이나 비판 없이 공통 견해를 지닌 일단의 사람들을 가리킬 뿐이다. 한 마디로 평가적 용어가 아니라 기술적 용어라는 뜻이다.

하이레시스는 신약성경에서 바로 이런 의미로 사용된다. 이 단계에서 혹시 부정적인 뉘앙스가 조금이라도 풍긴다면, 그것은 이런 학파들이 때때로 야기한 사회 분열 및 지적 경쟁과 관련이 있을 것이다. 파당 형성은 기독교 공동체의 하나됨을 위협하는 것으로 비쳤다.[17] 하지만 이 단계에서는 파당이나 집단이, 훗날 기독교 저자들이 이단과 연루시킨 위험 요소나 파괴적 역량을 갖고 있다는 암시는 전혀 없다. 다만, 파당을 짓는 일이 기독교의 통일성을 저해하고 경쟁심과 개인의 야망을 부추긴다는 것이 문제였다. 집단이나 파당의 출현이 문제가 된 건 아니다. 교회 지도자들이 이런 발전 양상을 엉성하게 관리할 때 교회의 하나됨에 부정적인 결과가 초래된다는 것이 문제였다.

그런데 이 점은 신약성경의 대표적인 번역본들에 의해 가려지고 말았다. 번역본들은 마치 1세기 기독교 공동체에서 이단이 일상적인 문제였던 것처럼 잘못된 인상을 준다. 가장 중요한 초기 영어 번역판은 윌리엄 틴데일William Tyndale이 1526년에 출판한 신약성경이었다. 틴데일은 시대를 앞서가는 언어 능력과 사회학적 통찰을 십분 발휘해 성경 번역 사업을 추진했다. 그리고 하이레시스를 sect로 번역함으로써 '파당을 짓고 분열 생식하는 성향'이란 뜻을 분명히 전달했다.[18] 그런데 흔히 흠정역으로 알려져 있고 정확한 번역본으로 칭송이 자자한 킹 제임스 역은 똑같은 헬라어 단어를 이단heresy으로 번역함으로써, 훗날에 출현한 이단이 마치 신약성경의 배경이 된 초대교회 안에 이미 존재했던 것처럼 역사적으로 부정확한 인식을 심어주었다. 이 점의 중요성을 보여주기 위해, 틴데일 번역과 킹 제임스 번역에 나오는 베드로후서 2장 1절을 원판에 실린 내용 그대로 인용하여 비교해볼까 한다.

틴데일(1526) : "Ther shal be falce teachers amonge you: wich prevely shall brynge in damnable **sectes** even denyinge the Lorde."

킹제임스(1611) : "There shall be false teachers among you, who privily[19] shall bring in damnable **heresies**, even denying the Lord."

개역개정: "그러나 백성 가운데 또한 거짓 선지자들이 일어났었나니 이와 같이 너희 중에도 거짓 선생들이 있으리라 그들은 멸망하게 할 이단을 가만히 끌어들여 자기들을 사신 주를 부인하고 임박한 멸망을 스스로 취하는 자들이라."

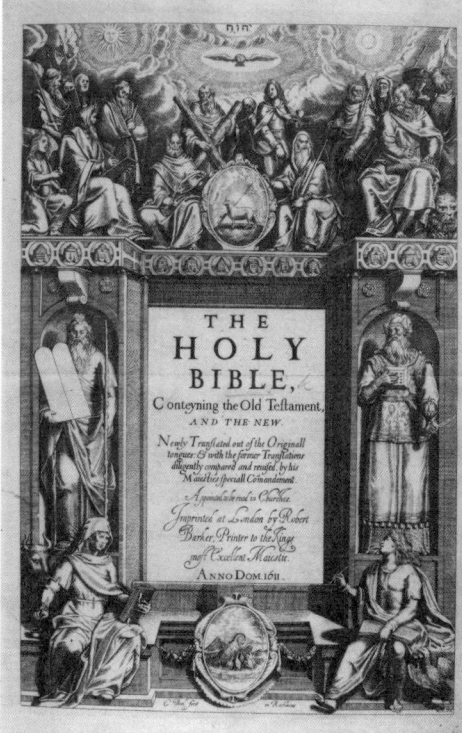

최초의 영어성경인 윌리엄 틴데일의 신약성경 중 요한복음의 첫 페이지와 가장 권위 있고 정확한 번역으로 알려진 킹 제임스 성경(1611년판)

훗날 이단의 견해로 간주된 것이 일찍이 그 모습을 드러냈다는 걸 보여주는 명백한 징표는 있지만, 이단의 문제가 사도 시대에는 중요한 이슈로 등장하지 않았던 것 같다. 사상 자체는 사도 시대에 생겼을지 모르지만, 이단의 성격은 2세기에 가서야 그 모습을 드러냈다. 기독교가 형성되던 그 시기에 기독교 저자들은 헬라어 하이레시스를 라틴어로 옮긴 하에레시스*haeresis*에 아주 특별한 의미를 부여했다. 하에레시스는 더 이상 지적 대안이나 학파를 뜻하는 중립적 의미를 지니지 않았다. 부정적인 뉘앙스를 강하게 풍기기 시작하면서 그런 견해를 지닌 자들은 교회에서 나가거나 축출되지 않으면 안 되었다.[20] 앞에서 강조한 것처럼, 이런 견해들 중 몇 가지의 초기 형태는 신약성경 저자들에게 알려져 있었다. 그러나 이들 견해가 그냥 부적절하거나 받아들일 수 없는 정도가 아니라 이단의 성격을 갖고 있다는 판단은 1세기보다는 2세기 교회 상황을 반영한 것이다. 특히 로마 교회에서 그러했다. 이제 하에레시스는 기독교 공동체 전체의 생각보다 사적이고 사변적인 신학 사상(신약성경 저자들이 초기 형태를 언급한 것들)을 선호한다는 의미에서 '선택'을 가리키는 말이 되었다.[21] 제국의 법적 문서는 5세기까지 라틴어 단어 하에레시스를 전문직 노동자들의 길드나 협회를 지칭하는 등 중립적 의미로 계속 사용했다.[22] 하지만 그리스도인이 이 단어를 사용할 때는 종교적 논란과 정치적 결과를 연상시키는 용어로 변질되었다.

이단이란 단어는 기술적인 용어가 아니라 경멸적인 용어로 빠르게 바뀌었다. 사회학자들은 남자 대 여자, 백과 흑 등 특정한 이항대립이 타자를 규정하는 사회적 구성 작업에서 어떤 역할을 하는지를 언급하곤 했다. 배제나 명예훼손의 수사학에서 흔히 사용하는 타자의 개념은 본래 이항대립 체계에서 평가절하된 반쪽을 가리킨다. 그리고 주로 열등해 보이거나 위협을 가하는 것으로 여겨지는 집단을 가리킬 때 사용된다. 집단의 정체성은 종종 타자를 규정함으로써 더 증진된다. 나치 독일이 아리아인과 유대인의 이항대립을 통제 신념으로 삼았던 것을 생각해보라. 조지 오웰이 《동물 농장》에서 장난스러우면서도 진지하게 '네 다리의 선, 두 다리의 악'이라는 이항대립을 통제 신념으로 삼은 것도 마찬가지이다.

  2세기에는 이단 대 정통이라는 이항대립이 특정 집단과 개인을 기독교회에서 배제하는 수단으로 등장했다. 하이레시스가 이제는 기독교 신앙을 파괴하는 사상, 이른바 정통$_{orthodoxia}$에 반대되는 사상을 개발한 학파를 의미하게 되었다. 여기서 정통이란 진정성과 규범성을 갖춘 기독교 신앙을 가리키는 말이다.[23] 이와 같은 발전 양상과 그로부터 제기되는 의문들을 다루는 것이 이 책의 주요 내용이다. 이런 일이 어떻게 발생했는가? 그것은 정당한 발전인가? 과연 누가 무엇은 이단이고 무엇은 정통이라고 결정하는가? 이단이라는 개념은 지금도 적실한가? 이제 이런 문제들을 상세히 탐구하게 될 터인데, 맨 먼저 이단과 초기 기독교의 다양성의 관계부터 살펴보도록 하자.

2
이단의 뿌리

THE ROOTS OF HERESY

다양성 : 초기 이단의 배경

!앙의 유산으로 알려진 특정 패턴이 유전 암호
!럼 신약성경의 텍스트와 초대교회의 저술과 예
!에 새겨져 있다. 그런데 초기 그리스도인을 하
!로 묶는 핵심 진리의 패턴이 있었음에도, 그들
! 통일성뿐 아니라 다양성도 보여주었다. 따라
! 마치 다양성이 후대에 나온 것인 양 조급하게
!양성의 출현이란 말을 사용해서는 안 된다.

HERESY:
A HISTORY OF DEFENDING THE TRUTH

초기 기독교는 왜 이단이라는 개념을 만들었을까? 종교적이든 세속적이든 모든 세계관에 내재한 다양성과 이단의 구분선을 어떻게 그을 수 있을까? 이단의 속성과 역사적 발생 경위를 이해하는 가장 좋은 방법은 1세기 기독교의 성격을 고찰하는 것이다. 대체로 오해 속에서 새롭게 부상한 기독교라는 종교 운동은 유대교 안에서 출현하여 로마제국에서 중요한 존재로 자리매김하기 시작했다. 그런 가운데 일련의 정통들(일부러 복수형을 사용한 것에 주목하라)이 등장하여 나사렛 예수의 정체성과 중요성을 다룬 핵심 주제들에 관해 다양한 견해를 대변했다.[1]

앞에서 언급한 것처럼, 기독교 운동의 중심에는 나사렛 예수의 말과 행동에 관한 일련의 보도와 해석이 있었다. 유대교적 뿌리에서 끌어온 그리스도에 관한 다양한 호칭들과 구원의 이미지들이 사용되는 가운데 예수라는 존재는 그분의 정체성과 사역 양쪽에서 중요하게 표현되었다.[2] 최초의 기독교 공동체는 나사렛 예수를 개인적으로 알았거나 예수와 관련된 내부 집단을 잘 알던 사람들이 예루살렘을 비롯한 대표적인 도시들에 세웠던 것으로 보인다.[3] 물론 다른 신자들이 설립한 기독교 공동체도 있었는데, 그 가운데 대표적인 인물이 다소의 바울이다.[4] 이들은 예루살렘 교회와 다소 복잡한 관계를 맺었다. 신약성경에 따르면, 바울은 지중해 세계의 여러 곳에 교회를 설립했던 인물이다. 맨 처음에는 틀림없이 기독교가 유대교의 한 분파나 집단으로 비쳤을 것이다. 유대교는 절대로 획일적인 종교가 아니며 그 속에 상당히 다양한 분파가 있어서 그런 현상에 익숙했기 때문이다.

그러나 당시 로마 당국이 합법적인 종교*religio licita*로 허용했던 유대교에 뿌리를 두긴 했지만,[5] 기독교 공동체들은 로마로부터 법적 보호를 받을 수 있는 단체로 인정받지 못했다. 이유는 분명치 않다. 가령, 로마의 정치가 플리니우스는 비티니아 총독으로 있던 110-112년경, 예전에 그리스도인이 왜 핍박을 받았는지 그 이유도 제대로 모른 채 전례에 따라 그리스도인을 핍박했던 것으로 보인다. 이처럼 교회는 늘 핍박의 그림자 아래에 있었고 사회적으로 위상이 낮을 수밖에 없었다. 그리스도인은 권세 있는 자리나 사회적으로 영향력 있는 지위에 접근할 수 없었고, 세속 당국에 의해 억압을 받기 일쑤였다. 이 때문에 초기 기독교 공동체들은 설사 그러고 싶어 하더라도 획일성을 강요할 수 있는 처지가 아니었다.

이런 기독교 공동체들이 로마제국 전역에 뿔뿔이 흩어졌고, 각 공동체는 그 지방 특유의 도전과 기회를 동시에 맞이했다. 이 사실은 이단의 기원과 중요성을 이해하는 데 꼭 필요한 두 가지 의문을 제기한다. 첫째, 이 기독교 공동체들은 각 지방의 독특한 문화 속에서 어떻게 자신의 정체성을 유지할 수 있었을까? 초기 기독교 예배는 기독교 공동체의 독특성을 강조함으로써 주변 사회와 대조되는 나름의 공동체 의식을 심어주었던 것이 분명하다.[6] 둘째, 각 기독교 공동체는 어떻게 자신을 더 크고 보편적인 공동체의 일부로 이해했을까? 이 두 번째 질문을 달리 표현하면 이렇다. 개별적인 지역 공동체는 어떻게 자신이 후대의 저술에 교회the church로 언급되는 크고 보편적인 공동체와 연결되어 있다고 생각했는가? 물론 이 공동체들은 편지와 순회 교사들을 통하여, 그리고 기본 문헌들을 공유함으로써 서로 접촉하고 관계를 유지했다는 증거가 있다. 알다시피 그 문헌들 가운데 (전부가 아닌) 일부가 나중에 신약의 정경에 포함되었다.[7]

초기 기독교 공동체들이 당시 문명 세계 전역으로 퍼져나가던 공동의 신앙을 갖고 있다고 믿었던 건 틀림없는 사실이다. 개별 교회나 회중 들은 자신이 그 지역에서 더 큰 실체, 즉 보편 교회를 대변하는 공동체라 여겼다.[8] 2세기 초의 기독교가 그리스도를 부활한 주님으로 예배했고 그에 기초하여 신학적 통일성을 갖고 있었다고 주장할 수도 있지만, 초기 그리스도인들은 그들의 신앙을 다양한 방식으로 표현하고 실천했다.

초기 기독교를 단일한 전통으로 묘사하는 것도 맞지만, 서로 다른 사회적, 문화적, 언어적 상황에 거하던 여러 집단과 개인의 복합적인 그물망으로 보는 것이 더 타당하다. 이 집단들은 자기네 신앙을 자기가 직면한 상황과 연관시키고 그 맥락에서 뜻이 통하는 언어로 표현하려 애썼다. 이 집단들이 서로 경쟁했다고 말하는 것은 오도의 위험이 있지만, 초기 단계에서 그들이 흔히 생각하는 것보다 더 많은 자율성을 갖고 있었던 것은 사실이다. 나중에 다시 강조하겠지만, 초기 기독교는 그 어떤 종류든 획일성을 강요하는 권위 구조를 갖고 있지 않았다. 사실 많은 교부 학자들은 초기 그리스도인의 신앙에 대한 탐구와 표현 방식에서 뚜렷이 드러나는 지적 열정을 높이 평가한다.

하지만 이런 역사적 관찰이 초기 기독교를 하나로 묶는 줄기가 당시에 존재했다는 사실을 부정하는 것은 아니다. 초기 기독교의 사회학적 다양성은 사실상 신학적 무정부 상태와는 아주 거리가 멀었다. 초기 기독교를 연구하는 영국인 학자 터너H. E. W. Turner는 중요한 연구서에서 이렇게 주장했다. "사도들의 증언에서 한 패턴을 파악할 수 있는데, 신약성경은 이것을 '성도들에게 전해진 믿음'으로 언급하고 있으며 여러 시대에 걸쳐 '신앙의 유산depositum fidei'으로 알려진 것이다."⁹ 이 패턴은 마치 유전 암호처럼 신약성경의 텍스트 속에, 그리고 초대교회의 저술과 예배 속에 새겨져 있다. 이처럼 초기 그리스도인을 하나로 묶는 핵심 진리의 패턴이 있었음에도 불구하고, 그들이 통일성뿐 아니라 다양성을 보여준 것 또한 사실이다. 따라서 마치 다양성이 후대에 나온 것인 양 조급하게 다양성의 출현이란 말을 사용하지 않도록 조심해야 한다. 그런 다양성이 맨 처음부터 있었다고 추정할 만한 이유가 있기 때문이다. 물론 후대의 발전 양상이 어떤 상황에서는 다양성을 더 악화시킨 것도 사실이지만 말이다.

그러면 무엇이 이런 다양성을 낳았을까? 그런 상황에 기여한 요인들 가운데 적어도 다음 다섯 가지를 찾아낼 수 있다.

1. 모든 기독교 공동체가 권위 있다고 여겨야 하는 자료가 어느 것인가 하는 문제를 둘러싼 초기의 불확실성.
2. 나중에 다함께 묶여 신약성경을 이룬 문헌들 속에 나타난 기독교 신앙의 여러 측면과 다양성.
3. 기독교회 안에서 다양한 사고방식을 불러일으킨 이 문헌들에 대한 다양한 해석.

4. 초기 기독교 예배에서 발견되는 다양한 패턴들. 이 패턴들은 예전에 생각했던 것보다 훨씬 더 다양했던 것으로 드러났다. 이는 초기 기독교 안에서 신앙의 핵심을 어떻게 이해했는가 하는 문제에 중요한 의미를 갖는다.
5. 획일성을 강요할 수 없었던 문제. 초기 기독교는 법적 지위가 보장되지 않은 사회의 소수파에 불과했고, 4세기에 콘스탄티누스 황제가 개종하기 전까지 권력과는 거리가 멀었다. 이는 상당한 수준의 다양성이 존재했던 후대까지 획일성을 강요할 수 없었다는 뜻이다.

이 항목들은 우리가 다루는 주제에 아주 중요하기 때문에 지금부터 하나씩 살펴보려 한다.

불확실성: 무엇이 권위 있는 자료인가

2세기 시리아 출신의 그리스 작가 사모사타의 루시안Lucian은 그리스도인들의 가장 두드러진 특징 중 하나는 책을 쓰고 해석하는 경향이라고 말했다. 루시안에게 기독교는 삶과 믿음이 저술에 의해 형성된 일종의 문자 공동체로 보였다.[10] 로마가 기독교를 비판할 때 그들의 저술에 초점을 맞추고, 기독교를 제거하려 할 때 책을 압수했던 것도 이 때문이다.[11] 그렇다고 해서 그리스도인들이 유대교나 고전 문화를 향유하던 동시대인들보다 더 문자에 밝았다는 뜻은 아니다.[12] 다만 초기 기독교 공동체에 텍스트가 얼마나 중요했는지를 보여줄 뿐이다. 물론 텍스트의 영향력은 그들의 지도자들과 관련이 있었다.

그런데 초기 기독교 원고들은 대개 훗날 신약의 정경으로 인정된 텍스트 이외의 것들을 포함한다. 예를 들면, 일부 초기 기독교 원고들은 구약성경의 글 모음집, 〈도마복음〉과 〈헤르마스의 목자Shepherd of Hermas〉와 같은 정경 이외의 글, 알려지지 않은 저술의 단편들, 의례와 신학을 담은 텍스트 등의 형태를 띤다.[13] 그리스도인들은 자신들의 신앙을 개발하는 데 아주 다양한 자료를 참고했던 것 같다. 그 가운데 일부는 정경에 익숙한 이들에게는 낯설게 보였을 정도이다. 당시에는 영지주의 복음서, 순교 이야기, 목회 저술, 외경 행전 등을 포함한 아주 다양한 텍스트가 독자의 주목을 끌었다.[14] 초기 기독교 공동체들의 독서 취향으로 볼 때, 당시는 무척 복잡하고 다양한 신학과 신앙을 갖고 있었던 게 확실하다.

리옹의 이레나이우스Irenaeus가 이단에 반박하는 저술에서 분명히 밝히듯 2세기 초에 중요한 이슈로 떠오른 건 외경이었다. 말하자면, 사도 교회와 역사적 혹은 신학적 연속성이 없고 그 기원과 출처가 의심스러운 저술이 문제로 떠올랐던 것이다.[15] 그래서 제롬은 모든 외경을 경계하라고 말했다.[16] 확실한 정경은 초대교회가 출처가 미심쩍은 저술들을 신학적 논의에서 제외하려 애쓰는 과정에서 형성되었다고 할 수 있다.[17] 교회 안에서 정해진 책을 계속 사용하도록 호소하는 일이 특히 중요했던 건 그것이 곧 정통성과 권위를 증언하는 표시로 간주되었기 때문이다.

／ 영지주의자들을 비롯해 교회에 침투한 거짓 교사의 정체를 밝히고 교회를 이들로부터 지켜내려 분투했던 이레나이우스

여기서 말하려는 요점은 기독교 공동체들이 아주 폭넓은 텍스트를 읽고 있었기 때문에 기독교의 본질과 특징에 관해 아주 다양한 견해를 갖게 되었다는 것이다. 그리고 그것은 종종 텍스트를 쓴 저자들이 특정 사회 집단이나 종교 집단에 품고 있던 관심사를 반영했다. 따라서 지역적인 권위가 아니라 보편적 권위를 갖는 일단의 저술을 구별해내는 작업이 반드시 필요했다. 물론 그리스도인들은 자기가 읽고 싶은 것을 자유로이 읽을 수 있었지만, 어떤 저술이 교회 전체에 규범적인 지위를 갖는지 파악할 필요가 갈수록 커졌다. 그래서 기독교 지도자들은 그리스도인들이 자기 입맛에 맞는 저자의 글을 읽지 못하게 막는 대신 지역적 취향을 뛰어넘는 일단의 텍스트들을 구별해내는 데 힘을 쏟았다. 알렉산드리아의 아타나시우스는 정경으로 인정받는 데

필요한 진정성의 기준을 평가할 때 아주 중요한 역할을 했다.[18] 그리고 이런 정리 과정이 점차 신약의 정경을 형성하게 해주었다.[19]

기독교 형성기만 해도 텍스트의 진정성과 권위에 관한 분명한 합의가 없었기 때문에 놀랄 정도로 다양한 자료들로부터 영향을 받기 쉬운 상태였다. 예를 들어, 소위 외경 문헌은 초대교회에 특별한 도전을 가했는데, 이유인즉 너무나 다양한 자료가 기독교 세계의 여러 지역에서 잠재적인 권위를 인정받았기 때문이다. 따라서 신학의 기반을 외경 문헌에 두면 이단이 생길 여지가 있었다.[20] 반면에 정통은 신약의 정경에 포함되었던(혹은 포함될) 저술에 우선권을 두었다고 할 수 있다.

그런데 이뿐 아니라 마침내 정경으로 수용된 제한된 범위의 텍스트들 안에서도 어느 정도의 다양성이 발견되었다. 그러므로 이제 이단의 기원과 관련하여 신약성경의 신학적 다양성이 왜 중요한지 살펴볼 차례이다.

신약성경 문헌에서 발견된 다양성

우리가 현재 신약성경이라고 부르는 문헌 모음집은 기독교 공동체 간에 기본적인 통일성이 있다는 것을 전제하고 있지만, 기독교 신앙의 기본 주제를 이해하는 방식과 그 주제를 실제 행동에 적용하는 방식은 무척 다양하게 제시하고 있다. 어떤 저자들은 좀 더 단순하게 신약성경의 조화로운 모습을 제시하는 데 비해, 어떤 저자들은 서로 다른 강조점과 뉘앙스를 파악하고 존중하는 일이 중요하다고 주장한다.[21] 이것이 중요한 이유는 신약성경이 현대 기독교 내의 다양성에 갖는 의미 때문이다.

  신약성경의 다양한 소리를 인정하는 일은 결국 초기 기독교 내에 존재했던 다양성을 간접적으로 수용하는 것과 같다. 여기서 다양성이란 단어는 여러 조건과 함께 조심스레 사용해야 한다. 먼저, 다양성을 인정한다는 건 근본적인 통일성 개념을 수반하지 않는다는 뜻이다. 스티븐 닐Stephen Neill이 몇 년 전에 지적했듯이, 나사렛 예수가 신약성경의 초점이긴 하지만, 그럼에도 그의 중요성은 신약성경의 저자들이 섬기는 청중과 공동체에 맞추어 설명되었다.[22] 다음으로 여기서 말하는 다양성은 상당히 제한되어 있다. 우리는 마치 신약성경이 기독교 신앙에 대해 통제가 불가능할 정도로 많은 관점을 제시하는 것처럼 경솔하게 말해서는 안 된다.[23] 신약성경 안에서 이른바 핵심 사상을 얼마든지 파악할 수 있기 때문이다.

1. 이스라엘의 하나님을 만물의 창조주로 사랑하고 신뢰한다.
2. 예수는 하나님을 계시하고 인간을 구속하려고 하나님이 보내신 자이다.
3. 인간의 실패에도 불구하고 그리스도를 통한 하나님의 구속 사역을 믿는 것이 구원에 이르는 길이며, 이 구속의 과정은 이생에서 시작되어 내세에 완성될 것이다.
4. 구원을 받은 사람은 남을 사랑하며 보살피고 예수가 설정한 윤

리적 표준을 따르게 되어 있다.
5. 신자들로 구성된 몸은 일종의 대가족이다.²⁴

영국의 대표적인 신약학자 제임스 던James Dunn은 기독교의 정통이 초기에 확정되었다는 주장은 비판하면서도, 신약성경 안에서 '하나로 묶는 줄'을 포착할 수 있다고 말한다. 던은 나사렛 예수의 중요성에 관한 신약의 해석을 가리킬 때 선포를 뜻하는 헬라어 케리그마*kerygma*를 사용한다. 루돌프 불트만Rudolf Bultman을 비롯한 많은 이들이 이 단어를 '신약성경의 케리그마'라는 식으로 단수형으로 사용하지만, 던은 특정한 핵심 주제로 다함께 묶을 수 있는 일단의 케리그마들*kerygmata*이 신약성경에 있다는 증거를 들면서 복수형으로 사용한다.²⁵ 신약성경에는 "표준화된 패턴, 기독교의 선포 내용에 관한 자세한 개요"는 없지만, 특정한 상황들에 맞춰진 일정한 범위의 선포 내용들이 있다는 게 던의 주장이다. 예를 들어, 바울의 복음 선포는 "상황에 따라 다양한 형태를 취했으며 강조점과 어조가 바뀌는 가운데 상당한 기간에 걸쳐 발전했다."²⁶

이것은 해석과 종합의 문제이다. 즉 신약성경 본래의 통일성을 허용하면서도 다양성을 존중하는 문제인 것이다. 신약성경을 불협화음으로 볼 것인가 협화음으로 볼 것인가의 문제는 부분적으로 이것을 어떻게 해석하느냐에 달려 있다. 그중에서도 특히 다양한 목소리를 어떻게 서로 연관시키는가가 중요하다. 이를테면, 리처드 헤이즈Richard Hays는 신약성경에 나오는 다면적인 신앙관을 공동체, 십자가,

새로운 창조라는 세 개의 초점을 가진 복합적인 이야기로 설명할 수 있다고 말한다.[27] 헤이즈의 논점은 아주 분명하다. 신약성경에 내재한 다양성은 그에 상응하는 해석상의 다양성을 낳을 수 있다는 것이다.

신약성경에 대한 다양한 해석

그리스도인이 신약성경을 해석해온 긴 역사를 훑어보면, 개인과 집단에 따라 특정 텍스트를 아주 다르게 해석했다는 점이 명약관화하게 드러난다. 이는 대단히 중요한 의문을 제기하게 한다. 그러면 누가 그처럼 다양한 해석을 놓고 판결할 권한을 갖고 있는가? 신약성경의 해석과 관련하여 보편 교회the Catholic Church를 최고의 권위체로 강조하는 입장이 2세기에 급속히 발전했는데, 이는 특히 이레나이우스의 저술에 뚜렷이 나타나 있다.

교회를 신약성경의 해석자라 보는 이레나이우스의 입장이 왜 중요한지를 이해하려면, 프로테스탄티즘에 영향을 주는 성경 해석상의 어려움을 고려해야 한다. 프로테스탄티즘은 성경보다 우위에 있는 어떤 권위도 인정하지 않는 종교 운동이기 때문이다.[28]

"그리스도인은 본래 복음을 전하게끔 되어 있는가?"라는 질문을 한번 생각해보자. 프로테스탄티즘의 초기 단계인 16세기에는 "모든 족속으로 제자를 삼으라"(마 28:19)는 복음 명령을 해석할 때 그 명령이 사도들에게 주어진 것이지 후대에게 주어진 것이 아니라는 해석이 지배적이었다. 그러므로 첫 사도들은 복음을 전파할 의무를 갖고 있었지만, 그 책임은 어디까지나 그들 시대에 국한된 것이었다. 이 견해가 제대로 도전을 받기 시작한 건 18세기 말에 잉글랜드에 있던 선교회의 영향력이 점차 커지면서부터였다. 19세기 말에 이르자 대다수 프로테스탄트가 모든 그리스도인이 복음 전도와 선교 사역을 지원할 소명이 있다는 것이 그 단락의 자명하고 명백한 의미라고 생각했다. 이처럼 한 성경 본문에 대한 지배적 해석이 큰 변천을 겪었다. 그런데 두 가지 대안 중 어느 것이 옳은가? 그리고 누가 그것을 결정할 권한을 갖고 있는가?

여기서 프로테스탄티즘이 직면한 문제는 존 드라이든John Dryden이 1682년에 쓴 풍자시 〈평신도의 종교*Religio Laici*〉에 잘 표현되어 있다. 이 시에서 드라이든은 프로테스탄트가 성경을 강조한 것은 보편적으로 인정되는 권위 있는 해석자의 부재로 말미암아 이단의 확산을 초래했을 뿐이라고 지적했다. 성경 해석에 대한 프로테스탄티즘의 태도는 도무지 이단을 저지할 수 없게 할 뿐 아니라, 이단의 발생을 부추기고 있다고 말이다. 드라이든은 이것이 다 평범한 그리스도인이 성경을 읽다 보면 아무 오류 없이 정통 신앙에 가 닿을 수밖에 없다는 프로테스탄트의 순진한 생각 때문이라고 말한다. 성경의 텍스트는 모든 사람에게 열려 있다. 하지만 성경을 해석하는 데 필요한 잣대는 어떠한가? 프로테스탄트들은 공동의 권위에 동의하고 또 그것을 존중하긴 하지만, 공통된 초월적 권위에 대한 개념이 없었다.

드라이든은 우리에게 이런 경우를 상상해보라고 한다. 성경이 그리스도의 신성을 분명히 가르친다고 확신하는 한 정통 프로테스탄트가 그와 똑같은 단락을 순전히 그리스도의 인성의 견지에서 해석하는 다른 프로테스탄트와 마주친다고 생각해보라고 말이다. 일례로 16세기에 출현한 소키누스주의[29]는 그리스도를 신성이 없는 인간이라 주장했다. 그래서 드라이든은 〈평신도의 종교〉에서 이렇게 말한다.

> 우리는 성경을 근거로 그리스도가 곧 하나님이라고
> 명백히 증명할 수 있다고 주장한다.
> 대담한 소키누스주의자들은 똑같은 성경을 근거로
> 그리스도가 인간에 불과하다고 주장한다.
> 그러면 이 중요한 소송을 어떻게 끝낼 수 있을까?
> 양측 모두 큰 소리로 주장하되
> 절대 규칙은 입을 다물고 있으니 말이다.

드라이든의 논점은 성경이 해석의 규칙을 분명하게 밝히지 않았다는 것이다. 더욱이 성경보다 더 높은 권위가 없는데, 프로테스탄티즘은 어떻게 정통과 이단을 구별할 수 있겠는가? 만일 성경 이외의 어떤 규범이나 기관이 성경의 의미를 결정하는 권위로 인정된다면, 그 규범이나 기관은 실질적으로 성경보다 우위에 있는 셈이다. 이것이야말로 많은 사람이 아직도 프로테스탄티즘 안에서 해결되지 않은 문제로 여기는 취약점이다.

이레나이우스가 성경의 권위 있는 해석자로 교회의 역할을 이야기할 때는 이런 어려움을 예상했던 것처럼 보인다. 일부 학자들은 이레나이우스가 통일된 신조를 지향했기 때문에 그런 입장을 취했다고 주장한다. 일레인 페이절스Elaine Pagels와 카렌 킹Karen King에 따르면, 이레나이우스는 통일성을 간절히 바랐기 때문에 "진정한 그리스도인은 모두가 믿는 내용을 진술한 공동의 신조를 한 목소리로 고백해야 한다"고 말했다. 이런 접근법 뒤에는 교회를 개개의 그리스도인 위에 두려는 일종의 제도적 의제가 있었고, 이는 "뿔뿔이 흩어진 예수의 추종자들을 그를 비롯한 여러 주교들이 꿈꾸던 단 하나의 통일된 조직으로 굳게 묶어두기" 위함이었다. 이런 의미에서 이단은 "주교의 권위 아래서 교회를 굳게 묶으려는 노력에 반하는" 가르침으로 이해할 수 있다.[30]

하지만 이는 이레나이우스의 접근법을 해석하는 한 방식일 뿐이다. 대다수 기독교 신학자들은 이레나이우스의 관심사가 교회의 통일성을 위한 것도, 주교의 권위를 강화하는 것도 아니었다고 주장한다. 오히려 이레나이우스는 사도 시대와 연속성을 유지하는 일에 관심이 있었다. 말하자면, 기독교가 형성되던 시대에 사도들이 가르쳤던 내용이 계속해서 자기 시대의 특징이 되기를 원했다는 뜻이다. 이런 이유로 현재의 교회 리더십과 사도들 간에 역사적 연속성이 중요하다고 역설했던 것이다. 교회는 그 나름의 성경 해석을 사도들의 증언과 가르침에 맞추는 이른바 기억 공동체를 상징했다.

이 밖에도 다양성의 범위를 제한하려는 시도들이 있었다. 레랑의 빈켄티우스Vincentius는 신학 혁신에 대한 염려 때문에 잠재적으로 위험한 새로운 사상이 전파되는 걸 막으려고 점검표를 만들었다. 이에

/ 기독교 초기에는 개인과 집단에 따라 특정 텍스트를 아주 다르게 해석하는 경우가 많았다. 오늘날 책과 같은 판형의 사본을 들고 있는 사도 요한

따르면 각 교리는 다음 세 가지 기준에 부합해야 한다. (1)모든 곳에서 (2)언제나 (3)모든 신자에게 받아들여졌다고 입증할 수 있어야 한다. 이처럼 빈켄티우스는 진정한 기독교의 가르침을 언제나 보편적 승인을 받은 가르침에 국한시키려 했다.[31] 그러나 역사적 증거에 따르면, 이런 노력에도 불구하고 빈켄티우스는 당시 교회 안에서 교리적 다양성이 커지는 걸 막지 못했다.[32]

이 단락에서 우리는 기독교 전통에서 발견되는 성경 해석의 다양성을 부각시켰다. 그러면 어떤 성경 해석이 정통이고 어느 것이 이단인지 누가 결정하는가? 이는 중요한 질문이다. 기독교 내의 주요 이단들은 하나같이 스스로 합법적인 성경 해석을 하고 있다고 주장했으

며, 오히려 정통파를 자처하는 반대자들의 성경 해석 방법론에 결함이 있다고 비판해왔다.³³ 성경에 호소하는 일은 정통파만이 갖고 있는 독보적인 특징이 아니었다. 사실 훗날 이단으로 간주된 많은 견해가 성경 해석상 근소한 차이가 있었을 뿐이다.³⁴ 손꼽히는 이단이었던 아리우스와 정통파 교부 아타나시우스가 맞붙었던 4세기 아리우스 논쟁은 근본적으로 예수 그리스도의 정체성 및 중요성과 관련된 요한복음의 텍스트들을 어떻게 해석하느냐의 문제였다고 할 수 있다.³⁵

이제까지는 교회 안에서 점점 더 다양한 신앙을 낳았던 여러 기독교 텍스트와 관련이 있는 몇 가지 요인을 살펴보았다. 그런데 교회 생활의 또 다른 측면인 예배에서도 다양성이 드러나고 발전했다는 사실을 이해해야 한다.

초기 기독교 예배에 나타난 다양성

전통적인 의례를 연구하는 학자들은 사도 시대부터 4세기까지는 단 하나의 일관성 있는 기독교 예배의 줄기를 추적할 수 있을 거라고 가정했다. 그러나 2세기 초만 해도 기독교 예배는 신약성경에 묘사된 형식을 훨씬 뛰어넘는 예배 방식을 개발했고, 성경에 직접 나오지 않는 새로운 상징을 창안하는 경향을 띠기 시작했다. 따라서 초기 기독교 의례들과 신약성경에 나오는 교회의 관행 사이에 연속성을 찾기 어려운 경우도 있었다.³⁶ 최근에 들어서는 초기 기독교의 예배가 이 단순한 모델이 시사하는 것보다 더 다양하고 다채로웠다는 견해가 힘

을 얻고 있다.³⁷

이게 왜 중요할까? 기독교 공동체의 예배 방식은 그들이 믿는 교리를 반영하는 동시에 거기에 영향을 미치기 때문이다.³⁸ 아퀴테인의 프로스퍼Prosper에 따르면, 기도의 법이 믿음의 법을 결정한다.³⁹ "당신이 기도하는 방식은 당신이 믿는 방식을 빚어준다"는 슬로건은 교리와 예배가 서로 연결되어 있다는 점을 보여주기에 자주 인용하는 말이다.⁴⁰ 그러므로 예배의 다양성은 초기 기독교 공동체에 이미 내재해 있던 다양성을 더욱 촉진했을 것이라고 추정할 수 있다.

4세기 기독교 정통파

초대교회는 로마제국 안에서 권력과 영향력으로부터 단절된 채 사회적으로 해체되어 있었다. 당시에는 교회가 정치권력이나 군사력에 접근할 길이 없었으므로 회중들에게 지도부의 견해를 강요하는 중앙집권적 권위 같은 건 없었다. 따라서 다양성이 확산되는 걸 방지하거나 정통 교리를 강요하는 메커니즘도 존재하지 않았다. 로마제국은 기독교를 전통 종교들을 전복시키는 세력으로 보는 등 대체로 적대적인 태도를 취했다. 이따금 데키우스 황제의 박해와 같은 억압의 시기가 찾아오기도 했다. 어쨌거나 콘스탄티누스 황제가 개종하고 밀라노 칙령이 반포되기 전만 해도 기독교회들은 높은 사회적 지위를 누리거나 권력에 접근할 길이 없었다. 이로 보건대, 325년에 콘스탄티누스 황제가 개최한 니케아 공의회는 정식으로 교리를 신조로 규정하고 통일된 제국 교회를 조성하려는 첫걸음이었다고 할 수 있다. 하지만 이 무렵에는 이미 교회 안에 상당한 수준의 다양성이 자리 잡은 상태였다.

당시 교회의 모습을 초기 이슬람교와 비교해보면 좋은 교훈을 얻을 수 있다. 632년에 선지자 마호메트가 죽자 새로운 이슬람 국가를 다스릴 정치 구조가 출현했다. 칼리파제로 알려진 이 구조는 마호메트 사후 몇 세기에 걸쳐 북쪽의 비옥한 초승달 지대를 정복하는 등 권력과 영토 확장 면에서 발전을 거듭했다. 흔히 움마라 불리는 이 지역 안에서는 이슬람교가 공식 국교로 강요되었다. 최초의 칼리프였던 아부 바크르와 우마르가 다스리던 시대에는 코란을 암송하기로 서약한 사람들, 이른바 마호메트의 동료들Companions of the Prophet이 줄어들기 시작하자 코란의 성문화 작업을 시작했다. 그런데 이렇게 코란을 성문화하는 과정에서 텍스트가 다양해졌다. 그래서 압둘라의 법전은 이라크의 쿠파에서 무슬림의 표준 텍스트가 되었고, 우바이의 법전은 시리아의 다마스쿠스에서 널리 사용되었다. 이런 상황이 신흥 이슬람 국가 내에 파당을 만들고 통일성을 깨뜨리게 될 것을 우려한 우마르는 코란의 공인판을 만들라고 명령했다. 그리고 완성판과 단편집을 막론하고 다른 모든 텍스트를 없애버렸다.[41] 여기서 우리는 초기 이슬람 안에서 통일성을 이루려고 고안한 전략을 보게 된다. 반면에 초기 기독교 안에서는 그런 전략을 찾아볼 수 없다.

이 부분은 다음 장에서 좀 더 자세히 살펴볼 발터 바우어의 주장과 관련하여 꽤 중요한 의미를 지닌다. 발터 바우어는 로마 교회가 2세기에 이웃들에게 자기 견해를 널리 강요하면서 정통이 생겨났다고 주장했다. 그런데 로마 교회가 그 지역의 다른 교회들에 상당한 영향을 미치기 시작한 때가 3세기라는 것을 감안하면, 바우어의 주장은 신빙성이 떨어진다.[42] 바우어는 훗날 로마 교회가 갖게 된 영향력을 권력이나 권위를 찾아볼 수 없었던 그 전 시대 기독교 공동체들에 거꾸로 투영하는 오류를 범했다.

이 모든 요인이 합쳐져서 초기 기독교 내에 상당한 교리적 다양성을 낳았으며, 특히 1세기 말과 2세기 초에 그런 현상이 두드러졌다. 이미 신약성경의 문헌에도 이런 다양성이 초래할 결과를 우려하는 목소리가 표명되어 있다. 그중 가장 눈에 띄는 것은 기독교 공동체 안에서 파당을 짓는 행위였다. 이는 교회의 통일성을 위협하는 것으로 보였다. 신학적 폭이 넓은 것 자체를 이단과 동일시할 수는 없지만, 이단이 생기기 쉬운 환경을 마련해준다고 할 수는 있다. 이 모든 사항은 터너의 판단이 옳았다고 확증해주는 듯하다. 터너는 초대교회에서 이단과 정통 간의 관계를 연구한 획기적인 연구서를 1954년에 발표했는데, 여기에서 이렇게 말했다.

기독교회 형성기에 정통은 단일한 선율의 테마 음악이 아니라 여러 요소가 어우러진 심포니를 닮았다고 할 수 있다. 혹은 다른 강물들과 섞이지 않고 단일한 물줄기로 바다를 향하는 강이 아니라 많은 지류가 하나의 흐름으로 합류하는 모양과 비슷하다고 할 수 있다. 신약성경 안에도 상당히 다양한 신학 전통이 존재한다.[43]

이처럼 초기 기독교에 분명히 다양성이 존재했음에도 불구하고 역사적 증거에 따르면 당시 상당히 먼 지리적 거리와 문화적 차이를 뛰어넘어 하나의 공동체 의식이 표명되고 유지되었다. 초기 그리스도인들은 자신들이 믿음과 가치관, 예배에 대한 태도 면에서 최소한의 기본 요소를 공유하고 동일한 대가족에 속해 있는 존재라 여겼다.[44] 핵심 기독교 의례들 또는 세례와 성찬 의식이 이런 정체성을 갖게 해주었고, 새로 등장한 신조가 정체성을 강화하는 역할을 했다.[45] 이 기본 요소에 무엇을 더할지, 혹은 핵심 요소 가운데 일부를 어떻게 해석하고 적용할지를 둘러싸고 다양한 견해가 표출되었다. 그런데 이런 정체성은 내적 수단에 의해서만 유지되었던 것이 아니다. 로마제국의 대표 조직을 비롯한 외적 기관들도 기독교를 차츰 통일성 있는 실체로 보았고 잠재적인 위협거리로 여겼으며 다양한 억압 조치를 통해 그들의 공동체 의식을 더욱 강화했다.[46] 기독교가 내적 다양성을 가졌음에도, 수적 증가에 위협을 느끼던 외부 관찰자들의 눈에는 통일된 실체로 보였던 것이다. 이에 따라 그리스도인의 정체성은 사회적 협상 과정을 통해 증진되었으며, 거기에는 내적 공동체 의식을 강화해준 어느 정도의 공동체 건설도 포함되어 있었다.

이러한 초기 기독교의 복잡한 성격을 염두에 두고 이를 배경으로 이단의 문제를 논의해보자. 사실 1세기 말이나 2세기 초에 '기독교 정통'이 있었던 것처럼 말하기가 어려운 것은 나중에 정통이라는 단어가 '공인된' 신앙의 진술을 뜻하는 것으로 이해되었기 때문이다. 그러나 당시에는 기독교 정통이 서서히 그 모습을 드러내는 중이었고, 권위적인 인물이나 기관의 결정적인 통제권이 없는 상태로 여러 지적 대안을 모색하고 있었다. 다양한 신학적 형식들이 제안되고 검토된 결과 일부는 수용되고 일부는 거부되는 등 정통을 확정하는 과정을 밟아나갔다고 말하는 것이 더 타당하다. 전자의 경우가 정통의 시작이었고, 후자의 경우가 이단의 출발점이었던 셈이다. 맨 처음부터 이단은 신앙의 중심과 경계를 탐색하는 과정의 일부로 교회 안에 그 뿌리를 두고 있었다.

이즈음에서 우리가 제대로 이해해야 할 점이 하나 있다. 이단으로 간주된 많은 사람이 기독교 공동체에 열심히 참여하는 헌신적인 인물들이었으며, 사람들에게 복음을 잘 이해시키고 충실하고 효과적으로 복음을 제시하는 일에 진심으로 관심을 기울였다는 사실이다. 그런데 교부시대의 일부 저자들은 이단을 마치 교회를 파괴하거나 전복시키려 했던 외부인인 것처럼 묘사한다. 이런 부정확한 고정관념이 생긴 원인이 무엇인지 지금은 비교적 잘 알려져 있다. 최근 들어 이레나이우스가 특정 인물들과 가르침을 교회에서 내쫓으려고 세운 전략이 상당한 주목을 끌었다.[47] 이는 바로 2세기 말에 등장한 새로운 이단론인데, 이 이론은 이단이 교회 안에 그 뿌리를 두고 있다(이따금 교회 안에 계속 몸담고 있었다)는 사실을 가리려고 나온 것이었다.[48]

이레나이우스를 비롯한 여러 인물은 기존의 철학적 독설까지 활용하면서,[49] 이단은 겉으로는 교회의 교인인 것처럼 가장하지만, 실은 교회를 파괴하려는 사기꾼이요 양의 옷을 입은 이리라고 주장했다. 성경에 바탕을 둔 이단의 견해와 관련해서는 그들의 해석이 그리스도와 사도들의 전통 바깥에 뿌리를 둔 견해를 개발하고 교회를 전복시키려는 구실일 뿐이라는 식으로 매도했다. 이런 연구는 이레나이우스가 교회 내의 차이점을 축출의 도구로 삼았다는 걸 보여준다. 이는 우선 이단을 신앙 공동체에서 쫓아내기 위함이었고, 둘째로 이단은 사기꾼이나 배신자가 몰래 들여온 것으로 교회 바깥에 뿌리를 두고 있으며 신앙을 오염시키는 존재라는 관념을 유포하기 위함이었다. 그러나 이단의 중요성을 이해하려면, 주요 이단들이 하나같이 교회 안에서 신앙의 역동적 구조를 탐구하는 존재로 출발했다는 사실을 있는 그대로 받아들여야 한다.

그러면 어디서부터 탐구 작업을 시작하는 것이 좋을까? 무엇보다도 초대교회 안에서 어떻게 이단이 등장하게 되었는지를 살펴보고, 이단의 잠재적 중요성을 고찰하는 일부터 해야 할 것 같다.

이단의 초기 발달사

…시 정통은 모습을 서서히 드러내는 중이었다.
…성복처럼 이미 만들어진 상태가 아니라 씨앗처…
… 상당 기간에 걸쳐 자라나는 중이었다. 장차 정…
…의 구조에 편입될 모든 기본 주제는 처음부터
…기에 있었다. 권위의 역할을 하는 신약성경은
…직 없었지만, 초기 기독교의 가르침과 예배 방…
…은 원초적 정통을 창출하기에 충분했다.

HERESY:
A HISTORY OF DEFENDING THE TRUTH

주후 144년 여름, 한 부유한 그리스도인 선박 소유주가 로마에서 교회 지도자들의 모임을 주최했다. 당시는 기독교가 로마제국의 수도에 상당히 많은 추종자를 갖고 있던 때였다.[1] 시노페의 마르키온Marcion은 유대교와의 관계를 근본적으로 바꾸도록 교회에 제안하고 싶었다. 여기에는 히브리 성경을 사용하는 방법도 포함되어 있었다.[2] 마르키온은 누가복음 5장 37절 "새 포도주를 낡은 가죽 부대에 넣는 자가 없나니 만일 그렇게 하면 새 포도주가 부대를 터뜨려 포도주가 쏟아지고 부대도 못쓰게 되리라"는 성경 본문에 호소하면서 유대교와 단절해야 한다고 주장했다. 즉 기독교는 유대교의 하나님, 믿음, 의례 등과 아무 관계도 맺지 말아야 한다는 것이었다. 한마디로 깨끗한 결별이 필요하다는 얘기이다.

유감스럽게도, 마르키온의 신학적 제안에 담긴 세부 내용은 사라지고 없다. 당대의 교회 논쟁에 연루되었던 사람들이 대부분 그랬듯이 마르키온의 견해도 그에게 반대하는 사람들의 글을 통해 알려졌다. 당시 로마에서 발생했던 일을 가장 상세히 기록한 사람은 살라미스의 에피파니우스Epiphanius이다.[3] 마르키온의 제안은 분명 기존 교회 전통 및 신약성경의 책들과 철저한 단절을 의미했다. 로마를 비롯해 여러 곳에 있던 교회 내 다수파는 기독교가 하나님과 아브라함이 맺은 언약을 거부하거나 폐지하는 것이 아니라 언약의 성취를 의미한다는 입장이었다. 그리스도인들이 예배하는 하나님은 아브라함과 이삭과 야곱이 예배했던 하나님, 그 뜻이 율법과 선지자를 통해 계시되었던 바로 그 하나님이었다.[4] 이와 대조적으로, 마르키온은 기독교를 새로운 하나님을 믿는 새로운 신앙으로 보고 유대교와의 완전한 단절을 제안했다.

　마르키온의 견해에 관해서는 나중에 좀 더 자세히 살펴볼 것이다. 이 지점에서 우리의 관심사는 당시에 소집된 기독교 지도자들이 마르키온의 제안에 어떻게 반응했는가 하는 점이다. 에피파니우스에 따르면, 그들은 마르키온의 견해를 거부했고, 마르키온이 이전에 기부한 거액의 헌금 20만 세스테르티우스를 되돌려주었다.[5] 로마에 있던 기독교 지도자들이 마르키온에게 특별히 적대적인 태도를 취했다는 증거는 없다. 그를 잘못된 믿음의 소유자로 여긴 건 틀림없지만, 교회에서 축출하지는 않았다. 마르키온은 그들이 온전한 믿음을 갖고 있지 않다고 믿고 그들과의 교제를 끊은 채 자기 나름의 조직을 설립하려고 교회를 나갔다고 에피파니우스는 분명히 밝힌다. 마르키온은 자신이 진정한 정통의 수호자라 여겼고, 그 정통을 지키는 유일한 길은 교리적으로 미심쩍은 로마 교회와 결별하고 참 신자들로 구성된 자신의 공동체, 후대의 용어로는 섹트(종파)를 세우는 일이라는 결론에 도달했던 것이다.

　여기서 말하려는 요점은 마르키온의 예는 누가 정통파이고 누가 이단인지 그 입장이 너무나 분명했다는 사실이다. 마르키온은 자신의 견해가 옳다고 확신했던 만큼, 자신의 견해를 승인하지 않은 로마 교회는 신학을 타협했으며 이로써 참 교회로서의 자격을 잃었다고 생각했다. 로마 교회 지도자들은 당연히 어느 쪽이 이단인가 하는 문제에 전혀 다른 입장을 취했다. 다시 말해 당시에는 마르키온을 포함한 모든 사람이 정통의 옹호자가 되기를 원했던 것이다. 마르키온은 자신을 이단으로 본 것이 아니라, 참된 기독교를 옹호하는 당당한 옹호자로 보았다. 그러나 참된 기독교를 위한 마르키온의 처방은 큰 지지를 받지 못했다.

이처럼 여러 정통관이 서로 경쟁했다는 사실을 감안하면, 이단은 중립적 개념이 아니라 참된 기독교에 대한 선입견에 좌우된다는 걸 알 수 있다. 따라서 이단은 역사적 분석으로 정당성이나 부당성을 증명할 수 없는 평가적 개념이다. 그래서 이단에 관한 역사적 연구는 다른 이들이 이미 규정지은 것을 역사가가 묘사해야 하는 일인 만큼 어려울 수밖에 없다. 무엇이 이단이고 무엇이 정통인지에 대한 판단은 역사가가 정당한 역사 방법론을 활용하여 내릴 수 있는 것이 아니다. 오히려 역사가는 어떻게 해서 당시의 교회가 이런저런 믿음을 이단으로 간주했는지, 그런 판단을 하게 한 믿음의 성격과 모든 판단 과정과 동기와 평가기준을 이해하려고 노력할 뿐이다.

마르키온이 로마 교회와 어떻게 결별하게 되었는지 에피파니우스가 전하는 이야기는 당시의 교회 및 주변 환경의 역사와 그 내용이 일치한다. 그런데 이단의 이야기를 다르게 설명하는 경우도 있다. 2세기 말과 3세기 초에 이단의 기원을 개인의 경쟁심과 야망과 불성실에서 찾는 공식적인 이야기가 출현했다는 증거가 있다. 이런 설명이 자리를 잡는 데 중요한 역할을 한 테르툴리아누스는 로마 교회가 이단적 견해 때문에 마르키온을 쫓아냈다고 이야기한다.[6] 테르툴리아누스는 마르키온에게서 이단이 나온 건 야망이 좌절되었기 때문이라고 주

/ 북아프리카 카르타고에서 태어나 이교도, 유대인, 이단자들로부터 기독교를 지키고자 온 힘을 쏟았던 테르툴리아누스

장한다. 테르툴리아누스에 따르면, 마르키온은 로마의 주교가 되고 싶어 했던 유창하고 재능 있는 선생이었다. 하지만 다른 후보가 주교에 임명되자 토라져서 교회를 떠나 이단을 창립했다는 것이다.[7] 마르키온은 신앙을 잃고 그 결과 이단으로 향했다는 것이 테르툴리아누스의 주장이다. 이에 따르면 마르키온은 "이단이 되기 전에 신앙을 버린 인물이다."[8]

그런데 테르툴리아누스가 당시 로마 상황을 잘 알고 있었다는 증거가 별로 없다. 따라서 그의 설명은 역사적 의미보다는 신학적 의미를 지닌 것으로 볼 수 있다. 말하자면, 초기의 기독교 이단론을 지배하게 된, 이단의 기원에 관한 공식적인 설명이 확정되는 과정을 가리킨다는 뜻이다. 중요한 건 이런 이야기들에서 이단의 도덕적 성품과 동기가 이단의 신학적 특징만큼이나 무척 중요시된다는 사실이다. 그러면 이단의 기원에 대한 공식 혹은 표준 설명은 무엇인가? 이제 초기 기독교에서 상승세를 타기 시작한 이단의 본질과 기원에 관한 설명을 살펴보자.

이단의 기원에 관한 일반적 견해

3세기 중반에 이르러 이단의 기원에 관한 한 가지 설명이 교회에서 정설로 자리를 잡았다. 주요 특징은 다음과 같다.⁹

1. 사도들이 세운 교회는 나사렛 예수의 가르침과 사도들의 전통을 굳게 붙들어 "훼손되지도 않고 더럽혀지지도 않은" 상태였다.
2. 정통은 시간적으로 이단보다 앞선 것이다. 이 입장은 특히 테르툴리아누스가 열정적으로 개발한 것이며, 그는 최초의 것이 진정한 것이라고 주장한다. 즉 오래된 가르침일수록 더 진정성이 있다는 말이다. 그러므로 이단은 새로운 것으로 취급되었다.
3. 따라서 이단은 기존의 정통에서 고의적으로 일탈한 것으로 간주되었다. 정통이 맨 먼저 왔고, 그것을 일부러 거부하는 결정은 나중에 온 것이다.
4. 이단은 교회 내에 변절과 일탈이 있을 것이라는 신약성경의 예언이 성취된 것을 보여준다. 이단은 또한 신자들의 믿음을 시험하고 확증하는 섭리에 따른 수단으로 간주할 수 있다.

5. 이단은 이단자들의 새것에 대한 사랑이나 질투와 시기심 때문에 생긴다. 테르툴리아누스는 발렌티누스 같은 이단자들을 욕구불만과 야망에 가득 찬 인물로 묘사하고, 그들의 견해를 교회에서 높은 직책을 얻지 못한 데 따른 분노 탓으로 돌린다.
6. 전반적으로 이단은 통합성을 보이는 정통과 달리 내적 일관성이 결여되어 있다.
7. 이단들은 지리적으로나 시기적으로 한정되어 있는 반면에, 정통은 온 세계에 널리 퍼져 있다.
8. 이단은 "정통이 이방 철학으로 희석된" 결과로 생긴 것이다. 테르툴리아누스는 이 입장의 강력한 옹호자로 발렌티누스의 사상은 플라톤주의에서, 마르키온의 사상은 스토아학파에서 유래했다고 주장한다. 그는 이렇게 묻는다. "아테네가 예루살렘과 무슨 상관이 있는가?"[10]

이단의 기원에 관한 이런 일반적인 견해는 19세기 초까지 기독교 안에서 널리 받아들여졌다. 많은 차이점에도 불구하고 프로테스탄트 신학자와 가톨릭 신학자는 기독교의 정통은 초대교회의 가르침과 동일시되어야 한다는 입장을 고수했다. 이단은 나중에 이 원초적 순수교리로부터 일탈한 것이었다. 그래서 영향력 있는 루터교 신학자 필립 멜란히톤Philip Melanchthon은 프로테스탄트 종교개혁을 "최초의 것이자 참된 것"으로 되돌아가는 운동이라고 주장했다. 그동안 중세 교회에 의해 왜곡되고 혼란스러워진 본래의 원리로 복귀하는 운동이란 뜻이다. "옛적의 교리, 원초적 교리이자 참된 교리는 동일한 것이다."[11] 신학적 정통은 가장 초창기의 교회의 가르침과 동일하다는 말이다. 멜란히톤에 반대하던 가톨릭 학자들은 교회의 초기 가르침이 가장 진정한 것이었다는 주장에는 동의하면서도, 가톨릭은 그 가르침을 잘 보존한 반면에 프로테스탄트는 새로운 교리를 도입했다고 주장했다. 새로운 교리는 바로 이단의 특징 중 하나가 아니었던가?

이단의 기원에 관한 일반론은 19세기에 기독교 교리가 발전 또는 진화 과정을 거쳤다는 사실을 인식하면서 도전을 받기 시작했다. 교리의 형식은 교회 역사의 초창기에 완전히 확정된 것이 아니라, 상당 기간 성찰과 논의 과정을 거쳐 서서히 드러났다. 이단의 출현은 기독교 교리 자체의 발전이라는 더 큰 과정의 일부였고, 그 안에서 신약성경의 씨앗들이 이른바 정통으로 통하는 좀 더 정교하고 큰 세계관으로 성장하기 시작했다고 할 수 있다. 과거에는 이단을 잘 정립된 일련의 믿음을 고의적으로 조롱하는 그룹으로 보았지만, 이제는 교리 발전 과정에서 새로운 것을 탐구하다 나온 샛길로 본다.

이단의 기원에 관한 고전적인 견해는 20세기에 들어와서 더 큰 압박을 받았다. 20세기 역사가들이 이단과 정통의 인과관계는 예전에 생각했던 만큼 단순하지 않다고 주장했기 때문이다. 그러므로 이제 이단의 기원에 관한 일반론에 닥친 여러 도전을 살펴보고, 이것이 이단의 기원을 이해하는 데 어떤 의미가 있는지 고찰해보자.

교리의 발전 과정

터너는 이단의 본질을 연구한 유명한 책에서 결국 이단이 나오게 된 여러 압박 요인을 찾아냈다. 그중에서 가장 흥미로운 요인은 터너가 아케이즘archaism이라 부른 의고주의擬古主義이다. 기독교 사상이 발전할 필요가 있다는 걸 받아들이지 않으려는 태도를 일컫는 말이다.[12] 터너의 논점은 다음과 같은 사실을 주목하게 하는 만큼 무척 의미심장하다. 즉, 교회는 순전히 형식적인 차원을 제외하면 이전 공식을 단순히 반복하는 것만으로 사도적 교회와의 연속성을 유지할 수 없다는 사실을 점차 알게 되었다는 것이다.

되풀이를 통해 전통을 보존하려는 성향이 그 전통을 재진술하고 해석함으로써 역사를 이어가야 한다는 깨달음에 밀려나고 있었다. 예수에 관한 신약 전통의 역동성이 보존 과정을 통해 오히려 위태롭게 된 것은 그 전통이 돌 같이 굳어졌기 때문이었다.[13] 시대마다 기독교의 정체성과 진정성을 위협하는 새로운 도전이 떠올랐기 때문에 성경 공식을 무조건 반복하는 일은 신앙을 지키고 공고히 하는 수단으로 적절하지 않다는 게 증명되었다.

아타나시우스의 저술을 면밀히 읽으면 이 논점이 왜 중요한지 알 수 있다. 아타나시우스의 가장 중요한 통찰 중 하나는 기독교 전통에 대한 충성은 사실상 혁신을 요구한다는 것이다. 전통적인 개념들과 공식들이 하나님의 자기 계시를 올바로 나타내기에 부적절하다는 사실이 갈수록 분명해짐에 따라 아타나시우스는 신앙의 근본 주제를 표현하는 참신한 방법을 찾아야 한다고 주장했다. 그에게 중대한 질문은 "기독교 신앙을 온전히 보존하려면 어떤 구체적이고 새로운 교리 형식이 필요한가?" 하는 것이었다.[14] 과거의 교리 형식을 상상력 없이 그냥 반복하는 것으로는 기독교 신앙의 살아 있는 전통을 적절하게 또는 진실하게 전수할 수 없다고 생각했다.

그런데 기독교 교리가 발전한다고 말할 수 있는가 하는 문제는 19세기에 상당히 많은 동요를 일으켰다. 이 문제는 특히 가톨릭교도에게 민감한 사안이었다. 이전 세대 신학자들은 신앙의 기본 진리가 불변한다는 입장을 단단히 붙들었다. 유명한 가톨릭 신학자 자크 베니뉴 보쉬에Jacques-Benigne Bossuet도 보편적인 신앙의 유산은 어제나 오늘이나 영원히 변치 않는다고 강조했다. 프로테스탄트와 이단의 새로운 사상을 쉽게 파악할 수 있는 것은 그것들이 이제까지 내려온 정적이고 불변하는 일련의 가르침에 변화를 주는 것이기 때문이라는 게 그의 주장이다.[15]

그럼에도 교리가 발전해왔다는 사실을 가리키는 증거가 점차 많아졌다. 말하자면, 교회의 가르침은 칼케돈 공의회에서 성숙한 믿음의 체계로 확정되기 전까지는 여러 세기에 걸쳐 진화 과정을 거쳤다는 뜻이다. 1830년대와 1840년대에는 요한 세바스찬 드레이Johann Sebastian Drey, 요한 아담 묄러Johann Adam Mohler를 비롯해 튀빙겐 대학에 기반을 둔 가톨릭 신학자들이 생물학적 씨앗의 자연스런 성장 과정과 비슷한 교리 발전에 대한 유기적 접근법을 내놓았다.[16] 신약성경에 뿌리를 둔 이 단순한 생물학적 유추는 독일 신학계에서 갈수록 인기를 끌었다. 교리적 발전을 감안하는 동시에 그 성장 패턴이 자의적

이거나 임의로 이루어지는 것이 아니라 예정되어 있다고 주장하는 입장이다. 따라서 교리가 발전했다는 사실을 인정한다고 해서 반드시 신학적 우려를 낳는 것은 아니었다.[17]

이런 접근법을 영어권에서 개발한 인물이 존 헨리 뉴먼John Henry Newman이다. 1843년, 옥스퍼드 대학교에서 행한 설교에서 뉴먼은 "마리아는 이 모든 말을 마음에 새기어 생각하니라"(눅 2:19)라는 본문을 이용하여 새로운 진리와 이후의 통찰을 날카롭고도 예리하게 구별했다.[18] 그리고 교회는 성찰 과정에 관여했고 그런 과정을 통해 새로운 통찰이 생긴 것이라고 주장했다. 이런 성찰이 새로운 사상을 낳은 것이 아니라, 믿음에 대한 기존의 이해를 더욱 확대시켰다는 것이 뉴먼의 주장이었다.

1845년에 뉴먼은 《기독교 교리의 발전론Essay on the Development of Christian Doctrine》에서 자신의 생각을 훨씬 더 완전한 형태로 발표했다. 이 책이 교리의 발전에 관한 연구에 가장 크게 기여한 부분은 교리의 발전 과정에 대한 이론이 아니라 그런 변화가 실제로 일어났다는 것을 인정한 점이다.[19] 뉴먼의 독창적인 저서의 두드러진 특징과 가장 중요한 업적은 교리의 발전 과정에 관한 구체적 이론이나 모델에 있지 않고, 그 발전을 관찰 가능한 사실로 주장했다는 점에 있다. 뉴먼은 교리의 문제에서 발전 내지는 이후의 통찰이 전적으로 정통적인 생각이라 보았다.

이 사례의 필연성으로 보나, 모든 종교적 종파와 파당의 역사로 보나,

／ 기독교 교리의 발전을 인정한 존
헨리 뉴먼(1801-1890)

성경의 유추와 본보기로 보나, 우리는 기독교 교리가 공식적이고 합법적이며 진정한 발전의 여지가 있다고 결론 내릴 수 있다. 말하자면 신적 창시자Divine Author가 계획한 발전의 여지가 있다고 말할 수 있다.[20]

뉴먼의 사상은 전통적인 색채가 강한 가톨릭 진영에서는 잘 받아들여지지 않았다. 그들은 갈수록 세속화되는 당시 유럽의 동향에 깜짝 놀라서 전통적 관점을 조금이라도 약화시키는 것을 파문의 대상으로 여겼기 때문이다. 제1차 바티칸 공의회는 교황의 무오성과 함께 교리의 불변성[21] 개념을 다시 주장하는 등 교리적 발전이란 사상이 들어설 여지를 거의 주지 않았다. 그러나 이런 발전 과정을 보여주는 역사적 증거가 계속해서 쌓이는 바람에 움직이지 않는 교리의 유산이란 개념을 재고하지 않을 수 없었다. 어쩌면 "성도들에게 단번에 전해진 그 신앙"은 완전히 성숙한 도그마가 아니라, 하나님의 섭리와 지도 아래서 도그마가 정립되는 데 필요한 기본 도구일지도 모른다는 생각이 든 것이다.[22]

'교리의 발전'이란 사상은 1859년에 찰스 다윈의 《종의 기원*Origin of Species*》이 출판됨과 동시에 새로운 지적 에너지를 공급받았다. 생물학 세계에서 진화를 얘기할 수 있다면, 사상의 세계에서도 그와 똑같은 과정을 유추할 수 있지 않을까? 19세기 후반부터 다윈주의의 영향력이 서구 세계 전역에 확산된 것을 감안하면, 교리의 발전 현상을 다윈주의 입장에서 생각하기 시작한 것은 어쩌면 불가피했을지 모른다.

그렇다면 "성도에게 단번에 주신 믿음의 도"(유 1:3)는 완전히 발달된 교리 체계였는가, 아니면 장차 그런 체계를 이루게 될 하나의 씨앗이었는가?[23] 오늘날 대부분의 기독교 저자들은 1891년에 찰스 고어가 정립한 입장에 대체로 동의할 것이다. 고어는 그리스도에 대한 신약성경의 증언과 이 증언을 정교하게 다듬고 공고히 한 교회 교리의 관계를 다루면서, 칼케돈 공의회의 정의가 자연스럽고 유기적 과정을 통해 나올 수밖에 없었다고 주장한다.[24] 그 모든 과정은 고어가 말하는 '공동의 의식'의 점진적 출현에 의해 좌우되었으며, 이 의식은 당시의 언어와 개념으로 점점 더 분명히 표현되는 중이었다고 한다.

지금은 프로테스탄트와 가톨릭을 막론하고 대다수 신학자가 교리의 발전이라는 사상을 널리 받아들이고 있으며, 더 이상 특별한 문제를 야기하는 것으로 간주하지 않는다. 대부분의 신학자는 이제 이런 식으로 주장할 것이다. "기독교회는 스스로 기존의 사고방식이 하나님의 계시에 근거하고 있는지, 혹은 인간의 언어와 개념으로 환원되기 어려운 하나님의 자기계시를 표현하는 최상의 방법인지를 돌아보는 자기비판과 자기평가의 과정을 줄곧 밟아왔다"고 말이다.[25]

이처럼 늘 신학적 경각심이 필요하다는 사실과 교리의 발전이라는 개념이 서로 긴밀히 연결되어 있다는 걸 어렵지 않게 확인할 수 있다. 교회 안에서 서로 대화하고 자기비판을 하다 보면, 속도가 다소 느리더라도 신앙의 본질을 개념화하려 했던 어제의 시도를 조금 개선할 필요가 있다는 것을 깨닫게 된다. 즉 개념화 작업이 당시의 지배적인 생각에 너무 묶여 있었거나 어떤 복잡한 문제의 한 가지 측면에만 지나치게 초점을 맞추었기 때문에 개선해야 한다는 생각을 할 수밖에 없는 것이다. 이런 의미에서 교리의 발전은 교회가 가져야 할 신학적 경각심이 불러오는 불가피하고 합당한 결과인 셈이다. 하나님과 그리스도에 대해 말하는 방식을 후대가 선대로부터 이어받을 때 그 표현 방식을 존중하되 다시 검토하고 싶어 하는 만큼, 기독교 정통이란 이런 과정을 통해 만들어지는 것이라는 말이다. 거꾸로 말하면, 한때는 긍정적이고 유익한 것으로 간주했던 어떤 접근법이 지금은 용납될 수 없거나 심지어 이단적인 것으로 배제되어야 할 수도 있다는 뜻이다.

교회는 앞 세대들이 특정 성경 단락이나 교리 개념을 해석한 방식을 수동적으로 수용하는 대신에 "범사에 헤아려 좋은 것을 취하라"(살전 5:21)는 부름을 받았다. 분명히 단언하건대, 이것은 절대로 과거에 대해 불손한 태도를 보이는 것이 아니다. 오히려 과거에 시작되어 오늘까지 이어지고, 장차 역사의 종말까지 계속될 대화를 유지하는 길이다. 이것이 과연 신앙의 진리를 표현하는 최선의 방법인가? 이것이 정말로 하나님이 누구이고 그분이 무슨 일을 하셨는지에 관한 가장 포괄적인 설명인가? 이것이 진정 그리스도의 정체성을 표현하는, 개념적으로 가장 덜 거창한 방식인가? 이런 질문들은 교회에 필요한 지성의 제자도의 일부로서 반드시 제기되어야 하고 또 마땅히 답변해야 할 것들이다.

교리의 발전이란 개념을 받아들이는 일은 이단의 기원에 관한 고전적 모델에 중요한 의미를 갖는다. 테르툴리아누스가 생각했던 이단은 오래된 원초적 교리를 혁신하거나 바꾸거나 수정하는 것과 관련이 있었다. 그런데 정통 교리가 시간의 흐름에 따라 발전한다는 개념을 받아들이면, 이단을 판정하고 설명하는 테르툴리아누스의 방법은 궁지에 몰리고 만다. 이는 분명히 전통적인 설명에 중요한 의문을 제기한다. 곧 살펴보겠지만, 이 문제는 정통과 이단 사이에 복잡한 연관성이 있다는 사실 때문에 더욱 복잡해진다.

이단의 기원 : 외부인인가 내부인인가

이단의 기원에 대한 전통적인 설명은 보통 이단을 침입자 내지는 외부의 오염 인자로 묘사한다. 외래 사상이 교회 안에서 판을 치면 이단이 생긴다. 예를 들면, 테르툴리아누스는 순진한 그리스도인이 신학적 성찰에서 플라톤학파의 개념을 활용하는 바람에 교회가 이단에 빠진 거라고 주장했다. 예루살렘이 아테네와 무슨 상관이 있는가? 기독교회가 플라톤학파와 무슨 상관이 있는가?[26] 따라서 이단은 기독교 신앙이 외부의 영향을 받아 그 순수성이 오염된 결과라고 한다.

이단의 기원에 대한 이런 일반론을 오늘날에는 대체로 부정확한 것으로 간주한다. 특정한 이단이 더 폭넓은 지적 움직임이나 문화적 움직임에 대한 반응으로 나올 수는 있겠지만, 이단은 본래 교회 내부에서 나오는 것으로 보인다. 이단이 발달하도록 부추기는 자극은 교회 바깥에서 올 수 있지만, 이단 자체는 신앙 공동체 내부에서 발달한다. 테르툴리아누스를 비롯한 여러 사람이 더 넓은 문화 및 지적 영향이 이단의 발생에 촉매 역할을 할 수 있다고 한 것은 맞는 지적이다. 그러나 문제가 된 이단들이 그리스도인들, 특히 교회가 주변 문화와 관계를 맺어야 한다고 느낀 사람들에 의해 발달되었다는 사실을 이해해야 한다.

이를 잘 보여주는 예로 2세기 후반 소아시아 프리기아에서 발생한 몬타누스주의에 대해 살펴보도록 하자. 몬타누스파는 엄격한 도덕을 특징으로 삼았고 무아경에서의 예언에 관한 사상을 개발했는데, 종종 현대의 오순절파의 전신으로 간주되곤 한다.[27] 몬타누스주의와 프리기아의 이방 사상 사이에 중요한 접점이 있다는 이야기가 제기되면서, 몬타누스주의가 적어도 어느 정도는 주변 상황으로부터 영향을 받았다는 주장이 나왔었다.[28] 물론 처음부터 몬타누스주의가 당시의 전통 기독교보다 프리기아에서 유행하던 이방 종교와 더 잘 어울렸다는 식으로 말할 수도 있을 것이다. 그러나 이것이 곧 몬타누스주의가 본질적으로 기독교에 오염된 이방 사상처럼 보였다는 의미는 아니다. 어떤 측면에서 몬타누스주의가 특이한 강조점을 지니고 있긴 하지만, 본질적으로는 여전히 하나의 기독교 운동이라고 강조하는 학자들이 있다.[29]

내가 보기에는 몬타누스주의를 프리기아 지방의 문화에 적응하고자 거기에 걸맞은 강조점을 개발하는 등 그 지방의 문화에 자신을 맞춘 지방색이 강한 기독교로 보는 게 타당할 것 같다. 몬타누스주의가 싹이 트도록 영향을 준 요인은 교회 바깥에 있었지만, 몬타누스주의를 마치 이방 사상이 기독교를 탈취한 현상처럼 생각해서는 안 된다는 말이다. 이 사상은 분명히 한 교회 혹은 일련의 교회 내부에서 생겼으며, 이는 일부 교인들이 당시의 이방 문화와 관계를 맺을 만한 진정한 형태의 기독교를 개발하려고 애쓴 결과였다.

다른 고전적인 이단들도 대부분 이와 비슷한 설명을 할 수 있다. 그들은 공통적으로 먼저 교회 안에서 하나의 운동으로 시작했다가 나중에 이단으로 간주되었다. 또한 그 운동을 창시한 자들은 그 형태가 다른 대안들에 비해 문화 환경에 더 잘 적응한다거나, 경쟁하는 다른 대안들에 비해 특정한 약점을 더 잘 피할 수 있다고 생각하고 그것을 참된 기독교라 믿었다. 훗날 이런 접근법의 운명은 그런 판단이 장기적으로 믿을 만한 것인지 여부에 달려 있었다.

정통과 이단의 관계: 바우어의 입장

20세기에 들어와 나그함마디를 비롯한 여러 곳에서 중요한 문서들이 발견되는 바람에 정통과 이단의 상호작용에 관한 논쟁이 새롭게 불붙었다. 나그함마디 문서는 1945년 12월 북부 이집트에서 농부들이 발굴한 봉인된 항아리에서 나온 것으로, 50개가 넘는 텍스트를 보관한 열세 권의 사본으로 구성되어 있다. 이 문서들이 발견되자 초기 기독교 발달 당시의 상황에 관하여 많은 질문이 다시 제기되었다. 이런 토론 가운데 가장 의미심장한 것은 1934년에 발터 바우어가 《초창기 기독교의 정통과 이단 Orthodoxy and Heresy in Earliest Christianity》에서 일찌감치 제기한 문제들을 재고하게 된 것이다.[30] 나그함마디 문서를 발굴하기 전에 출판한 이 저서에서 바우어는 2세기의 정통과 이단 간의 관계를 규정하는 두 가지 주요 논지를 펼쳤다.

첫째, 기독교는 처음부터 나사렛 예수의 중요성과 기독교의 기원에 관한 역사에 대해 상당히 다른 생각을 지닌 여러 집단의 느슨한 연맹이었다. 따라서 나중에 이단이라 불린 집단을 본래 하나로 통합되어 있던 정통과 주류로부터 비합법적으로 일탈한 이들로 보면 안 되고, 2세기의 정통의 전신이 되는 이들과는 다른 초기 기독교 유형들의 직계 후손으로 보아야 한다. 달리 말하면, 훗날에 이단과 정통이란 이름이 붙여질 이들은 교회가 시작된 가장 초창기부터 존재했다는 뜻이다.

둘째, 2세기 말까지 대다수의 장소에 있던 주류 기독교는 정통파가 아니라 이단들이었다. 그러니까 초기 기독교는 훗날에 정통파에 의해 이단이란 딱지를 받았으나 당시에는 이단으로 간주되지 않았던 집단

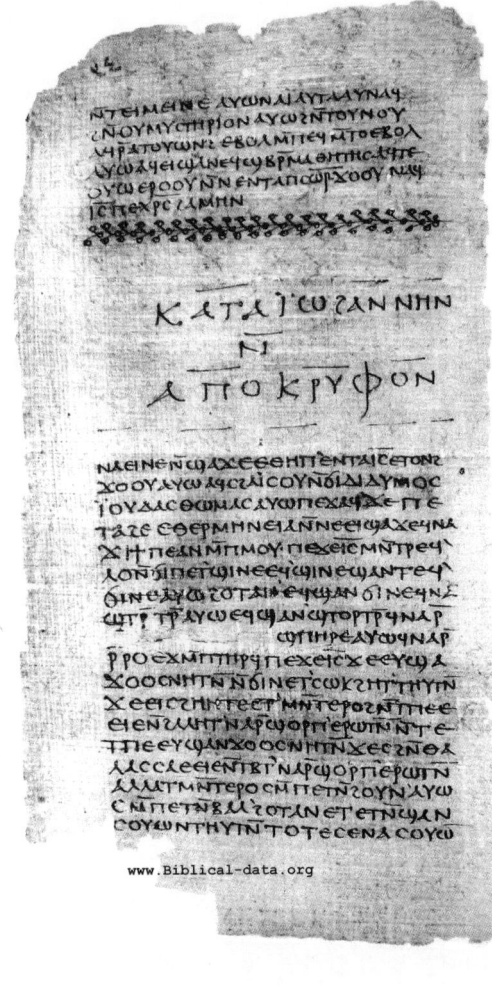

나그함마디 문서. 1945년 이집트 나그함마디 마을 근처에서 발견된 초기 기독교 영지주의 복음서들을 가리킨다. 가죽 장정된 파피루스 코덱스 13권이 밀봉된 항아리에 들어 있었는데, 이를 모함마드 알리라는 농부가 발견했다. 나그함마디 코덱스 2권에 들어 있는 〈요한의 비밀 가르침〉 끝 부분과 〈도마복음〉 첫 부분을 기록한 페이지이다.

이 지배했었다는 말이다. 바우어는 로마의 경우는 정통파의 지배를 받았다고 시인하면서 이를 중요한 예외로 인정한다. 로마는 1세기 말부터 정통파의 영향력을 동쪽으로 점차 확장시킨 결과 3세기 말에 이르러 지배적 위상을 이루었다. 그러나 바우어의 이런 주장은 그 시대를 연구하는 대다수 역사가들을 당혹스럽게 만들었다. 역사가들은 초기 기독교 공동체가 그 누구에게도 위협을 가할 수 있는 입장이 아니었다는 사실을 정확히 알고 있기 때문이다.

이어서 바우어는 초대교회에서는 관용했던 여러 견해를 후기 교회가 의심의 눈초리로 바라보았다고 주장했다. 교회 역사의 가장 초창기 수십 년간 잘 받아들여졌던 가르침이 정통 견해가 출현하면서 특히 2세기 말부터 정죄를 받게 되었다는 것이다. 교리적 규범에 대한 바우어의 적대감은 이 개념이 후대에 발달한 것이라는 그의 확신에 밝히 드러나 있다. 한때는 관용했던 의견들을 나중에 부적절한 것으로 치부했다는 것이다.

그러면 이단과 정통을 가르는 경계선은 어떻게 그었을까? 초기 기독교회의 공동체 의식은 애초에 교리의 차원이 아니었다고 바우어는 주장한다. 교회의 공동체 의식은 공식 교리의 진술(이른바 정통은 교리에 의해 규정된다)이 아니라 동일한 주님을 예배한다는 사실에 기반을 두고 있었다. 정통의 개념은 로마의 정치권력이 커지면서 자신들이 배척하거나 자신들에게 위협이 된다고 느낀 견해들을 이단으로 지명하고 비난함으로써 자기네 견해를 남에게 강요한 결과라고 바우어는 주장한다. 로마 교회의 수사학은 교회가 위협적으로 혹은 비우호적으로 느낀 초기의 정통파들을 적대시하고 의심하는 분위기를 조성했다는 것이다.

바우어에게 정통과 이단의 구별은 각각의 사상에 내재한 것이 아니라 권력 집단의 사회 및 정치 판도를 반영하는 지극히 자의적인 것이었다. 바우어의 사상은 훗날 하버드 학자 헬무트 쾨스터Helmut Koester의 저술을 통해 더욱 발전했고,[31] 1960년대에 이르기까지 학계에서 어느 정도 수용되었다.[32] 쾨스터는 바우어의 업적을 칭송하면서 이렇게 선언했다. "그는 나중에 이단이란 딱지가 붙은 기독교 집단들이 사실은 지리적으로 그리고 신학적으로 첫 2-3세기를 지배했음을 설득력 있게 증명했다. 최근에 북부 이집트의 나그함마디 등지에서 발굴된 문서는 바우어가 기본적으로 옳았음을 더 분명히 밝혀주었고, 초기 기독교 역사에 대한 철저하고 광범위한 재평가가 필요하다는 사실을 보여주었다."[33]

하지만 오늘날에는 바우어의 주장이 치명적으로 흔들리고 있다.[34] 비평가들은 바우어가 초기 정통은 일부가 추정했던 것보다 훨씬 더 유동적이고 덜 경직된 개념이었다는 걸 증명했다고 충분히 인정하면서도, 침묵에 근거한 바우어의 폭넓은 변론에 우려를 표하면서 대다수의 결론에 의문을 제기했다.[35] 예를 들어, 초기 기독교가 교회의 통일성을 교리적으로 이해한 것이 아니라는 바우어의 주장은 초기에 마르틴 엘제Martin Elze 같은 일부 저자들의 지지를 받았다. 그러나 다른 이들은 기독교의 통일성에 대한 교리적 이해가 이미 로마의 클레멘트Clement, 안디옥의 이그나티우스Ignatius, 순교자 저스틴Justin Martyr의 저

술에 나타나 있다고 주장했다.[37]

뿐만 아니라 대다수 지역에서 훗날 이단이란 딱지가 붙은 이들이 실은 가장 초창기 유형의 기독교였다는 바우어의 주장은 문헌과 고고학 증거에 의해 확실히 논박되었다.[38] 로마제국 안에서 쉽게 의사소통이 이루어지면서 널리 퍼져 있던 신자들이 공동체 의식을 가지고 서로 관계를 맺고 공동체의 그물망을 유지하는 것이 비교적 쉬웠다는 인식이 점점 더 커졌다.[39]

일부 이단에 대한 바우어의 설명도 과연 정확한 것인지 도마 위에 올랐다. 예를 들어, 바우어는 발렌티누스주의의 기원이 정통파와는 다른 기독교라고 주장했다. 그러나 발렌티누스주의 관련 자료를 꼼꼼히 연구한 제임스 맥큐James McCue는 발렌티누스주의가 2세기 정통파 안에서 나왔다고 보는 것이 가장 타당하다고 주장했다.

1. 발렌티누스파 안에서 정통은 그들의 반대자가 아니라 자기의 일부인 듯하다.
2. 발렌티누스주의 자료는 여러 곳에서 발렌티누스파를 소수파로, 그리고 정통파를 다수파로 명시적으로 밝힌다.
3. 이레나이우스와 알렉산드리아의 클레멘트 이전의 발렌티누스파가 정통파 신약성경의 책들을 사용했다는 사실은 발렌티누스주의가 2세기 중반의 정통파 안에서 발생했다고 추정할 만한 최고의 증거이다.

비르거 피어슨Birger Pearson 역시 알렉산드리아에서 발렌티누스주의보다 앞선 영지주의가 정통파의 신앙과 실천이 이미 자리를 잡은 상황에서 발생했다는 사실을 언급하면서 비슷한 결론을 내렸다.[41] 따라서 발렌티누스주의는 우리가 앞서 언급한 일반적인 패턴, 즉 이단은 교회 바깥이 아니라 신앙 공동체 내부에 기원을 두고 있다는 입장에 부합하는 셈이다.

로빈 레인 폭스Robin Lane Fox는 기독교 형성기에 있었던 기독교와 이방 사상의 관계를 연구한 책에서 이단에 대한 바우어의 역사적 접근법은 자신이 근거 자료로 사용하는 역사적 평가 기준 때문에 무너지고 만다는 걸 보여주었다. 초기 기독교의 역사와 관련된 많은 문제는 확고한 역사적 판단을 내리기가 어렵지만, 한 가지 문제만은 명확한 판결을 내릴 수 있다.

여러 지역에서 기독교의 여러 이단이 정통 신앙보다 먼저 찾아왔다는 이전의 견해는 시리아의 도시 에데사를 제외하면 아무런 근거가 없다. 리옹과 북아프리카에서는 이단이 먼저 있었다는 증거를 찾을 수 없고, 이단의 기원으로 추정되는 장소들도 모두 그 견해를 반증한다. 이집트의 경우에는 파피루스 사본이 바우어의 견해를 결정적으로 반박했다. 물론 이단들이 실천하는 행동과 리더십에는 차이점이 많지만, 많은 이단이 훗날 등장했다고 해서 기독교 세계의 역사적 공통분모와 기본 가르침이 묻혀서는 안 된다.[42]

대신에 더 전통적인 견해의 장점을 새롭게 인식하는 일이 일어났다. 이 견해는 2세기의 기독교 안에 정통파를 중심으로 모호한 주변부가 형성되어 있었다고 주장하면서, 그 주변부에서는 정통과 이단의 경계가 불분명해서 논쟁과 토론을 통해 좀 더 명확히 할 필요가 있었다고 말한다.[43] 그래서 근본적인 신학의 문제나 역사 문제를 야기하지 않으면서도 용납 가능한 다양성의 영역을 얘기할 수 있는 것이다.[44] 어쨌든 어떤 장소에서 이단이 정통보다 앞서 존재했다는 역사적 사실이 있다고 해서, 이단이 역사적으로 정통과 동등한 입지를 갖고 있었다는 의미는 아니다.[45]

오늘날 대다수의 학자는 바우어의 논지를 역사적 가치가 거의 없는 것으로 간주한다. 바우어의 견해는 후대 학계가 보기에 도무지 지지할 수 없는 일련의 가정에 기반을 두고 있다. 그럼에도 바우어가 확실히 옳은 점이 한 가지 있다. 초기 기독교가 당시의 대표적인 일부 인물들이 우리에게 심어준 인상보다 훨씬 더 복합적이고 다양했다는 사실이다. 이 점은 오늘날 널리 받아들여지고 있으며 더 이상 논란거리나 문젯거리가 되지 않는다.

바우어의 견해가 남긴 가장 중요한 유산은 이단으로 분류된 유형들이 그에 대비되는 정통파들 못지않게 자신의 합법성을 주장할 수 있었다는 점이다. 이런 접근법의 대표적인 예가《영지주의 복음서들 *The Gnostic Gospels*》[46]을 시발점으로 하는 일레인 페이절스의 저술에 담겨 있다. 페이절스는 바우어의 논지가 학계에서 아직도 약간의 영향력을 미치고 있다는 걸 보여줄 뿐 아니라, 영지주의가 특히 여성과

관련하여 좀 더 해방적인 세계관을 제공한다고 믿는 특이한 믿음을 보여준다.[47]

페이절스의 수정주의론, 특히 영지주의를 여성이 신성한 의식에 참여하도록 격려하는 평등주의 운동으로 옹호하는 입장[48]을 지지하려면, 이 접근법과 상치되는 이단은 걸러내거나 무시하거나 자료를 선별해서 취해야만 한다. 이를 명백히 밝히는 예가 있다. 영지주의에 속하며 페이절스가 초기의 페미니스트 선언으로 간주하는 〈도마복음〉 끝 부분을 살펴보자. 이 대목은 절대로 페미니즘에 속하지 않는다. 〈도마복음〉의 극적인 결론은 저자의 여성관을 강력하게 표명하고 있다.

이 영지주의 문헌에 따르면, 예수는 아버지의 나라가 온 세계에 전파되었다는 선언과 함께 사역의 막을 내린다. 그러면 누가 이 나라에 들어갈 것인가? 그 나라의 일원이 되는 데 필요한 조건은 무엇인가?

시몬 베드로는 그들에게 이렇게 말했다. "여성은 생명을 받을 만한 자격이 없으니 마리아를 무리에서 내보냅시다."

예수께서 이렇게 말씀하셨다. "보라, 내가 그녀를 인도하여 남성으로 만들 테니 그녀도 너희 남성을 닮아 살아 있는 영이 될 것이다. 자신을 남성으로 만드는 여자는 누구나 하늘나라에 들어갈 것이니라."[49]

〈도마복음〉은 하늘나라에 들어가는 일은 남성들과 자신의 성적 정체성을 기꺼이 희생하려는 선택받은 소수의 여성에게만 국한되어 있다고 선언한다.

이것이 과연 평등주의인가? 그렇지 않다. 페미니스트 학자 캐스린 그린 매크라이트Kathryn Greene-McCreight가 지적하듯이 영지주의 저술은 "여성과 관련해 '문제 있는' 신약성경 단락들을 무색하게 할 정도로 여성 혐오증이 담긴 반反여성적 진술로 가득하다."[50]

처음부터 분명히 해야 할 점이 있다. 개방적이고 느긋하고 성적 중립을 지키는 관대한 이단과 편협하고 독단적이고 가부장적이고 경직된 정통을 서로 대비시키는 일은 역사적으로 옹호될 수 없다는 점이다. 그런 접근법은 오늘날의 문화에 맞춘 산뜻하고 매력적인 대조임에 틀림없다. 그러나 역사적 자료와는 양립할 수 없는 접근 방식이다. 몇 가지 문제점을 언급하자면 이렇다. 몬타누스주의와 펠라기우스주의는 강한 규율을 가진 이단인 데 비해, 마르키온주의는 달갑잖게도 반유대적 성격을 갖고 있었다. 이단을 하나의 역사적 현상으로 진지하게 다루려면, 이단이 모종의 신학적 억압으로 말미암은 희생자라는 식의 이상한 전제를 버려야 한다. 어떤 운동이 이단으로 지명됐다고 해서 그 운동이 가부장적이고 권위적인 시대에 존재했던 평등주의 내지는 자유지상주의를 대변했다는 뜻은 아니다. 실은 이단이 정통보다 더 가부장적이고 권위적인 성격을 띨 수도 있다. 때로 이단이 배척을 받은 건 그럴 만한 이유가 있었기 때문이다.

이렇게 생각하면 어떨까? 당시의 정통은 그 모습이 서서히 드러나는 중이었다고 말이다. 정통은 기성복처럼 이미 만들어진 상태가 아니라 씨앗처럼 상당 기간에 걸쳐 자라나는 중이었다. 장차 정통의 구조에 편입될 모든 기본 주제들은 처음부터 거기에 있었다. 하지만 시간이 흐르면서 그 주제들은 때때로 훗날 신약의 정경에 편입될 문헌들의 언어와 이미지를 뛰어넘는 방식으로 표현되기에 이르렀다.[51] 정통의 핵심부는 조금씩 형성되는 과정에 있었고, 구두 전달에 익숙한 문화 안에서 전수되던 중이었다. 당시는 권위 있는 역할을 하는 신약성경이 없었음에도 불구하고, 초기 기독교 안에 있던 가르침과 예배 방식은 오늘날 우리가 일컫는 이른바 원형적 정통proto-orthodoxy을 창출하기에 충분했을 것이다. 래리 허타도Larry Hurtado는 이 개념을 이렇게 정의한다.

> 내가 말하는 원형적 정통이란 그 후 두어 세기에 걸쳐 고전적인 정통 기독교의 특징이 되었고, 기독교 진영에서 다른 대안들과 대조적으로 널리 인정받은 초기의 본보기들과 믿음과 실천을 일컫는다.[52]

2세기 기독교를 연구해보면 기독교회의 초창기에 유래하여 당시 전통적인 믿음의 표현이 된 것을 긍정하고 보존하고 증진하고 개발하는 성향이 있었음을 알게 된다고 허타도는 지적한다.[53]

따라서 교리 형성 과정과 신약성경의 정경 형성 과정은 서로 관련되어 있었으며, 교회의 정체성과 비전과 위치에 확신을 갖기 시작한 기독교 공동체의 확립이라는 동전의 양면과 같았다고 할 수 있다. 기독교 공동체들은 자신을 스스로 규정하고 다른 대안들로부터 자신을 변호해야 하는 압박을 안팎으로 받으면서 어떤 믿음의 표현이 용납될 수 있고 어떤 표현은 용납될 수 없는지 분명히 정리하지 않으면 안 되었다. 더군다나 그 과정에서 기독교의 본질에 관한 엄격하고 억압적이고 단조로운 견해를 강요하지 않아야 했다.[54] 그리고 이 프로그램은 교리를 포함하고 있었다. 말하자면, 기독교 세계관의 중심 주제를 언어로 표현해야 했다는 뜻이다.

이런 움직임은 기독교 신앙의 핵심을 확립하고 지킬 수 있게 해주는 매우 중요한 발전이었다. 교리는 신앙이라는 애벌레를 보호하려고 그 둘레에 친 지적 고치 같았다. 고치가 적절하게 만들어지면 그리스도인의 삶과 사상에 탄력과 안정을 더할 수 있었다. 반면에 결함이 있는 고치는 신앙의 삶을 훼손하고 왜곡할 여지가 있었다. 이런 의미에서 이단은 신앙을 개념화하는 과정에서 미숙하거나 왜곡하거나 훼손하는 작업이었다고 볼 수 있다. 속에 있는 애벌레를 보호하는 게 아니라 오히려 손상시키는 잘못된 고치였다는 말이다.

이제까지 이단을 어떻게 이해할 것인가 하는 문제를 살펴보았다. 그렇다면 우리는 과연 이단의 본질을 파악할 수 있을까? 파악할 수 있다면 이단의 본질이란 과연 무엇일까?

이단의 본질은 무엇인가

단의 씨앗은 교회 바깥에서 올 수도 있지만, 뿌 를 내리는 곳은 교회 마당이다. 생물학적 유추 사용하자면, 이단은 정통의 신학적 DNA를 많 공유한다. 피에르 부르디외의 사회학 용어를 리면, 이단과 정통은 공동의 의견을 공유한다. 러나 결정적으로 중요한 지점에서 서로 갈라진 . 거기서 총체적 모순과 불안정이 생긴다.

HERESY:
A HISTORY OF DEFENDING THE TRUTH

이단의 본질적인 특징은 무엇일까? 이단을 어떻게 정의할 수 있을까? 단순히 잘못된 것 혹은 미심쩍은 것과 이단은 어떻게 다를까? 우리는 이미 초기 기독교가 몇몇 문제에 대해 다양한 견해를 가지고 있었다는 사실을 살펴보았다. 이런 다양성이 기독교 조직 안에서나 상호간에 어느 정도의 불협화음과 파당을 만들어내기도 했지만, 그 자체가 지적인 면에서 기독교의 통일성을 위협한다고 보지는 않았다. 아울러 우리는 발터 바우어의 견해도 살펴보았다. 그에 따르면 기독교 초창기에 여러 유형의 기독교가 존재했고 이는 종종 특정 지역과 연루되어 있었으며, 추종자들은 제각기 자신들을 정통으로 여겼다. 당시만 해도 정통으로 받아들였던 일부 초기 기독교 유형들이 훗날에는 자신의 신앙 유형을 다른 도시에 강요하려 했던 로마 교회에 의해 이단으로 정죄를 받았다고 바우어는 주장했다.

이 견해에 따르면, 이단은 원래는 정통이었는데 기독교 세계에서 권력과 영향력을 소유한 자들의 눈 밖에 나는 바람에 이단으로 정죄된 것이다. 어떤 사상이 이단인지 아닌지는 권력을 쥔 자들에게 승인을 받느냐 못 받느냐에 달려 있다는 얘기이다. 그래서 정통은 한 마디로 그런 싸움에서 승리한 자이고 이단은 패배한 자라고 한다.[1] 이처럼 패배했거나 억압당한 기독교의 유형들이 일부 사람에게는 상당히 매력적으로 다가올 것이다. 하지만 역사적 사실에 비추어보면 바우어의 견해는 계속 유지되기 어렵다. 이 패배한 그리스도인들이 무시되는 과정은 대체로 평판이 나쁜 정통 교리에 반항하는 신자들에게 강요한 결과가 아니라, 교회 안에서 그들의 견해가 부적절하다는 여론이 조성되었던 것과 더 관련이 깊다.

이미 많은 이들이 사회적으로 구성된 실체 혹은 사회적 타협을 거친 실체를 반드시 대변한다는 식으로 이단의 본질을 설명할 수 없다고 바르게 지적한 바 있다. 이런 식의 설명은 종종 기독교의 평가 및 해석과는 상관없이 별개로 존재하는 소위 객관적인 역사적 사실의 입장에서 제시되곤 한다. 이단에 대한 이런 근거 없는 견해로는 이단의 독특한 정체나 중요성을 제대로 파악할 수조차 없다.

초기 기독교 학자들 사이에서 사회적 정체성이 정립되고 유지되는 방식에 관심이 높아지면서 공동체의 정체성을 지키는 수단으로 특정한 운동을 이단으로 지명했다는 사실을 부각시키기도 했다. 이에 따르면 이단은 관찰 가능한 실체 혹은 경험적 실체가 아니라 사회적으로 구성된 실체이다.[2] 따라서 이단의 본질에 관해 얘기하는 것은 근본적으로 범주상의 오류를 범하는 셈이다. 이단을 만드는 것은 그들의 사상이 아니라 타인이 정하는 특징과 범주이기 때문이다.[3] 이런 접근법의 저변에는 유대인과 그리스도인을 구별하는 방식, 즉 처음에는 조금씩 구별되다가 곧 상당한 균열로 치달은 구별 방식과 비슷한 분리의 수사학이 존재한다.[4]

어떤 집단을 이단으로 지명하거나 결정할 때 기준이 되는 전략과 메커니즘의 중요성을 인식하는 건 분명히 이점이 있다. 정통은 실로 타자와 외부인과 잠재적 위협거리를 지명하는 것과 관련이 있는 산만한 체계이다.[5] 하지만 그런 판단은 지명하는 주체의 의지뿐 아니라 지명을 받는 객체의 특징에도 뿌리를 두고 있다. 이것은 한 그룹이 자신의 정체성과 안전을 위해 다른 그룹의 의의를 평가하는 문제이다. 이는 곧 이단이 경험적 특징이 아니라는 의미이다. 오히려 협상을 통한 결과이거나 만들어진다는 뜻이다. 그렇다고 해서 이단이 자의적이거나 꾸며낸 결론이라는 뜻은 아니다. 교회 편에서 어떤 사상이 궁극적으로 교회를 흔들거나 파괴할 것인지를 분별하는 문제이다. 따라서 이단으로 지명된 운동이나 사상이 공유하는 일반적인 패턴이나 특징이 무엇인지 묻는 일은 전적으로 합당하다. 이 책처럼 기독교의 관점에서 접근하는 경우에는 더더욱 그렇다.

그러면 기독교의 다른 유형들과 구별되는 이단의 특징은 무엇인가? 4세기에 이르러 이단이란 용어를 사용한 용법을 보면 대체로 한편으로는 신앙 공동체 안에서 출현한 가르침이되, 다른 한편으로는 궁극적으로 그 신앙에 파괴적인 영향을 끼치는 가르침을 지명하는 것임을 알 수 있다. 이단의 중심에 있는 역설은 이단이 불신이 아니라는 점이다. 오히려 장기적으로 자신을 스스로 지탱할 능력이 없다고 판명된 취약한 형태의 기독교이다. 또한 이단의 특징을 의구심이 드는 행동이나 윤리의 측면에서 찾을 수도 없다.[6] 정통파 기독교 저자들은 도덕적 양면성과 실패가 인간의 공통 관심사라는 걸 알았고, 그런 문제가 이단에게서만 나타난다거나 정통파에게서는 찾아볼 수 없다는 식으로 주장할 수 없다는 걸 확실히 인식하고 있었다.

그러므로 이단이란 교회 안에 뿌리를 두고 있으나 지적 결함을 지닌 기독교의 몇몇 유형을 가리키는 말로 이해할 수 있다.[7] 이런 단정이 이단을 교회 안에서 생긴 것으로 보는 입장을 용납하지 못하는 일부 그리스도인들에게는 고뇌를 안겨줄지 모르겠다. 그런 반응도 충분히 이해할 만하다. 그렇지만 왜 이단이 기독교회에 그토록 위험한 관념인지 이해하려면, 이단과 교회의 관계를 확실하고 공정하게 다루지 않으면 안 된다. 이단의 씨앗은 교회 바깥에서 올 수도 있지만, 뿌리를 내리는 곳은 교회 마당이다. 이단은 불신앙이 아니다. 또한 비기독교적 신념 체계를 가리키는 말도 아니다. 뿐만 아니라 무신론이나 아리스토텔레스주의도 이단이 아니다. 생물학적 유추를 사용하자면, 이단은 정통의 신학적 DNA를 많이 공유하고 있다고 할 수 있다. 피에르 부르디외의 사회학 용어를 빌리면, 이단과 정통은 공동의 의견(*doxa*, 한 시대나 공동체가 당연시하는 가정들)을 공유한다.[8] 그러나 결정적으로 중요한 지점에서 서로 갈라진다. 정통의 시각에서 보면, 그 갈라짐이 공동의 의견 안에 총체적 모순과 불안정을 창조한다.

초대교회가 이단을 위험한 존재로 간주한 것은 이단이 교회의 권위나 구조에 제기하는 도전 때문이 아니라, 기독교의 미래에 주는 의미 때문이었다. 정통파 기독교 신학자들은 이단을 언급할 때 종종 거창하고 과장된 언어를 사용했다. 이런 거슬리는 어조와 공격적인 어휘는 사실 기독교가 그처럼 빈약하고 메마른 유형의 기독교에 의해 오염되거나 훼손당하면 과연 살아남을 수 있을지 염려하는 마음을 반영하는 것이었다. 이단은 후기 고전시대의 다원적이고 경쟁적인 세계 안에서 소멸될 수밖에 없는, 결함이 있고 무기력하고 진정성이 없는 기독교의 한 부류였다. 반면에 정통은 그 장래를 안전하게 지키는 수단으로 진정성에 대한 추구를 촉진하는 등 이단보다 더 강한 생존력을 갖고 있었다.[9] 이 점을 이해하려면 초창기에 기독교 신앙을 위협했던 이단들, 곧 신학자들이 결함 있는 기독교의 변형으로 밀어내야 했던 이단들을 살펴볼 필요가 있다.

초기 기독교를 위협한 세력들

 기독교는 초기 몇 세기 동안 크게 세 가지 위협에 직면했다. 첫째는 신체적 위협이었다. 박해와 기독교 공동체에 대한 억압, 기독교 지도자들에게 휘두르는 폭력이 끊이지 않았다.[10] 로마 당국은 기독교의 여러 유형 간의 미세한 신학적 차이에는 별 관심이 없었으므로 이단과 정통의 개념은 그리 중요하지 않았다. 교회 바깥에 있었던 2세기 로마인의 관점에서 보면, 기독교 이단과 기독교 정통은 그저 다른 형태의 기독교에 불과했다. 둘 다 공인을 받지 못한 부류일 뿐이었다.

 두 번째는 지적인 또는 종교적인 동화同化의 위험이었다.[11] 기독교는 유대교 안에서 나온 만큼 가장 초창기에는 그 뿌리로 되돌아가서 하나의 새로운 유대교 집단, 중립적인 의미의 하이레시스*hairesis*가 될 위험이 있었다. 좀 더 큰 문제는 기독교가 그리스-로마 문화 안에서 차츰 성장하는 중이었으므로 이미 자리를 잡은 기존의 문화 집단이나 종교 집단에 동화되어 독특한 정체성을 잃어버릴 위험이 있었다. 사실 문화적 동화가 교회의 소멸에 앞서 울려 퍼지는 전주곡인 경우가 비일비재했다.

 초대교회를 연구하는 많은 신학자가 이단은 세속 사상으로 묽어진 기독교 부류를 대변했다고 주장하면서 그 진상을 과장하기도 했지만, 그런 과정에 위험이 도사리고 있었던 건 분명한 사실이다. 만일 기독교 신앙의 소금이 짠맛을 잃으면 무엇이 남겠는가? 교회는 그 독특한 맛을 지키기 위해서라도 정체성을 유지해야만 했다. 이런 관점에서 테르툴리아누스는 세속 사상의 무비판적 수입이 결국에는 교회의 세속화를 초래하고 교회의 정체성과 온전함을 잃게 할 것을 깊이 염려했던 대표적인 인물이다.

철학은 스스로 신의 성품과 섭리를 해석하는 자라고 대담하게 주장하며 세상의 지혜를 제공하기 때문에 이단들은 철학으로부터 무기를 얻는다. 플라톤의 제자였던 발렌티누스는 철학에서 영원aeons과 인류의 삼위일체 개념을 얻었다. 그리고 거기서부터 마르키온의 신이 나왔다. 마르키온은 스토아학파 출신이다.[12]

여기서 테르툴리아누스는 철학을 지혜에 대한 탐구라는 중립적 의미로 해석하지 않는다. 철학은 세상적인 지혜라는 의미를 갖고 있기에 반드시 기독교 사상과 가치관의 세속화를 초래하게 되어 있다. 테르툴리아누스가 보기에는 마치 배에 구멍이 뚫려 바닷물이 들어와 서서히 가라앉는 것처럼, 이단은 교회에 구멍을 뚫어 교회의 안정을 해쳤다. 이와 비슷하게 로마의 히폴리투스Hippolytus도 교회를 배에 비유했다. "세상은 바다이고, 그 안에 있는 교회는 파도에 부딪히나 잠기지 않는 배와 같다."[13]

세 번째 위협은 기독교가 지적 모순으로 파편화되는 일이었다. 기독교가 후기 고전 문화에 더 깊이 뿌리를 내림에 따라 지적 대적과 문화적 대적으로부터 더 강한 비판을 받았다. 그 가운데 가장 강력한 것은 기독교 사상의 일관성과 관련이 있었다. 켈수스Celsus와 페르가몬의 갈레노스Galenos 같은 대표적인 비판가들은 교양 있는 사람이라면 기독교의 주요 교리들을 진지하게 대할 수 없다고 비판했다.[14] 그래서 지적으로 결함 있는 기독교의 유형은 이런 비판적인 환경에서 취약한 입장에 처했다. 따라서 이단이 품고 있던 신앙의 개념은 정통파가 지닌 엄밀성이 결여되어 있다는 주장이 제기된 것이다.

이 세 가지 요인 가운데 두 번째와 세 번째는 이단의 개념을 이해하는 데 무척 중요하다. 아울러 이 요인들은 서로 긴장 속에 있었다. 테르툴리아누스는 기독교 신학자들이 당대의 표준에 따라 지적으로 존경을 받으려고 하면 이방 철학에 오염되고 이방 철학의 유혹을 받게 될 뿐이라고 주장했다. 세속 철학과 관계를 맺으면 이단 사상으로 귀결된다는 테르툴리아누스의 주장은 꽤 과장된 표현으로 여겨지지만, 그럼에도 그의 염려에는 일말의 진리가 담겨 있다.

이와 비슷하게 4세기의 아리우스Arius는 당대의 표준으로 볼 때 철학적 엄밀성을 지닌 하나님과 창조세계 간의 관계에 관한 사상을 내놓았다. 그러나 알렉산드리아의 아타나시우스 같은 반대자들이 보기에 아리우스의 철학적 접근법으로 예수 그리스도를 이해하는 사상은 정통 신앙이나 예배와 도무지 조화를 이룰 수 없는 것이었다. 아리우스는 기독교의 정체성에 급진적인 모순을 도입하여 기독교가 지적 비판과 문화적 비판에 취약하게 만들고 말았다. 토머스 칼라일Thomas Carlyle이 비평했듯이 "만일 아리우스파가 이겼더라면, (기독교는) 하나의 전설로 사라지고 말았을 것이다."¹⁵ 물론 이런 판단이 정확한지는 반론의 여지가 있다. 하지만 특정한 형태의 아리우스주의가 우세한 위치를 차지했더라면, 기독교가 이슬람교와 비슷한 형태로 변형되었을 거라는 주장은 타당성이 있다. 이는 이슬람교를 비판하는 말이 아니다. 다만 신앙 공동체의 삶과 예배와 증언에 영향을 주는 근본 사상이 얼마나 중요한지를 지적하고 싶을 뿐이다. 아리우스파가 내놓은 신앙관은 알렉산드리아의 아타나시우스 같은 정통파 저자들이 제시한 신앙관과 판이하게 다르다.

교리 개념으로서의 이단과 정통

비록 유대교 안에서 발생하긴 했지만, 기독교는 나름대로 독특한 정체성을 빠르게 개발했다. 2세기 초에 뚜렷이 드러난 양자 간의 가장 큰 차이점은 유대교가 올바른 실천을 자신의 고유한 특징으로 삼은 반면 기독교는 올바른 교리에 호소했다는 점이다. 많은 유대교 저자가 유대교의 본질이 할라카halakhah, 즉 인간의 삶을 토라의 근본 원리에 맞춰 정돈하는 데 있다고 지금도 주장하고 있다.¹⁶ 따라서 우리는 유대교의 정통 교리orthodoxy가 아니라 정통 행위orthopraxy라고 불러야 옳을 것이다.

신약성경은 유대교의 정통 행위 가운데 할례를 비롯한 몇 가지에 대해 비판적이지만, 초기에 그리스도인의 반응은 기존의 정통 행위를 배척하는 만큼이나 정통 교리 쪽으로 기울고 있었다. 그리스도인들은 이방인 사회에서 유대인을 구별해주던 음식법, 안식일 준수, 할례 등의 유대교 의례를 받아들이려 하지 않았고, 기독교가 유대교와 완전히 다르다고 선언해야 한다던 마르키온의 제안도 지지하지 않았다.[17] 기독교와 유대교의 관계에는 양극성이 분명히 존재했다. 그 결과, 그리스도인이 자신을 정의하려 할 때는 먼저 예수의 정체성을 분명히 정립하고, 이어서 구약 율법의 역할을 중심으로 기독교와 유대교의 관계를 정립하는 쪽으로 기울었다.[18] 따라서 바울의 이신칭의 교리를 이방의 기독교 공동체를 유대교로부터 분리하려는 이론적 정당화 작업으로 보는 시각도 타당성이 있다.[19]

그런데 당시 형성 중이던 기독교 공동체들은 유대교 외에 다른 공동체들과도 자신을 구별하지 않으면 안 되는 상황이었다. 한편으로는 유대교와 다른 한편으로는 세상과 동일시되어서는 안 되었다. 신약성경에서조차 교회와 세상 간의 뚜렷한 구별 작업이 점차 진행되는 것을 볼 수 있다. 이 구별은 처음에는 부분적으로나마 세상으로부터의 분리라는 견지에서 이해되었다. 어쩌면 만물의 종말이 곧 임할 것이라 여겨서 그랬는지도 모르지만, 초기 그리스도인들은 이론적인 개념보다는 공동의 충성심과 구체적인 헌신을 바탕으로 공동체를 세웠던 것 같다.

초기 기독교 공동체들은 모임과 예배에 참여함으로써 이미 세상과 구별되는 삶을 살고 있었기 때문에 세세하고 정교한 교리를 반드시 정립해야 한다고 생각하지는 않은 듯하다. 마르쿠스R. A. Markus의 말에 따르면 "그들의 교리적 특성은 어떻게 정의하든 간에 문자 그대로 세상으로부터 구별된 집단이라는 사회적 특징으로 말미암아 강화되고 지탱되고 퇴색되기도 했다."[20] 따라서 이 그룹은 공동체에 대한 요한의 이해를 바탕으로 스스로 세상으로부터 구별된 집단으로, 즉 네 번째 복음서를 통해 전수받은 예수 그리스도의 말과 행동으로 설명되고 정당화되는 집단으로 간주하게 되었다.[21]

가장 초창기의 기독교 공동체들은 나사렛 예수에 관한 믿음과 그분을 예배하는 방식 때문에 가족적인 유사점을 갖고 있었고, 자신을 세상으로부터 구별하기 위해 굳이 교리의 형식을 갖출 필요는 없었다. 세상은 이미 그들을 구별된 집단으로 보았고, 쉽게 식별할 수 있는 가시적 사회 집단으로 고립시켜버렸다.[22] 그리스도인이 되는 것은 적어도 잠재적으로 사회적 지위에 눈에 띄는 변화를 초래하는 것이었고, 이는 또한 사회로부터 구별되는 데 필요한 일이었다.

하지만 사회적으로 또 신체적으로 구별되는 데는 한계가 있었다. 초기 그리스도인들은 에세네파와는 달리 광야로 물러나지 않았다. 그들은 도시와 사회 제도 안에 남아서 세상에 있으나 세상에 속하지 않고 사는 법을 차츰 개발했다.[23] 그래서 테르툴리아누스는 이방인 청중들에게 "우리 그리스도인은 여러분과 함께 살고, 똑같은 음식을 즐기고, 똑같은 생활을 누리고, 똑같은 옷을 입고, 똑같은 삶의 의무를 수행하고 있다"고 썼던 것이다.[24] 그렇다면 그들은 어떤 면에서 다른 공동체들과 구별되었을까?

그리스도인과 기독교 공동체가 주변 세상으로부터 구별될 때 그 수단이 된 것이 교리였다. 특히 기독교 공동체의 믿음과 가치관과 행실이 하나로 수렴되면서 차별성이 뚜렷해졌다. 영지주의를 비롯한 여러 공동체와의 논쟁이 가열되면서 기독교 공동체들은 자신의 정체성을 분명히 하고 신조와 같은 신앙의 공인된 진술을 만들지 않으면 안 되었다.[25] 물론 2세기 후반에 이런 과정에서 중추적 역할을 한 인물은 이레나이우스이다. 하지만 기독교 공동체가 자신을 정의하고 정체성을 유지하는 데는 테르툴리아누스가 기여한 바도 크다. 결국 기독교 공동체는 어떤 종교 공동체가 기독교회를 자처할 때 그 진위를 시험할 잣대를 서로 합의했다. 신약의 정경과 사도적 신앙이 그 잣대였다.[26] 이리하여 교리는 교회를 일반적인 세속 문화로부터 구별해주고, 교회의 정체성과 통일성을 강화하는 면에서 차츰 더 중요한 역할을 하게 되었다.

그리스도인의 정체성을 형성하는 데 교리가 중요한 요인으로 작용한 것이다. 그러면 초기 기독교 공동체들은 자신을 어떻게 정의했을까? 기독교의 초기 단계에는 자세한 규범 교리가 하나도 없었다. 이를테면, 4세기 후반에 폭넓은 영향을 끼친 니케아 신조 같은 것이 없었다는 말이다. 물론 신약성경에서 비교적 후대에 기록된 글, 특히 목회 서신에는 거짓 가르침의 위험을 경고하는 교훈이 담겨 있고,[27] 그런 위협에 대처할 제도적 장치를 마련하는 일이 중요하다는 것을 인정하고 있다. 그러나 그런 글들이 건전한 가르침의 중요성을 강조하긴 하지만,[28] 이 가르침을 신조와 같은 진술로 규정하거나 구체적으로

설명하지는 않았다.[29]

　역사적 증거에 따르면, 신약성경과 초기 기독교 저자들은 기독교 신앙의 주변부를 단속하기보다는 그 중심을 강조하는 경향을 띠었다. 예수 그리스도는 기독교의 핵심을 규정하는 인물로 간주되었다. 바울이 기독교 신앙고백의 중심부에 "예수는 주님이다"(롬 10:9)는 진술을 둔 것은 그것이 본래 기독교의 신조였기 때문이다.[30] 바울은 '예수는 주님'이라는 고백을 하나님이 예수를 죽은 자 가운데서 살리신 것을 믿으라는 요구와 연계시킨다(롬 10:9-10). 신약성경에 줄곧 나오듯이 여기서도 '예수는 주님'이라는 고백은 예수의 부활과 불가분의 관계를 맺는다. 따라서 그분을 '살아 있는 자'로 밝힌다. 예수는 과거로부터 존경받긴 하지만 결코 죽은 인물이 아니고, 예수의 매력은 단지 그의 이상이나 감동적인 삶에만 있는 것이 아니다. 바울이 그리스도를 몸의 머리로 얘기하는 대목을 보면,[31] 기독교 공동체 및 개인의 차원에서 그리스도의 중심 역할을 분명히 가리키고 있음을 알 수 있다. 이 점은 기도와 예배에서 분명히 드러난다. 예수 그리스도는 초기 기독교 예배에서 예배의 중개자인 동시에 예배의 대상으로 우뚝 서 있다.[32] 한 기독교 공동체의 예배는 지역 교회로서의 자격을 뒷받침해주는 것인 동시에 더 보편적인 실재에 참여하는 활동으로 볼 수 있다.[33]

　하지만 기독교 공동체의 중심이 한계선을 정해주지는 않는다.[34] 역사적 발전이 이루어짐에 따라 과연 기독교회에 경계선이 존재하는지 여부를 묻지 않을 수 없었다. 그리고 이 질문에 대한 답변이 갈수록 더 긍정적인 색채를 띠면서, 그만큼 중요한 두 가지 질문이 뒤따랐다.

그렇다면 누구에게 그런 경계선을 그을 권한이 있고, 그것은 어떻게 결정되어야 하는가? 목초지에서 성소를 찾은 자들을 안전하게 보호하려면 그 둘레에 울타리를 쳐야 했다.[35] 이 울타리는 세 가지 형태를 취했던 것 같다. 바로 예배와 윤리, 신학이다.

첫째, 기독교는 유대교로 복귀하는 예배 방식을 고집하는 자들과 거리를 두려고 노력했다. 남성 신자가 할례를 받는 문제와 불결한 음식에 관한 규례가 여기에 속한다. 둘째, 용납될 수 없는 행동을 한 그리스도인들은 경계선을 넘은 것으로 간주했다. 셋째는 이 논의에서 가장 중요한 점으로, 신앙에 필수 요소로 보이는 특정한 신학 사상을 점점 더 강조했다. 이처럼 경계선이 중요하다는 인식이 갈수록 커진 건 사실이다. 하지만 기독교 공동체들은 2세기에 접어든 지 한참 지날 때까지 그 중심을 더 중요하게 생각했다. 신앙의 변두리를 단속하는 일에는 비교적 관심이 덜했다. 교회들은 특히 예배를 비롯한 중심의 중요성을 역설했다. 하지만 2세기 중반 이후 기독교 신앙의 정체성과 진정성을 유지하려면, 주변부를 단속하는 일을 간과할 수 없었다.

교회들이 점점 더 교리를 통해 자신을 정의함에 따라, 그와 똑같은 범주로 그들의 정체성을 위협하는 대상을 파악하게 되었다. 정통과 이단의 경계를 정할 때 이제는 올바른 사유의 측면에서 생각하게 되었고, 그 밖의 수단들은 찬밥 신세를 면치 못했다. 기독교의 진정성을 유지하는 법과 그 진정성을 위협하는 것들을 교리의 측면에서 생각하게 된 것이다. 건전한 교리가 교회에 덕을 세우는 것처럼, 오염되거나 망가진 교리는 파괴적인 영향을 끼쳤다.

그러면 이단이 제기한 위협을 우리는 어떻게 이해하면 좋을까? 19세기 초에 나온 한 이론은 이단의 독특한 성격과 이단이 신앙에 주는 위협을 모두 이해하게 해준다. 저명한 프로테스탄트 신학자 슐라이어마허Friedrich Schleiermacher가 개발한 이단론을 살펴볼 차례이다.

이단의 모델

슐라이어마허는 자유주의 프로테스탄트 신학자로 유명한 아주 중요한 인물이다. 계몽주의의 발흥에 대응하는 글을 쓰면서 신학을 합리주의자의 진부한 의견으로 축소하려는 모든 시도를 타파했다. 슐라이어마허는 기독교 신앙과 신학은 정신 활동 이상의 요소를 갖고 있다고 주장한다. 종교는 특정한 지식이나 활동이 아니라 일종의 의식이다. 신앙에는 이성이 완전히 파악할 수 없는 깊은 경험이 있다. 따라서 교리와 신조 등 믿음에 대한 진술은 일차적으로 중요한 즉각적인 신앙 체험에 대한 이차적 성찰이라 할 수 있다. 신학에 대한 슐라이어마허의 이런 독특한 접근법도 무척 흥미롭지만, 여기서는 그가 제시한 이단의 모델을 살펴보려 한다.

이단이란 무엇인가? 슐라이어마허에 따르면, 이단이란 기독교의 겉모양을 갖추고 있으나 본질적인 기독교의 정체성과 모순되는 모든 것을 일컫는다. 말하자면, 이단은 기독교의 모양을 하고 있되 기독교의 본질과 상충되는 결함이 있는 기독교의 한 유형이라고 볼 수 있다.[36] 따라서 이단의 영역은 교회의 바깥이 아니라 내부에 있는 셈이

/ 이단이란 신앙의 겉모양을 하고 있으나 속으로는 모순을 안고 있는 신학이라고 본 프리드리히 슐라이어마허(1768-1834)

다. 그런데 이런 정의는 우리에게 기독교 신앙의 본질이 무엇인지를 묻는다. 기독교의 본질이 무엇인지 이해하지 못하면, 이단이 무엇인지 정의하는 게 불가능하기 때문이다. 슐라이어마허는 기독교 신앙의 본질을 정의하면서 나사렛 예수를 만물의 중심에 둔다.

기독교는 목적론적 종교에 속하는 유일신을 믿는 신앙이며, 모든 것이 나사렛 예수가 이룩한 구속과 관련되어 있다는 사실 때문에 본질적으로 다른 신앙들과 구별된다.[37]

슐라이어마허는 하나님께서 그리스도를 통해 우리를 구속했다는

이단의 본질은 무엇인가 **145**

원리를 배척하거나 부인하는 것은 곧 기독교 자체를 배척하는 것이라고 보았다. 하나님께서 예수 그리스도를 통해 우리를 구속했다는 사실을 부인하는 것은 기독교 신앙이 주장하는 근본 진리를 부인하는 것이며, 따라서 불신앙에 해당한다. 기독교적인 것과 비기독교적인 것, 신앙과 불신앙 사이의 구별은 바로 이 원리를 수용하느냐 안 하느냐에 달려 있다. 하지만 정통과 이단의 구별은 한때 인정되고 수용되었던 이 원리를 어떻게 이해하느냐에 달려 있다. 앞서 강조한 논점을 반복하자면, 이단은 일종의 불신앙이 아니라는 뜻이다. 이단은 신앙 안에서 생기는 것이다.

"모든 것이 나사렛 예수가 이룩한 구속과 관련되어 있다"는 것을 긍정하되 이 진술을 모순된 방식으로 해석할 때 이단이 발생한다는 게 슐라이어마허의 견해이다. 나사렛 예수의 중심적이고 근본적인 위치를 이야기하면서도, 이를 암묵적으로 부인하거나 실행에 옮길 수 없는 방식으로 해석할 때 이단이 생긴다는 것이다.

기독교 사상의 역사를 살펴보면 이런 접근법은 예전에도 있었다. 성공회 신학자 리처드 후커Richard Hooker는 그리스도의 정체성을 오해할 때 이단이 발생한다며 이단의 발생 경위를 설명했다. 《교회 정치론 Laws of Ecclesiastical Polity》에서 그는 이렇게 썼다.

우리 주 예수 그리스도의 온전한 신분을 완전히 묘사하려면 다음 네 가지가 필요하다. 그분의 신성, 그분의 인성, 이 양자의 결합, 그리고 하나로 연합된 양자 간의 구별.[38]

후커에 따르면, 각각의 요소를 일관되고 책임감 있게 인정하지 못하면 기독교 신앙의 핵심 가르침을 왜곡하게 된다. 아리우스파는 그리스도의 신성을 부인함으로써, 아폴리나리우스파는 그리스도의 인성을 "불구로 만들고 잘못 해석함으로써", 네스토리우스파는 "그리스도를 둘로 쪼개고" 그분을 두 인격으로 나눔으로써, 에우티게스파는 "그들이 구별해야 할 것을 혼동함으로써" 신앙의 핵심 가르침을 왜곡했다.

슐라이어마허는 나사렛 예수를 일관성 없이 잘못 이해할 때 자연스럽게 발생하는 이단을 네 가지 유형으로 분류하는데, 이는 후커의 견해를 따른 것이다.

> 모든 종교적 정서가 예수 그리스도가 이루신 구속과 관련되어 있는 것이 기독교의 독특한 본질이라면, 이단이 발생하는 경로는 두 가지일 것이다. 이 근본 공식은 전반적으로 보존하면서도… 구속이 이뤄지지 않도록 인간의 본성을 규정하거나, 구속을 이룰 수 없는 방식으로 구속주를 규정하거나 둘 중 하나일 것이다.[39]

따라서 슐라이어마허는 "모든 종교적 정서가 예수 그리스도가 이루신 구속과 관련되어 있다"고 인정하면서도, 그와 동시에 인간에게 구속이 필요하다는 것을 부인하거나(펠라기우스주의) 인간이 구원받을 수 있다는 것을 부인하는 일(마니교)이 가능하다는 것을 보여준다. 또한 이런 고백을 하면서도 나사렛 예수를 우리와 너무나 다른 존재로 이해하거나(도세티즘), 우리와 너무나 비슷한 존재로 이해하는(에비온주의) 바람에 그분이 우리에게 구속을 줄 수 없다고 생각할 수도 있다는 걸 보여준다.⁴⁰

　슐라이어마허의 이단 모델은 이단의 속성과 이단이 기독교 신앙에 주는 위협을 이해하게 도와주는 중요한 도구이다. 그는 근본적으로 신앙의 겉모양을 하고 있으나 속으로는 모순을 안고 있는 신학이 이단이라고 본다. 따라서 이단은 신앙 공동체 내부에서 생기지만, 동시에 신앙 공동체의 정체성을 위협하는 것으로 간주된다. 요컨대, 이단은 정통의 지적 일관성이 결여된 짝퉁 신앙이라 할 수 있다.

　그런데 슐라이어마허의 접근법은 몇 가지 문제점을 안고 있다. 첫째로, 이단을 나사렛 예수의 정체성 및 중요성과 밀접한 관련이 있는 교리에만 국한시키는 문제이다. 다음 장에서 살펴보겠지만, 사실 이단은 기독교 교리의 여러 영역에서 발생할 수 있다. 가령, 삼위일체론과 관련된 사벨리우스주의, 교회론과 관련된 도나투스주의는 어떻게 설명할 것인가? 슐라이어마허의 견해대로 사벨리우스주의와 도나투스주의도 궁극적으로 나사렛 예수의 정체성과 관련이 있다고 주장하다 보면 비판의 날이 무뎌질 우려가 있다. 실제로 삼위일체 교리를 하나님의 본성만큼이나 예수의 중요성을 표현하는 수단으로 해석하는 이들이 있다. 마찬가지로 도나투스주의에 대해서도 그리스도의 유익이 신자에게 전이되는 데 필요한 조건의 문제를 다루는 것이라고 주장함으로써 핵심을 놓칠 우려가 있다.

　둘째로, 슐라이어마허는 이단을 순전히 지적 현상으로 취급하는 바람에 역사적, 사회적 차원을 고려하지 못한다. 자연스럽게 발생하는 네 가지 이단에 관한 슐라이어마허의 분석을 보면, 이단들의 기원과 역사적 측면에 대해서는 전혀 언급하지 않는다. 그런데 많은 이단이 종종 특정한 문화 압력에 맞서 특정한 공동체 안에서 발생했다는 것은 주지의 사실이다.[41] 예를 들어, 도나투스주의는 북아프리카에 주둔한 로마제국에 반발하여 토착민인 베르베르족이 일으킨 일종의 문화 운동으로 해석할 수 있다.[42] 슐라이어마허의 다소 추상적이고 비역사적인 접근법은 이단을 초시간적인 지적 모순의 문제로만 바라봄으로써, 특정 이단이 발생할 여지가 있는 사회적 요인들을 고려하지 못한다. 더군다나 슐라이어마허의 모델에서는 힘 있는 사람들이나 강력한 교회들 간의 긴장 관계가 이단과 정통 간의 갈등으로 포장되어 권력투쟁을 야기할 우려가 있다. 개별적인 이단을 바라보는 슐라이어마허의 견해는 실제 역사적 움직임에 관심을 기울이지 않고 윤곽만 제시할 뿐 완전한 역사적 형상을 내놓지 못한다.

셋째로, 슐라이어마허의 이단론은 이단을 주로 지적 모순을 통해 파악할 수 있다고 주장한다. 그런데 모순이 있느냐 없느냐에 대한 판결은 슐라이어마허의 모델로는 제대로 다룰 수 없는 문제를 야기한다. 가령, 과연 어느 지점에서 모순성이 이단의 성격을 띠게 되는가? 과연 누가 어떤 관점을 이단이라 판결하는가? 어떤 신학을 이단으로 간주해야 한다는 결정은 교회의 판단을 반영하는 집합적인 것이지, 절대로 개별적인 것이 아니다. 이단은 그물망처럼 짜인 여러 사람의 판단을 반영하는 사회적 실재이다.[43] 아리우스 논쟁에 관한 연구들이 분명히 밝혔듯이, 특히 4세기는 올바른 믿음을 평가하는 교회의 구조와 절차에 중요한 변화가 일어났던 시기이다.[44]

그렇다면 누가 이단인지 아닌지를 결정하는가? 슐라이어마허는 이단 사상이 지닌 모순점 때문에 이단의 정체가 분명하게 드러난다고 가정한다. 그러나 이런 생각은 특정 견해를 이단으로 판단하고 선언하는 신앙 공동체가 얼마나 중요한지를 보여주는 역사적 증거를 제대로 반영하지 못한다. 말콤 램버트Malcom Lambert의 말대로 "이단을 만들려면 비정통적인 믿음과 행위를 지닌 이단자와 그 견해를 정죄하고 무엇이 정통 교리인지를 정의하는 교회가 필요하다."[45] 즉, 이단이 성립되려면 특정한 사상 체계를 용납할 수 없다는 교회의 판단이 필요한 법이다. 그러므로 이단에 대해 설명하려면 반드시 이단의 중심 사상과 함께 어떻게 그들이 위험하고 파괴적인 집단으로 규정되었는지 그 이유와 절차를 모두 고려해야 한다.

초대교회가 이단을 신앙에 위험할뿐더러 신앙을 파괴할 수도 있는 것으로 보았다는 점을 상기할 필요가 있다. 물론 일관된 신앙에 대한 위협도 그런 염려를 불러일으킨 중요한 요인이지만, 좀 더 근본적인 문제들이 있다. 슐라이어마허의 이단 모델은 이단이 트로이 목마 같이 몰래 이질적인 세계관을 교회 안에 끌고 들어온다는 점을 잘 다루지 못하는 듯하다. 물론 내적인 모순으로 말미암아 신학적 동요가 일어날 수도 있지만, 기독교 세계관 내에 비일관성을 불러일으키는 생경한 사상이 침투하는 등 다른 요인들도 분명히 존재한다.

이번 장에서 제기한 문제들을 고려하면, 이단에 대해 일반적인 이론을 개발하는 일은 쉽지도 않거니와 바람직하지도 않아 보인다. 오히려 역사적 배경을 충분히 고려하는 가운데 역사상 등장했던 이단들을 개별적으로 살펴보는 일이 어쩌면 더 필요할지 모른다. 그래서 다음 두 장에서는 고전적인 기독교 이단들을 고찰하고 그들의 기원, 주된 관심사, 교회가 그들을 위험한 존재로 간주한 이유, 이단으로 선언된 과정 등을 알아보려 한다.

3
고전적인 기독교 이단들

THE CLASSIC HERESIES OF CHRISTIANITY

초기의 고전적 이단들:
에비온주의, 도세티즘, 발렌티누스주의, 마르키온주의

질은 근본적으로 악하다는 믿음이 도세티즘과 르키온주의, 발렌티누스주의에서 공통적으로 견된다. 특별히 흥미로운 점은 이들이 교회가 구적인 권위 구조를 개발하기 전, 여러 신조가 앙의 공식적인 진술로 등장하기 전, 신약 정경 대해 공식적인 합의에 이르기 전에 출현했다 결국 이단으로 판정을 받았다는 사실이다.

HERESY:
A HISTORY OF DEFENDING THE TRUTH

기독교는 예루살렘을 중심으로 한 유대 지방에 뿌리를 두고 있다. 처음에는 스스로 유대교의 연장선이자 발전 양상으로 생각했기 때문에 전통적으로 유대교와 관련 있는 지역에서 번창했다. 그중에서도 특히 팔레스타인에서 꽃을 피웠다. 하지만 다소의 바울 같은 초기 복음 전도자들의 수고에 힘입어 이웃 지역으로 빠르게 퍼져나갔다. 1세기 말에 이르자 동부 지중해 전역에서 확고히 자리를 잡았고, 심지어는 로마제국의 수도였던 로마에서도 중요한 존재로 모습을 드러냈다.[1]

그런데 기독교의 확장은 지리적 차원 못지않게 지성적 차원에서도 이루어졌다. 후기 고전시대의 문명세계 전역에 퍼져나가면서 복음 선포에 도전하는 사상들과 마주치게 되었고, 그로 말미암아 새로운 기회가 열리기도 했다. 기독교는 애초에 유대교와의 관계에서 정체성을 확립해야 했는데, 얼마 지나지 않아 안디옥과 알렉산드리아 등 여러 도시에 깊이 뿌리내리고 있던 다양한 그리스 종교 및 철학 전통 같은 다른 문화적이고 지적인 운동들과 마주치게 되었다. 따라서 기독교 신앙을 가장 진실하고 믿을 만하게 설명하는 방식을 찾아야 하는 지적 부담을 안게 된 것이다. 이런 진정성의 추구는 복음을 이해하고 표현하는 방법을 탐구하는 작업이었고, 그 가운데 일부는 강력하고 탄력적인 방법으로 입증되었다. 하지만 어떤 것들은 약점이 장점보다 더 큰 막다른 골목으로 판명되기도 했다. 이런 접근법들을 개발하고 평가하는 과정은 천천히 진행되었고, 철저하고 폭넓은 성격을 갖고 있었기에 때로는 수십 년이 걸리기도 했다. 즉 정통과 이단의 개념이 확정되는 과정에는 평가 작업과 신중한 태도가 뒤따랐다.

처음 다섯 세기는 이런 지적 탐구 과정을 통해 정통과 이단의 개념이 확정되는 시기였다. 얼마 지나지 않아 기독교 신학의 과업이 과거로부터 내려오는 공식, 이를테면 성경 구절 같은 것을 충성스럽고 무비판적으로 반복하는 일에 국한되지 않는다는 점이 분명해졌다. 단순히 초기 기독교의 공식과 사상을 반복하는 것으로는 성숙하고 믿을 만한 신앙 진술을 원하는 교회의 요구를 만족시킬 수 없다는 사실이 드러난 것이다. 이따금 서로 긴장 관계에 있던 신앙 진술들을 다함께 짜서 일관성 있는 신앙의 융단을 만들 필요가 있었다. 그러면 그 융단은 어떤 패턴을 가지고 있었을까?

최근 교부시대의 성경 해석에 대한 관심이 늘어났는데, 이는 교리 형성이 성경적 토대에서 이루어졌는지를 확인하고 싶어 하는 요즘의 추세를 반영하는 현상이다.[2] 이런 연구는 교부시대의 저자들이 성경의 책들을 사용한 방식 등 여러 가지 사항을 조명해주었다.[3] 하지만 우리의 목적상 가장 중요한 건 이들이 복음의 핵심에 대한 복잡한 신약성경의 증언을 풀어냄으로써 어떻게 성경 단락들을 더 복잡한 교리로 엮어냈는가 하는 것이다.[4] 이런 해석 과정은 논쟁을 통해 여러 결과를 낳았고, 그 각각은 당시에 형성 중이던 진정한 기독교에 비추어 평가할 필요가 있었다.[5] 과연 어느 것이 신학 공식과 그리스도인의 실제 경험을 연결하는 데 안성맞춤이었을까?

먼저 이런 개념적인 탐구 여정이 최상의 동기와 의도를 갖고 진행되었다는 점을 강조해야겠다. 초기의 이단 연구자들 가운데는 발렌티누스 같은 저자들을 어두운 색채로 그리는 경우도 있지만, 증거에 따르면 훗날 이단자로 간주된 대다수의 인물은 기독교 신앙을 가장 진실하고 탄탄한 형식으로 표현하려는 진정한 동기에서 신학적 탐구 작업을 수행한 게 분명하다. 이처럼 초기 기독교 공동체가 탁월한 신학을 정립하려고 노력하다 보니 복음을 이해하는 다양한 방식이 제안되었고 이어서 엄밀한 검토를 거쳐 그 가운데 일부는 거부할 수밖에 없었다. 그래서 결국 부적절하다고 간주되거나 불리한 입장에 처한 운동들이 그 결과를 받아들일 수 없다고 거부하면서 문제가 불거졌고, 자신들이 오히려 억압받는 정통파라 여기게 된 것이다.

앞에서 강조했듯이, 고전적인 이단들은 모두 교부시대라 일컫는 첫 다섯 세기에 등장했다. 중세시대에도 이단이란 말을 많은 운동에 적용하긴 했지만, 당시는 교황의 권위에 도전하는 운동을 낙인찍기 위해 사법적 의미로 사용한 경우가 많았다. 이 점은 나중에 중세시대 이단을 살펴볼 때 훨씬 자세히 다룰 테지만, 여기에서 조금 더 설명하고 넘어가는 게 좋을 것 같다.

후스파, 발도파, 롤라드파 등 중세시대 운동들은 사상 때문이 아니라 대중에 대한 호소력 때문에 교회를 위협하는 세력으로 간주되었다.[6] 그들은 중앙집권적인 교회 조직을 회피하거나 교회 조직에 도전함으로써 또 다른 권력을 만들 가능성이 있었다. 한동안은 그런 운동을 이단이라 부르는 것이 적합하지 않다고 생각했다. 이런 논점을 맨 처음 제시한 인물은 허버트 그룬트만Herbert Grundmann[7]으로, 1935년에 그는 중세시대에 쓰던 이단의 개념은 신학적 관점이 아니라 종교재판의 관점에서 규정한 것이라고 주장했다. 다시 말해 특정 운동의 사상 때문에 이단이라 규정한 게 아니라 교회의 정치적 권위에 도전한다는 이유 때문에 이단이라 규정했다는 말이다.

순전히 역사 차원에서 중세의 이단 개념을 설명하면, 교황의 가르침은 정통이고 그에 반하는 것은 모두 이단으로 규정했다고 말하지 않을 수 없다. 이런 맥락을 감안하면 이단은 어쩔 수 없이 사법적 개념으로 이해할 수밖에 없을 것이다.[8] 교부시대에는 이단을 가톨릭 신앙에서 일탈한 것으로 생각했다면, 12세기와 13세기의 교회 법률가들은 교회의 권위, 특히 교황의 권위를 거부하는 것을 이단으로 규정하는 데 성공했다. 로버트 무어Robert Moore의 말대로 이단의 범주를 확대하는 일은 갈수록 더 중요한 사회 통제의 수단이 되었다.[9] 이를 통해 교황은 본질상 정치 및 사회 운동이었던 것을 억압하는 데 필요한 종교적 정당성을 획득할 수 있었다. 중세는 이단 개념의 본질을 기독교 정통에서의 일탈이 아니라 교황의 권력에 대한 도전에서 찾았던 셈이다. 그러니까 이단은 한 사회가 특유의 긴장을 종교적 범주 아래로 포섭하는 수단이 되었다. 신학적 개념을 넘어 법적이고 사회적 개념으로 규정된 것이다. 중세의 이단에 관해서는 9장에서 다시 다룰 예정이다.

이번 장과 다음 장의 관심사는 교부시대에 일어난 위대한 신학적 발견과 탐구의 여정에 발생했던 이단들이다. 이런 이단들은 제각기 흥미로운 점을 지니고 있지만, 무엇보다 각 이단이 어떻게 발생했으며 독특한 특징은 무엇이고 어떻게 해서 부적절한 사상으로 간주되었는지를 중심으로 살펴보려 한다. 7장에서는 로마제국이 기독교로 개종한 후에 중요하게 떠오른 세 가지 이단, 즉 아리우스주의, 도나투스주의, 펠라기우스주의를 살펴볼 것이다. 이번 장에서는 그보다 앞서 2세기에 등장한 네 가지 이단을 먼저 살펴보려 한다. 에비온주의부터 시작해보자.

에비온주의 : 나사렛 예수에 대한 유대식 모델

6장과 7장에서 다룰 이단들은 아리우스, 마르키온, 펠라기우스, 발렌티누스 등 대부분 관련 인물을 중심으로 이름을 붙였다. 그런데 우리가 맨 처음에 다룰 이단은 특정한 인물과 연루되어 있는 것이 아니다. 에비온주의는 나사렛 예수의 정체성에 대한 해석을 유대교의 시각에서 제한하려 했던 운동으로 1세기와 2세기 초에 일부 기독교 진영에서 나타났다. 에비온파와 에비온주의는 흔히 예수를 선지자로 해석하는 모델들을 가리키는 말로 쓰인다.[10] 이 운동은 아주 중요한 신학적 이정표를 대변하고 있음에도 유감스럽게 알려진 내용이 별로 없다.[11] 이 운동의 기원은 아직도 안개에 싸여 있고 쿰란 문헌에 비추어 명료하게 정리할 중요한 역사적 문제들도 있다.[12] 어쨌거나 에비온파의 믿음이 당시 유대교의 매트릭스 안에 놓여 있다는 점은 널리 받아들여지고 있다.

초대교회는 예수 그리스도가 인간의 정신, 상상, 감정, 행동에 미치는 중요성을 잘 설명해야 한다는 걸 충분히 인식하고 있었다. 교회는 예수 그리스도의 중요성을 올바로 나타내지 못한 채 그리스도의

1세기와 2세기 초에는 나사렛 예수의 정체성에 혼란이 있었고, 여기에서 고전적인 이단이 출현하였다. 그림은 프라 안젤리코의 '그리스도의 변모' 프레스코화(이탈리아 플로렌스의 산마르코 성당 소재)

정체성을 해석하는 여러 해석을 처리해야 했다. 개념의 지도에서 예수 그리스도를 엉뚱한 자리에 두면 복음 전도와 제자도에 치명적인 영향을 미칠 게 뻔했다. 하지만 예수 그리스도를 두기에 적합한 최상의 개념 틀을 발견하는 과정은 극히 어려웠다. 맨 처음에는 초기 그리스도인들이 속해 있던 사회적 매트릭스로부터 물려받은 기존의 범주를 취하여, 그것이 예수 그리스도의 중요성을 개념화하는 작업에 적절하다고 보았다. 이런 동향의 뿌리는 신약성경 안에서도 볼 수 있다. 가령, 복음서들은 예수를 당대의 유대교에서 끌어온 개념으로 이해하려는 시도들을 기록하고 있다. 나사렛 예수를 두 번째 엘리야나 새로운 유대인 선지자나 이스라엘의 대제사장으로 해석하려는 시도가 대표적이다.[13]

최근 학계에서는 에비온주의가 나사렛 예수에 대한 유대교식 사고방식을 대변한다고 인정하면서도 용어의 역사적 용법에 대해서는 몇 가지 우려를 표명한다. 부분적인 이유는 에비온주의에 관한 우리의 지식이 이레나이우스와 히폴리투스 같은 비판가들로부터 나오는 만큼 간접 지식에 불과하기 때문이다.[14] 대다수의 학자는 2세기 초 에비온주의의 특징이 낮은 그리스도론이었다고 생각한다. 말하자면, 나사렛 예수를 보통 인간보다는 영적으로 우월하지만 그것 외에는 특별한 점이 없는 존재로 해석했다는 뜻이다.[15] 이 접근법에 따르면, 나사렛 예수는 히브리 선지자의 부르심과 비슷하지만 좀 더 강렬한 방식으로 성령에 사로잡혀 신의 은총을 받은 인간이었다. 그런데 에비온주의는 훗날 영지주의의 영향을 받은 조금 다른 신앙 체계를 언급하는 말로 사용되기도 했던 것 같다.[16] 이런 이유로 우리는 본질적으로 유대교식 그리스도론의 특징이 분명히 드러나는 초기의 에비온주의에 초점을 맞출 것이다.

그러면 에비온주의의 문제는 무엇일까? 그 사상은 왜 교회로부터 부적절하다고 배척을 받았을까? 간단하게 답하자면, 에비온주의는 예수 그리스도의 중요성을 올바로 표현하기에 부적합했기 때문이다. 예수의 사역을 기록한 복음서의 한 사건이 이 점을 어느 정도 조명해 준다. 바로 중풍병자를 고치는 장면이다(막 2:1-12).[17] 예수가 근처에 있다는 소문을 들은 네 사람이 중풍병자 친구를 그분에게 데려와서 치료를 받게 한다. 예수의 행동을 목격한 사람들은 우선 그분을 기존의 모델과 범주에 비추어 해석하려 애쓴다. 이를테면, 병을 고치는 자로 본 것이다.[18] 전적으로 자연스러운 반응이었다. 어쨌든 구약성경은 하나님이 이 세상에서 행하시는 방식을 많이 언급하고 있지 않은가? 따라서 예수를 그처럼 친숙한 패턴에 맞추려고 애쓰는 건 지극히 타당한 반응이다. 그들이 예수를 병자를 고치는 새로운 엘리야로 봐서는 안 될 이유라도 있는가?

그러나 이야기가 진행되면서 마가복음의 기록은 예수를 기존의 유대교 모델, 즉 하나님의 승인을 받은 인물이나 하나님이 내주하는 인물로 보려는 시도를 무너뜨린다.

예수께서 그들의 믿음을 보시고 중풍병자에게 이르시되 작은 자야 네 죄 사함을 받았느니라 하시니 어떤 서기관들이 거기 앉아서 마음에 생각하기를 이 사람이 어찌 이렇게 말하는가. 신성 모독이로다. 오직 하나님 한 분 외에는 누가 능히 죄를 사하겠느냐(막 2:5-7).

유대교의 정통 신앙에 걸맞게 서기관들은 예수가 하나님의 특권에 속하는 일, 즉 죄를 용서하는 일을 할 수 있다고 주장한다고 지적한다.[19] 그러나 마가복음의 이야기는 나사렛 예수의 개입에 따른 결과를 공표함으로써 세상에서 하나님의 임재에 대한 전통적 사고방식을 절대적인 한계선까지 밀어붙인다.

그러나 인자가 땅에서 죄를 사하는 권세가 있는 줄을 너희로 알게 하려 하노라 하시고 중풍병자에게 말씀하시되 내가 네게 이르노니 일어나 네 상을 가지고 집으로 가라 하시니 그가 일어나 곧 상을 가지고 모든 사람 앞에서 나가거늘 그들이 다 놀라 하나님께 영광을 돌리며 이르되 우리가 이런 일을 도무지 보지 못하였다 하더라(막 2:10-12).

극적인 면에서는 중풍병자를 치유한 일이 이 이야기의 으뜸일지 모르지만, 신학적으로는 이차적인 일에 불과하다. 군중이 깜짝 놀랐던 것은 무엇보다도 그들이 보고 들은 사건에 함축된 신학적 의미를 깨달았기 때문이다. 누군가 하나님으로서 또 하나님을 위하여 행동할 권세가 있다고 암묵적으로 주장했다. 이 개입에 따른 결과, 즉 중풍병자가 나은 일은 하나님이 그의 놀라운 주장을 존중하고 심지어 승인한 것으로 보였다. 이처럼 세상에서의 하나님의 임재와 활동에 대한 전통적인 유대교식 사고방식은 나사렛 예수의 사역과 마주치자 거꾸로 뒤집어졌다.

그런데 복음서들이 이 놀라운 사건을 기록한 뒤에 낡은 가죽 부대는 새 포도주를 담을 수 없다는 나사렛 예수의 말을 인용하고 있다는 사실은 무척 의미심장하다(막 2:22). 예수가 인류 역사에 개입한 사건은 새롭고 역동적인 것, 즉 이스라엘의 선지자와 지혜의 전통에 속한 사고방식으로는 도무지 파악할 수 없는 무언가를 도입한 사건으로 보인다. 이 주제는 이스라엘과 교회 간의 병행관계를 확립하는 일에 가장 관심이 많은 마태복음에서 특별히 중요한 의미를 지닌다.[20] 이스라엘의 전통적인 신앙의 합리성으로는 나사렛 예수를 파악할 수 없었기 때문에 그 구체적인 인물 속에 나타난 하나님의 임재와 활동에 대한 기존의 모델들을 수정하지 않을 수 없었다. 에비온주의는 나사렛 예수를 이스라엘에서 유래한 전통적인 신학적 합리성이라는 패러다임 안에서만 해석해야 한다고 주장함으로써 혁신적인 것을 억누르는 사상이라고 할 수 있다. 결국에는 그런 패러다임이 그들 앞에 놓인 도전을 감당하기에 부적합하다는 게 입증되었다. 혁신적인 것이 분명히 필요했기 때문이다.

에비온주의는 대표적인 정통파 신학자들의 비판을 받았다. 예를 들어, 스위스의 프로테스탄트 신학자 카를 바르트Karl Barth는 예수를 영웅적인 인간이나 하나님에게 입양된 인간으로 취급하는 에비온파의 입장에 반대했다.[21] 바르트의 접근법은 에비온주의를 나사렛 예수의 신성은 부인하고 인성만 인정하는 것으로 해석하는 보편적인 성향에 잘 부합한다. 이는 부분적으로 옳지만, 결코 역사 운동으로서의 에비온주의를 충분히 설명해주지는 못한다. 더군다나 에비온주의를 그리스도의 신성을 부인하는 아리우스주의와 구별하는 것도 어렵게 만든다. 기독교 사상을 연구하는 역사가들은 에비온주의와 아리우스주의 모두 나사렛 예수의 고유한 신성을 부인했다는 점에 동의하겠지만, 상당히 다른 이유로 그랬다고 지적할 것이다.

그러므로 이단을 연구할 때 신학적 헤드라인으로 축소하지 말고 역사적 배경 안에서 연구하는 일이 중요하다는 걸 다시 상기하게 된다. 아리우스주의와 에비온주의는 역사적으로나 사회학적으로 서로 다르다. 전자는 알렉산드리아의 헬레니즘 철학의 세계에서 발생한 데 비해, 후자는 유대교의 세계에서 생긴 것이다. 아리우스주의와 에비온주의 모두 예수 그리스도의 신성을 부인하는 것은 사실이다. 그러나 양자는 전혀 다른 이유로 그리스도의 신성을 부인한다. 아리우스파는 하나님의 절대적 통일성에 대한 철학적 헌신 때문에 그리스도를 인간으로 보아야 한다고 주장한다. 하나님은 피조 질서와 완전히 구별되는 분이므로 혼성적인 존재나 중간 존재는 도무지 생각할 수조차 없다. 따라서 예수 그리스도를 하나의 피조물로 보아야 한다. 이와 달리 생각하는 것은 철학적으로 모순되기 때문이다.

이와 대조적으로, 에비온주의는 철학적 관심 때문에 생긴 것이 아니다. 이 사상은 그리스도의 신성을 정말로 부인한 것은 아니라고 주장할 수도 있다. 에비온파는 나사렛 예수를 유대교의 맥락 안에 두고 유대교 안에서 예수의 중요성을 해석하기로 했다. 따라서 예수를 이스라엘의 위대한 선지자들과 비슷한 인물로 이해해야 한다고 주장했다. 말하자면, 성령을 통하여 특별한 통찰이나 지혜를 받은 인간으로 봐야 한다는 뜻이다. 그러므로 에비온주의의 배경인 유대교의 맥락을 감안하면, 나사렛 예수가 신적 존재라는 주장은 사실상 고려할 문제가 아니라고 할 수 있다.

그렇다면 교회는 왜 에비온주의를 이단으로 배척했을까? 에비온주의를 용납할 수 없다는 견해가 주후 135년경에 로마의 기독교 진영에서 분명히 정립되긴 했지만, 그런 배척이 일어난 과정은 분명치 않다. 이런 견해를 갖게 된 이유는 명명백백하게 알 수 없는데, 부분적인 이유는 에비온주의에 관한 초기 교부시대의 기록(이레나이우스의 기록 등)이 여러 다른 집단을 하나로 묶어서 취급하기 때문이다.[22] 그럼에도 불구하고, 에비온주의를 축출한 주된 이유는 파악할 수 있다.

그 가운데 가장 중요한 건 에비온주의가 일종의 유대적 기독교라는 인식 때문이었다.[23] 이방인 교회가 점점 더 많아지는 상황에서 유대적 기독교는 시간이 흐를수록 더 어려운 입장에 처했는데, 특히 할례, 음식법, 안식일 준수 같은 잠재적 논란거리가 걸림돌이었다.[24] 이방인 신자들은 그런 것들로부터 해방되었다고 생각했으며, 바울이 그들의 입장을 지지한다고 주장했다.[25] 기독교의 발달에 관한 일부 기록은 이런 문제들이 1세기 말에 이르러 이방인에게 유리한 방향으로 해결되었다고 시사하고 있으나, 2세기에 접어든 다음에도 좀처럼 사라지지 않았음을 보여주는 증거도 있다. 일례로 주후 150년경에 집필된 순교자 저스틴의 《트리포와의 대화 *Dialogue with Trypho*》는 그런 긴장을 명시

적으로 언급한다.²⁶

이방인 신자들이 경험한 에비온주의의 문제점은 나사렛 예수를 유대교의 맥락에서 해석함으로써 기독교가 본질적으로 새로운 형태의 유대교라는 관념을 강화했다는 점이다. 당시에 기독교와 유대교의 관계를 어떻게 이해하든 간에, 그리스도론에 대한 그런 접근은 기독교를 유대교와 별개의 종교로 생각하던 인식과 마찰을 일으켰다. 에비온파는 나사렛 예수를 개혁 성향의 히브리 선지자로 인식했다. 당시 기독교가 유대교의 뿌리와 완전히 단절되어야 한다고 주장했던 마르키온의 견해는 별로 지지를 얻지 못했는데, 이는 기독교가 자신을 어떻게 인식했는지를 보여주는 중요한 지표이다. 즉 기독교는 자신의 뿌리가 유대교 안에 있다는 걸 인정할 뿐 아니라²⁷ 유대교의 인종적, 문화적, 종교적 한계를 뛰어넘는 새로운 보편 신앙으로 보았던 것이다. 그런데 에비온주의는 그 새로운 신앙을 유대교의 매트릭스 안에 가둠으로써 유대교 역사의 죄수로 만들었다. 유대교의 한 종파가 아닌 자율적 신앙으로서 기독교의 장래는 교회가 나사렛 예수의 정체성을 위해 새로운 범주를 개발하는 것에 달려 있었다. 이 범주들은 예수의 뿌리가 유대교에 있다고 인정하는 한편, 그의 세계적이고 우주적인 의의를 강조하는 식으로 그분의 중요성을 설명하게 될 것이다. 마침내 에비온주의가 이단이 된 것은 에비온주의가 이미 보편적인 중요성과 소명을 분명히 지닌 기독교 안에 있는 지역주의의 상징이었기 때문이다. 에비온주의는 다양한 형태로 간신히 연명하다가 점차 소멸되고 말았다.

그러나 영구히 사라진 것은 아니다. 저널리스트들과 학자들이 똑같이 간과한 지난 100년 동안에 일어났던 가장 흥미진진한 종교적 발전 양상 중 하나는 유대교에서 기독교로 개종하는 흐름이 상당한 물결을 이루고 있다는 사실이다. 일부 유대인 개종자들은 유대교의 문화를 버린 채 완전히 기독교에 편입되었지만, 어떤 이들은 전혀 다른 시각으로 자신들을 바라보았다. 인류학자 줄리엔 립슨Juliene Lipson이 지적했듯이, 히브리 그리스도인이란 용어는 현재 그리스도를 메시아와 구원자로 영접하되 유대인으로서의 정체성을 그대로 유지하기로 한 유대인을 가리키는 말로 쓰인다.[29] 이들 유대인의 정체성은 안식일 준수를 비롯한 여러 방식으로 표현되지만, 특히 예수를 히브리 용어인 예수아Yeshua로 부르는 것으로 나타난다.

최근에 유대적인 기독교가 부활함에 따라 예수의 중요성을 유대인의 입장에서 설명하는 일에 새로운 관심이 생겼다. 그들은 예수Jesus라는 이름이 헬라어에 뿌리를 두고 있다는 이유로 그 이름을 피하는 것과 마찬가지로, 예수의 중요성을 설명하는 전통적인 방식들이 그리스의 형이상학적 관념을 반영하고 있다고 보고 진정한 유대 방식으로 다시 진술할 필요가 있다고 주장한다. 예수를 선지자로 보는 것이 그런 예이다. 이로 말미암아 유대의 기독교 진영에서는 에비온주의의 그리스도론이 다시 고개를 들고 있다.

이제 나사렛 예수의 정체성과 관련된 또 다른 초기 이단인 도세티즘에 대해 살펴보도록 하자.

도세티즘: 환영에 불과한 나사렛 예수의 인성

일부 학자들은 요한의 세 서신을 신약성경 중에서 비교적 후대에 기록된 저술로 주후 90년경에 집필한 것으로 추정한다. 이 서신들에 따르면, 일부 기독교회들 가운데 위험성이 다분한 새로운 사상이 돌고 있었다. 내용인즉 나사렛 예수는 실은 인간이 아니었다는 것이다.[30] 예수가 겉으로 인간처럼 보였을 뿐 실제로는 신이었다는 말이다. 인간의 모습은 하나의 환영 내지는 환상에 불과했다. '보이다'는 뜻의 헬라어 동사 도케인*dokein*에서 유래한 도세티즘Docetism이란 단어가 이런 가르침을 가리키는 말로 통용되었다. 도세티즘을 이런 의미로 맨 먼저 사용한 인물은 190-203년에 안디옥의 주교로 있던 세라피온Serapion으로 알려져 있다.

2세기 말경에 쓴 이레나이우스의 글에 따르면, 이 사상은 요한의 서신들이 기록될 무렵 에베소에서 활동하던 케린투스Cerinthus와 연루되어 있었다고 한다.

이집트의 지혜를 배운 케린투스는 이 세계가 으뜸이신 하나님에 의해 만들어진 것이 아니고, 그분으로부터 멀리 떨어진 어떤 힘, 우주 위에 뛰어난 그 최고의 신에게서 동떨어진 채 그분을 전혀 모르는 어떤 힘에 의해 창조되었다고 가르쳤다. 그는 예수가 동정녀에게서 태어난 것이 아니고 일반적인 경로를 좇아 요셉과 마리아의 아들로 태어났다고 주장했다. 그럼에도 그는 다른 사람들보다 더 의롭고 신중하고 지혜로웠다고 보았다. 더군다나 세례를 받은 뒤에 그리스도가 최고의 통치자로부터 비둘기의 모양으로 그에게 내려왔고, 그는 미지의 아버지를 선포하며 기적을 행했다고 가르쳤다. 그러나 마침내 그리스도는 예수로부터 떠나갔고, 그 후에 예수가 고난을 받고 다시 살아났으며, 그리스도는 영적인 존재였던 만큼 고통을 느끼지 않았다고 주장했다.[31]

따라서 케린투스는 인간 예수와 신적인 그리스도를 따로 구별했던 셈이다. 예수가 다른 인간들과 달랐던 건 특정한 미덕들을 소유했다는 것과 신적인 그리스도가 세례 때에 그에게 내려왔다가 십자가에서 그를 떠났다는 것 정도에 불과했다.

일종의 도세티즘으로 보이는 것을 명시적으로 언급한 최초의 문헌은 시리아의 안디옥 주교로 로마에서 순교한 이그나티우스가 쓴 편지들이다. 이그나티우스는 일곱 편의 편지로 우리의 기억 속에 남아 있는데, 그 편지들은 초대교회에 상당한 영향을 미쳤을 뿐 아니라 도세티즘 논쟁에 중요한 증거를 제공하기도 했다. 이그나티우스의 편지에는 당시 기독교회 안에서 영향을 미치던 두 집단의 가르침에 대한 염려가 담겨 있다. 하나는 기독교를 유대교의 궤도 안에 두고 싶어 했던 유대주의자들이고,[32] 다른 하나는 예수의 고난은 하나의 환영이었다고 주장하는 도세티스트들이었다. 트랄리아와 서머나에 있는 교회들에게 보낸 편지에서 그는 그리스도가 단지 고난을 받는 것처럼 보였을 뿐이라고 주장하는 이들이 있다고 명백히 지적한다. 그리고 트랄리아 교인들에게 보낸 편지에서 그리스도는 "정말로 또 참으로 다시 살아나신 것처럼 정말로 또 참으로 고난을 받으셨다. 그의 수난은 결

코 가상적인 환영이 아니었다"고 강조했다.[33]

나사렛 예수의 인성을 받아들일 수 없다는 도세티즘의 입장은 여러 가지 방식으로 교묘하게 표현된다. 곧 살펴볼 발렌티누스는 도세티즘의 성향이 강한 그리스도론을 취했고, 그 이론을 소화기관에까지 확장시켰다. 발렌티누스에게 나사렛 예수가 오줌을 누거나 대변을 본다는 것은 도무지 상상할 수 없는 일이었다. 그런 행위는 품위를 떨어뜨리는 인간적인 모습이므로 예수에게는 결코 적용될 수 없다는 것이다. 나사렛 예수는 "배설을 억제할 수" 있었기에 "그는 고체를 배설하지 않고도 특별한 방식으로 먹고 마실 수 있었다"고 발렌티누스는 가르쳤다.[34]

이처럼 초대교회에 도세티즘의 영향을 받은 흔적은 분명히 있지만, 도세티즘이라고 불릴 만한 일관성 있는 운동이 있었다는 증거는 찾기 어렵다.[35] 가장 초창기 자료에는 예수가 단지 고난을 받는 것처럼 보였을 뿐이라고 주장하는 파당이 있었다는 지적이 나오지만, 명시적으로 도세티스트라고 언급하는 곳은 한 군데도 없다. 예컨대, 이레나이우스는 나사렛 예수가 "겉모양만 사람이었을 뿐"이라고 주장하는 여러 비정통파 저자들을 인용하지만, 그것을 도세티즘이라고 언급하지는 않는다. 그런데 로마의 히폴리투스가 3세기 초에 쓴 글을 보면, 그가 도세티스트라고 불리는 집단과 마주친 게 분명하다. 히폴리투스는 그들을 예수 그리스도가 정말로 고난을 받았다고 인정하지 않는 자들로 묘사했다. 그러나 히폴리투스가 마주쳤던 도세티즘의 유형은 종종 그런 사상과 여러 영지주의 자료에서 끌어온 개념들을 섞어버리는 바람에 구체적으로 도세티즘의 특징이 무엇이었는지 파악하기가 어렵다.

다시금 우리는 초기 기독교가 이해했던 도세티즘이 과연 무엇이었는지 복잡한 역사적 그림을 접하게 된다. 일부 학자들은 역사적으로 도세티즘을 규정하는 최선의 방법이 교부 학자 노버트 브룩스Norbert Brox의 말대로 "예수는 겉으로 보였던 모습과는 다른 인물이었다"는 믿음으로 국한시키는 것이라고 주장했다.[36] 어쨌거나 우리는 두 가지 유형의 도세티즘을 확인할 수 있는데, 서로 연관되어 있으나 동일하지는 않다.[37] 첫 번째 유형은 그리스도의 성육신과 관련된 것이다. 신성과 인성이 단일한 존재 안에 공존할 길이 없으므로 예수 그리스도는 온전한 인간일 수 없다는 입장이다. 따라서 그리스도는 완전히 영적인 존재일 수밖에 없다. 두 번째 유형은 그리스도의 십자가 고난과 관련이 있다. 설사 그리스도가 진정한 인간이었다 하더라도 십자가에서 정말로 고난을 받지는 않았다는 것이다. 둘 가운데 첫 번째 유형이 초대교회에 더 널리 퍼져 있었던 것으로 보인다.

도세티즘의 기원을 아는 일은 사상의 본질을 파악하는 일만큼이나 쉽지 않다. 어떤 이들은 도세티즘이 그리스 철학의 영향을 받아 발생했다면서, 어떻게 하나님이 물질과 나란히 공존할 수 있는지를 이해할 수 없었던 것이라고 한다. 또 어떤 이들은 유대교의 영향을 받은 결과라고 주장하거나, 초기 기독교 안에 있던 특정한 영지주의의 영향을 많이 받아서 생긴 것이라고 말하기도 했다.[38] 그런데 최근에 새로운 접근법이 하나 등장했는데, 도세티즘이 당시 많은 이들에게 매력적으로 다가온 이유를 잘 조명해주는 것 같다.

도세티즘의 역사적 기원을 연구한 로니 골드스테인Ronnie Goldstein과 가이 스트롬사Guy Stroumsa는 고전적인 그리스 신화가 어떻게 영웅적인 남녀가 죽음이 임박했을 때 두 사람으로 대체되는지에 주목한다.[39] 이런 책략은 그리스 비극에 흔히 나타나고, 주전 5세기로 거슬러 올라가는 트로이의 헬렌에 관한 에우리피데스Euripides의 비극에서도 볼 수 있다.[40] 트로이의 헬렌이란 인물은 고전 시대의 극작가들에게 상당한 고민을 안겨주었는데, 귀중한 인물인 동시에 멸시받는 인물이었기 때문이다. 헬렌은 수많은 남자가 기꺼이 싸우다 죽을 정도로 귀한 보물 같은 존재였다. "일천 척의 배를 진수시킨 얼굴"이었다.[41] 그런데 다른 한편 헬렌은 간음한 여인이어서 수치심의 근원이자 대상이기도 했다. 어떤 이들은 그녀를 무정한 악으로 묘사했고, 또 어떤 이들은 동정심을 품고 꾸짖었으며, 또 다른 이들은 헬렌을 자기도 어쩔 수 없는 세력에 종속되어 있는 존재로 보았다. 그런데 스테시코러스Stesichorus, 헤로도토스Herodotus, 에우리피데스 등 다양하면서도 저명한 저자들이 주장한 네 번째 접근법이 등장했다. 그리고 이를 통해 가혹한 역사 이야기를 대체하는 새로운 신화가 구성되었다. 호머와는 반대로 헬렌은 트로이에 간 적이 없었고, 환영幻影이 그녀를 대신했다는 주장이다.

이 이야기를 모르는 사람들을 위해 한 번 더 반복하는 게 좋을 것 같다. 플라톤에 따르면, 시인 스테시코러스는 헬렌이 음란한 행위를 했다고 비난하는 시를 쓴 벌로 시력을 잃고 말았다.[42] 그 후에 스테시코러스는 회개하고 그 시를 다시 고쳐 썼는데, 이에 따르면 헬렌은 실제로 트로이가 가지 않았다. 바로 이 점이 신학적 문제를 해결해주었다. 즉 헬렌이 이미 숭배의 대상이 된 상황에서 트로이에서의 행위가 그녀의 신성을 저해했는데, 어떻게 그녀의 미덕을 보호할 것인가 하는 문제를 해결한 것이다. 트로이의 헬렌이 그처럼 의심스러운 평판을 갖고 있는 상황에서 어떻게 신적인 존재로 숭배를 받을 수 있을까? 골드스테인과 스트롬사는 이렇게 말한다.

> 환영幻影은 그리스 문학에서 신화 및 신화의 해석과 관련된 신학적인 문제를 해결하는 데 조직적으로 이용된다. 영웅을 둘로 만드는 간단한 책략은 신화적 이야기를 몽땅 억누르지 않으면서 (보통은 신적인) 영웅의 편에서 저지르는 무가치한 행위나 참을 수 없는 운명의 문제를 해결해준다.[43]

그러면 이런 접근법을 초기 기독교 이단에서 볼 수 있는가? 유대 기독교 그룹이 그리스도의 십자가 이야기를 아브라함과 이삭의 이야기(창 22장)에 동화시키고 싶은 유혹을 받았을 거라는 입장을 펼치는 것도 가능하다. 즉 이삭을 제물로 바치라는 요구가 마지막 순간에 대체 제물이 제공되면서 죽음을 비켜가는 이야기 말이다.[44] 이레나이우스는 바실리데스Basilides를 탓하며 당시에 돌고 있던 이런 비정통적 견해를 분명히 기록하고 있다.

〔예수 그리스도는〕 고난을 받지 않았다. 오히려 구레네의 시몬이라는 사람이 그를 대신해 그의 십자가를 지도록 강요받았고, 뜻밖에 우발적으로 십자가에서 죽었으며, 예수에 의해 변형되어 사람들이 예수로 착각했던 것이다.[45]

이런 묘사는 영지주의의 틀에서 유래하는 일종의 도세티즘이 분명하다.

나그함마디에서 발굴된 문서가 뚜렷이 보여주듯이, 이런 접근이 미친 영향력은 상당했다. 영지주의 문헌인 〈위대한 셋의 둘째 논서 Gnostic Second Treatise of the Great Seth〉에서 발췌한 다음 단락이 어떻게 그리스도의 십자가 죽음을 1인칭으로 달리 이야기하고 있는지 살펴보자.

나는 그들이 작당한 대로 그들에게 굴하지 않았다. 나는 전혀 괴로움을 당하지 않았다. 거기에 있던 자들이 나를 벌했다. 그러나 나는 실제로 죽지 않았고 겉으로 죽은 것처럼 보였을 뿐이다. … 그들이 일어났다고 생각한 나의 죽음은 그들의 잘못과 무지로 말미암아 그들에게 일어났는데, 이유인즉 그들이 그들의 사람을 죽음에 이르도록 못 박았기 때문이다. 그들은 귀와 눈이 멀었으므로 그들의 에노이아스*Ennoias*가 나를 보지 못했기 때문이다. 그러나 이런 짓을 함으로써 그들은 스스로 정죄했다. 그렇다, 그들이 나를 보았고, 그들이 나를 벌했다. 쓸개즙과 식초를 마신 자는 그들의 아버지였다. 내가 마신 게 아니었다. 그들이 갈대로 나를 쳤지만, 어깨에 십자가를 졌던 사람은 시몬이었다. 그들이 가시 면류관을 씌운 자도 다른 사람이었다.[46]

우리는 여기서 나사렛 예수를 모욕적인 죽음, 특히 그런 치욕적인 죽임을 당하도록 내버려두지 않으려는 태도를 엿볼 수 있다. 이런 유형의 영지주의를 특징짓는 도세티즘적 그리스도론이 여기서 교묘한 역사적 수정주의를 낳는 것을 본다.

이제까지의 논의에서 영지주의를 제대로 설명하지도 않은 채 여러 번 언급한 바 있다. 그러면 영지주의란 정확히 무엇일까? 어째서 그것이 초대교회에 그처럼 큰 영향을 미쳤을까? 이 질문에 답하기 위해 우선 초대교회가 중심과 경계선을 정하려고 애쓸 때 등장했던 중요한 인물, 바로 발렌티누스를 살펴볼까 한다.

발렌티누스주의: 영지주의와 기독교

1세기 말에 로마는 광대한 제국의 중심 도시였다. 로마는 세계의 상당 부분을 정복했지만, 미묘한 형태의 역逆식민주의가 뿌리를 내렸다. 그리스와 팔레스타인 등지에 뿌리를 둔 종교 운동들이 로마에서 추종자를 얻기 시작했다. 그중 하나가 기독교였고 이 종교 역시 빠르게 제국의 중심으로 파고들었다. 증거에 따르면, 사도 바울의 편지를 받았던 교회는 하나로 통합된 로마 교회가 아니라 가정에서 모이던 여러 회중의 집합체였다. 이 단계에서는 로마 교회가 중앙집권적인 기구나 조직을 갖고 있지 않았다.⁴⁷ 오히려 로마의 세속적 클럽이나 협회 또는 유대인의 회당에 가까운 것이었다고 보는 게 나을 듯하다. 모두 중앙집권적인 통제가 없는 독립된 협회들이었기 때문이다.

다른 종교들은 로마제국의 다른 지역들에서 유래했다. 그리스에 뿌리를 둔 엘레우시스 제전도 로마에 많은 신도를 갖고 있었다. 곡식의 여신 데메테르와 생성과 번식의 여신 페르세포네를 숭배하는 이 종교는 예배자에게 내세에서의 상급을 제공하는 등 예배자와 신들을 묶어 준다고들 믿었다.⁴⁸ 미트라 제전도 당시 로마 군대를 중심으로 상당한 인기를 누렸다. 이 컬트의 기원과 중심인물인 미트라스의 정체는 아직도 불확실하지만,⁴⁹ 아나톨리아인이나 이란인의 예배 의식을 그 지방에 맞추어 개조한 것이 아닐까 추정된다.

하지만 학계의 관심을 가장 많이 받은 것은 영지주의로 알려진 전통이다. 영지주의Gnosticism는 지식을 가리키는 헬라어 그노시스*gnosis*에서 유래한 용어이다. 오늘날 북아메리카에서 유행하는 사회적, 종교적 풍조와 특별히 잘 공명하는 고대의 종교 전통이 있다면, 그것은 바로 영지주의일 것이다. 영지주의식 믿음은 오늘날의 추세, 곧 교회의 권위를 비롯한 모든 권위를 싫어하는 풍조는 말할 것도 없고 자기발견, 자기인식, 자기실현, 자기구원 등 현대의 이상들과 잘 어울린다. 현대 미국 학계 일각에서 영지주의에 매료되는 현상은 이 종교 운동 자체보다는 현대 문화의 불안과 기대를 대변한다고 할 수 있다.⁵⁰

이런 운동들은 영지주의라는 용어를 좀 느슨한 의미로 사용하는데, 주로 권위적인 인물에게서 무엇이 옳은지를 듣기보다는 인간 본성의 깊숙한 곳에서 진리를 찾고 영적인 면을 강조하는 경향을 가리킨다. 물론 이런 주제들이 영지주의 안에서 발견되는 것은 사실이지만, 후기 고전시대에 널리 퍼져 있었기 때문에 굳이 영지주의 운동의 특징이라고 보기는 어렵다. 여기서 역사적인 사실을 정확히 짚고 넘어갈 필요가 있다. 왜 교회가 영지주의를 플라톤주의처럼 우호적인 대화 상대로 보지 않고 하나의 위협거리로 보게 되었는지를 이해하는 데 필요하기 때문이다.

그러면 영지주의란 무엇인가? 전통적으로는 1세기나 2세기의 로마 제국에서 공식 교리가 아니라 경험을 통해 하나님을 아는 것을 옹호했던 집단을 일컫는 말이었다.[51] 이렇게 말하면 마치 영지주의가 잘 형성된 신앙 체계를 가진 명확한 운동인 것 같은 인상을 준다.

그러나 사실상 이 종교 전통은 교회의 폭넓은 특징으로 드러난다. 폭이 너무 넓어서 과연 특별한 정체성을 가진 명확한 학파로 간주할 수 있을지 의문이 들 정도이다.[52] 그래서 영지주의라는 용어는 상당히 다른 여러 집단을 함께 묶어서 마치 단일한 신앙 체계를 갖고 있는 것처럼 제시하기 때문에 오도할 위험이 많다는 여론이 조성되고 있다. 영지주의를 통합된 하나의 실체로 보게 된 것은 현대의 종교학자들이 꾸며낸 발명품이고,[53] 이들은 나름의 이유 때문에 영지주의를 하나의 동질적이고 잘 조직된 집단, 즉 갓 태어난 기독교회를 위협했던 사악한 집단으로 묘사했던 이레나이우스 같은 초기 기독교 저자들의 영향을 받은 것 같다.[54]

지금은 영지주의의 범주를 어떻게든 의미 있게 사용하기가 매우 어렵다는 게 일반적인 견해이다.[55] 카렌 킹의 말을 빌리자면, "영지주의로 분류된 다양한 현상들은 획일적인 정의로 수렴될 수 없으며, 사실 일차 자료 가운데 어느 것도 표준 유형에 맞지 않는다."[56] 그렇다면 영지주의나 영지주의자라는 단어를 사용하는 걸 그만두어야 하는가? 그렇지는 않다. 물론 조심스럽게 사용할 필요는 있다. 이 단어들은 고대 후기에 흥왕했던 종교 교리와 신화를 가진 일가족을 일컫되 다음 두 가지를 주장하거나 전제하는 경우를 가리키는 말로 사용하는 것이 타당하다. 첫째, 우주는 악하거나 무지한 창조자의 활동이 낳은 열매이다. 둘째, 구원이란 신자들이 그들의 신적 기원에 관한 지식을 받아서 일반적으로는 물리 세계 그리고 구체적으로는 인간의 몸의 한계로부터 해방된 뒤에 빛의 영역으로 돌아가게 되는 과정을 일컫는다.

이런 점들을 염두에 두면서 영지주의 기독교의 원조로 널리 인정받는 발렌티누스의 견해를 고찰해보자. 다행스럽게도 우리는 그의 사상을 비교적 완전하게 설명하고 그 의미를 평가할 수 있을 만큼 충분한 정보를 갖고 있다.[57] 발렌티누스는 주후 135년경에 로마에 도착했던 것으로 보인다. 그 이전의 내력은 정확하게 기술하기가 어렵다. 전통적으로 그는 이집트의 나일 델타 지역에서 태어나서 알렉산드리아에서 교육을 받은 것으로 알려져 있다. 중요한 점은 알렉산드리아가 당시에 영지주의의 대표적인 거점이었다는 게 발터 바우어의 주장이다. 발렌티누스의 제자들은 그가 바울의 제자였던 테우다스(Theudas, 드다)에게 교육을 받고 그로부터 비밀스러운 가르침을 전수받았다고 주장했다. 당시 로마에 거주했던 인물 중에는 발렌티누스의 사상을 정죄했던 순교자 저스틴이 있었다. 하지만 저스틴은 로마 교회에서 공식 직분이 없이 변두리에 자리하고 있었던 것 같고, 당시만 해도 제한된 영향력만 미치고 있었다.[58]

발렌티누스의 경력을 설명할 때 으레 하는 이야기는 그가 로마에 있는 교회에 의해 정죄를 받았다는 것이다. 그러나 사실상 로마 교회에서 발렌티누스나 그의 가르침을 정죄했다는 걸 보여주는 역사적 증거는 아무것도 없다.[59] 이 때문에 어떤 이들은 발렌티누스가 로마 교회에 활동적인 교인으로 남아 있었다고 주장했고, 또 어떤 이들은 로마 교회의 징계 구조가 2세기 후반에 더욱 강화되었다고 추정하기도 했다.

그러면 발렌티누스주의의 기본 사상은 무엇일까? 발렌티누스파의 독특한 교리들 중에 어느 정도를 발렌티누스의 것으로 보아야 할지는 분명치 않다. 그 가운데 적어도 일부는 그의 사후에 추종자들이 개발한 것이기 때문이다. 발렌티누스주의를 가장 쉽게 이해하려면, 기독교 안에서 유래했으나 기독교 사상을 영지주의 방식으로 해석하거나 발전시키는 운동으로 보면 된다. 그 가운데서도 특히 물질의 불완전성과 창조자 하나님의 종속적 지위에 관한 가르침이 눈에 띈다. 발렌티누스는 알렉산드리아의 선생이었던 바실리데스의 가르침, 곧 유대인의 창조자 하나님은 나사렛 예수가 계시한 하나님과 동일한 분이 아니었다는 주장을 접했던 것 같다. 바실리데스의 후대의 추종자들이 곧잘 말했듯이, 신자들은 "더 이상 유대인이 아니었고 아직 그리스도인이 되지 않은 상태"였다.[61]

발렌티누스주의가 다양한 형태를 띠게 된 것은 부분적으로 후대의 다양한 해석자들과 지리적인 확장 때문이다. 발렌티누스주의의 위대한 해석자로는 흔히 프톨레마이오스Ptolemaeos, 테오도투스Theodotus, 헤라클레온Heracleon 등이 거론된다. 그러나 초기 기독교 자료와 현대 학계 모두 헤라클레온이 정말로 발렌티누스파의 대변인이었는지 의혹을 표명한다.⁶² 더군다나 초기 문헌들은 발렌티누스주의 안에 두 학파가 있었다고 언급하면서 하나는 이탈리아에, 다른 하나는 동방에 기반을 두고 있었다고 한다.⁶³ 흥미로운 점은 1945년에 나그함마디에서 발굴된 텍스트에는 일반적으로 세트파 영지주의로 알려진 또 다른 형태의 영지주의를 대변하는 문서와 더불어 상당수의 발렌티누스주의 텍스트가 포함되어 있다는 사실이다.⁶⁴ 이런 어려움이 있지만, 발렌티누스주의 안에 다양성이 있음을 인정하면서 전반적으로 개관하는 일은 얼마든지 가능하다.

발렌티누스주의는 충만함을 뜻하는 헬라어 플레로마*pleroma*를 참 하나님, 곧 우주의 아버지의 거처를 언급할 때 사용했고, 서로 완벽한 조화 가운데 살아가는 영원한 존재들을 가리킬 때도 사용했다. 그런데 이 우주적인 조화는 영원한 존재인 지혜*sophia*에 의해 깨어졌는데, 그는 자신의 위치에 만족하지 못하고 우주의 아버지를 모방하여 스스로 창조 행위를 하고 싶어 하는 자였다. 실패로 끝난 지혜의 창조 작업은 데미우르고스Demiurgos를 낳았고, 그는 신의 영역에서 쫓겨나서 나중에 자신의 세계를 창조하려 했다.

이 열등한 창조신 데미우르고스는 그리스 철학에 등장하며 플라톤의 대화편 〈티마이오스Timaeus〉에서 중요한 역할을 담당한다. 일반적으로 영지주의는 데미우르고스가 자신을 유일한 하나님으로 착각하면서 참 하나님에 대한 지식이 없이 물리 세계를 창조했다고 주장했다. 데미우르고스는 참 하나님을 알지 못한 채 행동했기 때문에 그의 창조는 불완전하거나 심지어 악한 것으로 간주되어야 했다. 그래서 영지주의는 가시적인 경험 세계와 영적인 참 하나님의 세계를 구분하는 이분법을 주장했다. 기독교의 영향을 거의 받지 않고 유대교에서 유래한 것으로 알려진 세트파 영지주의는 창조신에 대해 심히 부정적인 견해를 갖고 있으며, 종종 셈족 이름인 얄다바오스Yaldabaoth라 부르기도 하고 이따금 바보 내지는 눈 먼 신으로 지칭하기도 한다. 얄다바오스는 흔히 다른 영적 존재들(마귀들)의 지도자요 인류의 적으로 묘사되곤 한다. 세트파 영지주의에 따르면, 얄다바오스는 욕정으로 괴로워하다가 하와를 강간하여 하와의 두 아들인 가인과 아벨의 아버지 노릇을 한다. 그리고 세트(셋)는 아담의 아들이므로 영적 인류의 원형으로 간주해야 한다고 말한다.[65] 이와 대조적으로 발렌티누스주의는 다른 영지주의들보다 데미우르고스를 긍정적으로 이해했고, 세계를 창조할 때 데미우르고스가 지혜를 위한 중개자 역할을 했다고 주장했다.

그렇다면 이런 피조 질서 안에서 인간의 위치는 무엇일까? 사람의 몸은 데미우르고스에 의해 창조되었음에도 불구하고, 그 속에 신적인 영이 있어서 가장 높은 하나님과 연결될 수 있다. 이 때문에 인간은 그들의 창조자보다 더 우월한 존재로 간주될 수도 있다. 인간 속에 있는 신적인 불꽃은 몸에서 해방되어 진정한 운명을 이루기를 갈망하는 귀소 본능을 갖고 있다. 데미우르고스가 창조한 몸은 감옥의 역할을 해서 인간으로 하여금 내면의 신적 영을 억누르거나 잊어버리게 한다. "몸은 곧 무덤이다*soma sema*"라는 말은 이런 관념을 잘 표현해준다. 하지만 만일 신의 사자가 개개인을 망각의 꿈에서 깨어나게 하고, 비밀스런 지식을 통해 그를 깨우쳐서 신적인 기원과 다시 연결해주면 이 불꽃은 깨어날 수 있다.

그래서 발렌티누스주의는 그리스도를 인간 속에 있는 신적인 불꽃을 일깨우고 본향으로 되돌아가게 해주는 구속적인 인물로 본다. 몸의 포로가 된 자들을 구원하기 위해 구원자는 "스스로 잉태되도록 허락하고 스스로 몸과 영혼을 가진 아기로 태어나도록 허락했다."[66] 테오도투스는 그 구원자 혹은 로고스가 충만한 영역에서 가시 세계로 내려와서 영적인 육신을 입은 것은 지상의 인간 속에 갇힌 영적 요소들이 신적 기원과 재결합할 수 있게 하기 위함이라고 가르쳤다.[67]

그러면 왜 교회는 그런 접근법을 배척했던 것일까? 왜 발렌티누스주의를 상당히 위험한 사상으로 여겼을까? 교회가 발렌티누스주의를 배척한 이유를 간단하게 설명하면, 의도적이진 않더라도 결과적으로 교회를 내부에서부터 전복하려는 시도로 보았기 때문이다. 이레나이우스가 발렌티누스에게 제기한 반론을 보면 그의 사상이 주류 교회의 사상과 얼마나 비슷한지 알 수 있다. 사실 발렌티누스파와 주류 교회 신도들은 똑같은 모임에 참석했고 똑같은 어휘를 사용했으며 똑같은 성경을 읽고 존중했으며 똑같은 성례에 참여했다.[68] 차이점은 이런 것들을 해석하는 방식에 있었다. 발렌티누스가 신약성경의 책들을 사용한 방법은 현대 학계의 주류들과 같다. 말하자면, 발렌티누스주의는 정경이 확정되는 과정에서 기독교 정통의 매트릭스 안에서 발생했던 것이다.[69]

발렌티누스는 스스로 기독교를 더욱 풍요롭게 만들고 있다고 생각했다. 그는 당대의 문화에 기독교의 호소력을 높이고 지적 깊이를 더하는 수단으로 영지주의 관념을 사용하고 있다고 확신했다. 대다수 발렌티누스파는 스스로 더 심오하고 더 영적인 기독교를 대변한다고 생각했다. 그러나 다른 이들은 그 사상이 기독교를 영지주의로 바꾸는 것이라 보았다. 결국 발렌티누스주의는 기독교를 영지주의자에게 우호적이 되게 만든 것이 아니라 정반대의 결과를 가져왔다. 발렌티누스의 성경 해석은 영지주의의 의미를 기독교 언어에 부과하는 것처럼 보였다. 발렌티누스는 세트파 영지주의에 비해 기독교적 감성에 많이 접근한 영지주의를 내놓았다. 그럼에도 여전히 영지주의의 한 형태였다.

이레나이우스는 발렌티누스와 그 진영에 대응하여 구원의 경륜을 주장했다. 창조로부터 최후의 완성에 이르는 모든 구원 사역은 동일한 하나님의 손으로 이루어졌다.[70] 창조자 하나님은 데미우르고스가 아니었고, 천상의 영역에서 사명을 받고 내려온 단순한 구속자도 아니었다. 이레나이우스는 당시 형성 중이던 삼위일체 교리의 중요성을 역설하면서, 이 교리야말로 한편으론 세계 역사를 가로지르는 신적 연속성을 설명해주고, 다른 한편으로는 성경의 본질적인 통일성을 안전하게 지켜준다고 주장했다. 물질은 본래 악한 것이 아니다. 그것은 하나님의 선한 창조물이다. 물질은 비록 타락했지만 앞으로 회복되고 새로워질 수 있다. 이레나이우스가 보기에 성육신 교리와 성례 집행은 물질을 본질적으로 악한 것으로 보는 영지주의의 관념을 명시적으로 부인하는 것이었다. 하나님은 친히 성육신하셔서 스스로 인간의 본성과 연합하기로 하지 않으셨던가? 교회는 물과 포도주와 떡을 하나님의 은혜와 임재의 상징으로 사용하지 않는가?

이 시점에서 이레나이우스의 관심은 교회와 영지주의를 확실히 구별하는 데 있었다. 그런데 이레나이우스의 눈에는 둘 사이에 방법론의 차이가 훨씬 더 심각해 보였다. 무엇보다 성경을 해석하는 방법이 문제였다. 발렌티누스가 성경을 해석하는 방법을 보면 영지주의자들이 기독교의 토대가 되는 문헌을 강탈하여 그 핵심을 영지주의 방식으로 해석했다는 결론이 나왔다. 그래서 이레나이우스는 발렌티누스주의가 기독교를 영지주의로 바꿔놓았다고 결론을 내린 것이다.

이와 같은 이레나이우스의 반응은 초기 기독교 사상에서 하나의 이정표를 이룬 것으로 인정받는다. 이레나이우스는 이단자들이 성경을 자기 입맛대로 해석한다고 주장했다. 반면에 정통 그리스도인들은 성경을 기록한 사도들이 승인했을 법한 방식으로 해석했다. 우리는 사도들로부터 교회를 통해 성경의 텍스트뿐 아니라 텍스트를 읽고 이해하는 방식까지 전수받았다는 게 이레나이우스의 주장이다.

진리를 알고 싶은 사람은 누구나 온 세계 모든 교회에 이미 알려진 사도적 전통을 숙고해야 한다. 우리는 사도들이 임명한 주교들과 오늘날 교회에 속한 그들의 후계자들을 열거할 수 있다. 그들은 이런 사람들이 상상하는 내용을 가르친 적도 없고 전혀 알지도 못했다. … 사도들은 이 진리를 본래의 충만한 상태로 저장소에 저장하여 원하는 사람은 누구나 생명의 물을 길을 수 있게 했다. 이것이 생명의 문이며 다른 모든 것은 도둑이요 강도이다.[71]

이레나이우스의 논점은 끊임없이 흐르는 물과 같은 기독교의 가르침과 삶과 해석이 사도 시대로부터 그의 당대까지 추적할 수 있다는 것이다. 교회는 여태까지 교회의 가르침을 유지해온 사람이 누구이고 기독교 신앙의 핵심을 진술하는 표준 신조가 무엇인지 알려줄 수 있다.

따라서 전통은 본래의 사도적 가르침에 충실한 것을 보증하는 보증인이고, 영지주의자들 편에서 성경 텍스트를 잘못 해석하는 오류에 대처하는 방어수단이다. 신약성경은 사도들의 가르침을 기술하고 있으며, 이는 사도들의 뜻에 따라 해석되어야 한다. 교회는 텍스트와 해석을 모두 잘 지켰고 그 둘을 후세에게 전수했다고 이레나이우스는 주장했다. 이런 발전 양상이 매우 중요한 이유는 이를 바탕으로 신조가 출현했기 때문이다. 여기서 신조란 기독교 신앙의 기본 진리에 관한 권위 있고 공적인 진술을 일컫는다. 이 논점은 5세기 초에 레랑의 빈켄티우스가 더욱 발전시켰는데, 그는 타당한 이유 없이 색다른 교리가 소개되는 것을 염려했던 인물이다. 그래서 당시는 그런 교리를 판단할 잣대가 되는 공적 표준이 필요했다.

사도적 전통에 호소하는 이레나이우스의 입장에서 특별히 흥미로운 점은 정통이 연대기적으로 이단보다 앞선다는 인식이다. 발렌티누스주의는 최근에 등장한 것인 만큼 그 출처와 온전함이 무척 의심스럽다는 생각이 거기에 담겨 있다. 이처럼 정통이 시간적으로 우선한다는 입장은 로마의 클레멘트, 안디옥의 이그나티우스, 그리고 순교자 저스틴의 글에서도 찾아볼 수 있다.[72] 앞서 살펴보았듯이 이 입장은 이단의 기원에 대한 발터 바우어의 설명에 심각한 의문을 제기하는 것이다.

앞에서도 언급했지만, 영지주의 저자인 바실리데스를 좇는 후대의 추종자들은 소위 그리스도인은 "더 이상 유대인도 아니고 아직 그리스도인도 되지 않은 상태"라고 주장했다.[73] 여기서 우리는 유대교에서 점차 멀어지고 더 순수한 기독교로 가까워진다는 영지주의의 관념을 보게 된다. 영지주의를 좇는 비판가들에게는 교회가 이 길을 따라왔으나 아직까지 유대교에 훨씬 더 가까운 상태에 있는 것으로 보였다. 이제 초대교회에서 기독교를 유대교의 뿌리로부터 완전히 단절시키려 했던 가장 유명한 운동, 마르키온주의에 대해 살펴보자.

마르키온주의: 유대교와 복음

기독교와 유대교는 과연 어떤 관계일까? 초기 기독교에서 상승세를 타기 시작한 모델은 이방인과 유대인의 소원이 그리스도 안에서 성취되었다고 보는 것이었다. 순교자 저스틴 같은 저자들은 나사렛 예수의 이야기만 따로 떼어서 할 수 없다는 입장을 강력하게 피력했다. 예수의 정체성과 중요성을 이해하려면, 다른 이야기들을 들려주고 그것들이 어떻게 서로 연결되어 있는지 탐구해야 했다. 그중 하나는 하나님의 세계 창조에 관한 이야기이다. 또 하나는 하나님이 이스라엘을 부르시는 장면에 관한 이야기이다. 세 번째는 의미와 의의를 추구하는 인간의 해묵은 욕구에 관한 이야기이다. 순교자 저스틴은 예수의 이야기가 이 셋을 모두 가로지르고 궁극적으로 세 가지를 모두 성취해준다고 믿었다. 예수는 다른 모든 이야기를 조망하는 초점인 동시에 마침내 모든 이야기가 수렴되는 초점이기도 하다.[74]

이 주제는 기독교 역사 내내 신학자들을 매료시켰는데, 특히 첫 5세기에 걸쳐 헬라어를 사용하는 교회 신학자들에게 매혹적으로 다가왔다. 이를 철학적으로 정교하게 만든 곳은 위대한 도시, 이집트의 알렉산드리아였다.[75] 위대한 고전 철학자였던 플라톤의 사상에 토대를 둔 여러 학파가 현상 세계 너머에 있는 이상 세계가 존재한다고 논증했다. 그런데 그 어렴풋하고 붙잡기 어려운 영역을 어떻게 알 수 있을까? 그들을 더 애타게 만들었던 질문은 과연 "거기에 어떻게 들어갈 수 있는가?" 하는 것이었다. 그래서 시간이 갈수록 로고스$_{Logos}$의 개념이 더 중요해졌다. 말씀$_{Word}$으로 번역할 수 있는 이 헬라어 단어는 전혀 다르지만 서로 연결된 두 세계 사이의 중보자를 가리키는 말이다. 그러면 이 둘 사이의 간격을 어떻게 메울 수 있을까? 누가 그 이상적인 영역을 일상 세계 속으로 가져올 수 있을까? 또는 누가 사람들을 현 질서로부터 저 너머에 있는 이상 세계로 데려갈 수 있을까?

알렉산드리아는 그리스 철학이 제기한 질문의 중요성을 잘 알되 그들 나름의 세계관에 충실했던 아주 교양 있는 유대인들의 고향이기도 했다. 이런 저자들에게 율법, 즉 토라는 굉장히 중요했다. 율법은 하나님의 뜻, 궁극적인 삶의 표준, 인간 본성의 참된 목표 등을 나타냈다. 그러나 유대교 내의 일부 사람들은 율법이 사물의 최종 상태를 표현한 것은 아니라고 주장했다. 그들에게 율법은 더 나은 무언가를 향해 가는 길목에 세워진 말뚝, 곧 중간 단계였다. 그들은 율법이 성취될 때를 기다렸다. 이스라엘의 소망이 하나님의 기름부음을 받은 자, 곧 메시아 안에서 성취될 것을 고대한 것이다. 모세와 같이 하나님과 얼굴과 얼굴을 마주 대하듯 그분을 아는 새로운 선지자가 나타나기를 기다렸다. 이스라엘의 위대한 군주였던 다윗 시대의 번영을 회복할 새로운 왕을 기다렸다. 아론의 혈통에서 마침내 자기 백성의 죄책을 깨끗이 씻을 새로운 제사장이 나오기를 기다렸다. 초기 기독교 저자들은 그리스도가 오심으로 오랜 소망이 성취되었다고 선포했다. 그분이 오셔서 한없이 이어질 것 같았던 진리를 향한 인류의 열망이 완전히 이루어졌다고 선포한 것이다. 그리스 철학과 이스라엘의 율법이 똑같이 나사렛 예수라는 인물 안에서 성취되고 초월된 것이다. 인간의 지혜와 하나님의 약속이 하나로 수렴되었다.[76] 교회가 새 이스라엘이 되면서 옛 언약과 새 언약 사이에는 근본적인 연속성이 생겼다.

이 사상은 1세기 말과 2세기 초 교회에서 점차 지배적인 자리를 차지했다. 바울은 그의 편지에서 성경(히브리 성경)이 하나님의 영감으로 쓰인 것임을 확증했고, 교회 내의 도덕적 지침으로서 그 중요성을 인정했다.⁷⁷ 바울은 나사렛 예수를 토라를 성취한 인물로 묘사했다. 그리고 훗날 다른 저자들은 나사렛 예수와 이스라엘의 역사가 어떤 관계가 있는지 더 깊이 이해할 수 있는 사상을 개발하기 시작했다. 이런 접근법을 보여주는 훌륭한 본보기로 바로 예표type의 개념을 들 수 있다. 예표란 신약성경의 한 측면, 특히 나사렛 예수를 예측하는 것처럼 보이는 사건이나 인물을 말한다.⁷⁸ 이 접근법을 보여주는 대표적인 예가 구리 뱀의 이야기(민 21:4-9)를 그리스도의 예징으로 해석한 순교자 저스틴의 글이다. 하나님은 모세가 우상을 세우기를 원치 않으셨을 테니 구리 뱀은 무언가 더 깊은 의미를 갖고 있었음에 틀림없다. 기둥 위에서 십자가 모양을 하고 있었던 만큼, 구리 뱀은 장차 십자가를 통해 마귀를 쳐부술 것을 보여주는 상징 내지는 예징이었다고 저스틴은 주장한다.⁷⁹

그러나 모든 사람이 이런 관점을 갖고 있었던 것은 아니다. 일부는 기독교가 유대교와의 연관성 때문에 성장이 지연되고 있으므로 교회가 그 전신에 해당하는 유대교와의 연결을 모두 끊어야 한다고 주장했다. 이 견해는 주후 160년경에 죽은 시노페의 마르키온의 글에 고전적인 유형이 진술되어 있다. 하지만 마르키온에 관해서는 알려진 것이 별로 없다. 그는 본래 소아시아의 폰투스(본도)에 있는 시노페 출신으로 130년대 말에 로마로 이주하여 선박 사업을 해서 부자가 되었다. 소아시아 지방에서 약간 의심스러운 과거를 갖고 있던 그는 로마 교회가 자기를 잘 영접해주기를 바라는 마음에 로마에 도착하자마자 교회에 상당히 큰 선물(20만 세스테르티우스)을 했다. 처음에는 로마 교회가 그를 잘 영접했던 것 같다. 그러나 마르키온은 유대교에 대한 급진적인 견해를 내세워 교회를 설득하는 데 실패하자 결국 교회와 관계를 끊고 스스로 다른 종교 공동체를 설립했다.

마르키온의 기본 주장은 구약성경의 하나님은 신약성경의 하나님과 동일한 분이 아니라는 것이다. 순교자 저스틴은 마르키온의 견해를 이렇게 요약했다.

아직까지 살아 있는 폰투스 사람 마르키온은 자기를 따르는 자들에게 창조주보다 더 위대한 다른 신을 경배하라고 가르쳤다. 이 사람은 귀신들의 도움을 받아 온갖 민족에 속한 많은 이들로 이 우주를 만드신 하나님을 부인하고 그분보다 더 위대한 다른 신이 더 위대한 일을 행했다고 고백하게 하는 등 신성모독적인 발언을 하게 했다.[80]

마르키온의 눈에는 기독교의 신 개념에 비추어볼 때 구약성경의 하나님이 좀 열등하고 결함이 있는 신으로 보였다. 게다가 두 신은 아무런 연관성이 없었다.

마르키온의 주장인즉 예수는 유대인의 창조주 하나님과 직접적인 관계가 없는 인물이므로 그를 유대의 하나님이 보낸 메시아로 생각해서는 안 된다는 것이다. 그 대신 예수는 예전에는 알려지지 않은 낯선 하나님, 곧 질투와 침략이 아닌 사랑을 특징으로 하는 하나님으로부터 왔다고 보았다.[81] 이레나이우스는 마르키온이 유대의 하나님을 가리켜 "악한 것을 창조했고 전쟁을 기뻐하고 변덕스럽고 일관성 없이 행동하는 자"라고 선포했다고 말한다.[82] 테르툴리아누스는 마르키온이 두 종류의 신, 즉 "하나는 엄격하고 호전적인 재판관이고, 다른 하나는 온유하고 부드럽고 친절하고 지극히 선한 신 등 계급을 달리하는" 두 신을 제안했다고 일러준다.[83] 히브리 성경에 나오는 창조주 하나님은 유대인의 신으로서 예수를 보낸 하나님과 완전히 반대되는 신이었다. 이 견해는 현재 사라지고 없는 마르키온의 〈안티테제Antitheses〉에 자세히 나와 있다. 이에 대해 로빈 레인 폭스는 이렇게 논평한다.

> [마르키온은] 창조주를 무능한 존재라고 주장했다. "그렇지 않다면 왜 여인을 출산의 고통으로 괴롭게 하겠는가?"라면서 말이다. 구약성경의 하나님은 악당과 이스라엘의 왕 다윗 같은 테러리스트를 좋아했던 열성적인 야만인이었다. 이와 대조적으로 그리스도는 더 고차원적인 하나님의 새로운 계시였다. 마르키온의 가르침은 기독교 신앙을 전혀 새롭게 묘사한 가장 극단적인 진술이었다.[84]

마르키온의 신학에 담긴 반反유대적 어조는 그가 구약성경에 깊은 적대감을 품고 있었다는 걸 보여준다.

이 세계와 세계를 창조한 존재에 대해 매우 부정적인 평가를 하는 것을 보면 마르키온과 영지주의 사이에 어떤 연관성이 있는 것 같기도 하다.[86] 마르키온은 물질세계를 너무나 혐오했기 때문에 이 세계의 구속주가 인간의 육신으로 오염되는 것을 도무지 생각할 수 없었다. 마르키온은 이런 면에서 나사렛 예수의 역사적이고 인간적인 측면을 평가절하한 도세티즘의 그리스도론에 친근감을 느꼈다. 예수의 인성을 최소화하거나 부인하는 것은 자연스럽게 예수의 유대적인 특성을 평가절하하거나 부인하는 것으로 이어졌다.

그런데 마르키온은 유대인의 하나님과 나사렛 예수의 하나님 간의 근본적인 차이를 강조하는 것으로 만족하지 않았다. 초기 그리스도인들이 권위 있는 문서로 널리 수용했던 것 가운데 훗날 정경으로 인정되어 신약성경이 된 많은 문서가 유대인의 성경을 폭넓게 언급했다. 그래서 마르키온은 이에 대응하여 나름대로 권위 있는 문서를 모았는데, 유대인의 사상으로 오염되었다고 생각한 저술은 모두 제외했다. 굳이 말할 필요도 없지만, 마르키온의 정경에는 구약성경이 한 권도 들어가지 못했다. 바울의 서신 열 편과 누가복음이 들어 있을 뿐이었다. 그것마저도 예수와 유대인의 하나님 사이에 모종의 연관이 있다고 암시하는 부분은 모두 삭제했다. 마르키온은 누가복음에서 수태고지受胎告知, 예수의 탄생, 그리스도의 세례, 시험, 족보, 베들레헴과 나사렛을 언급하는 모든 대목을 삭제했다.[87] 바울의 서신들 역시 유대교와 연관된 부분을 제거해야 했기에 편집 작업이 불가피했다.

그러면 마르키온은 스스로 성경의 내용을 바꿀 권한이 있다고 생각한 걸까? 이레나이우스는 분명히 그랬다고 생각하고, 감히 "공공연하게 성경을 절단하는" 마르키온의 주제넘은 행동을 신랄하게 비판했다.[89] 테르툴리아누스도 발렌티누스가 잘못된 강해를 통해, 그리고 마르키온이 텍스트를 수정하는 것을 통해 성경을 바꾸는 것을 비판했다. 전자는 궤변을, 후자는 칼을 사용했다.⁹⁰ 하지만 증거에 따르면 마르키온은 성경 편집 작업을 그런 식으로 보지 않았다. 오히려 누가복음이 이미 유대교에 동조하는 자들의 손에 조작된 상태였다고 보았고, 또한 그들이 바울의 서신들까지 손을 댔다고 생각했다. 그러므로 마르키온은 스스로 오염된 부분을 제거하고 텍스트를 본래의 상태로 회복시키고 있다고 생각했다. 오해를 피하기 위해 마르키온이 반反유대적 메시지를 강화할 목적으로 서신들 앞에 서문을 덧붙였다는 점을 지적해야겠다. 바울이 디도에게 보낸 편지에 붙인 마르키온의 서문을 읽어보면 구약성경에 대한 강한 적대감을 쉽게 간파할 수 있다. "[바울은] 디도에게 제사장직과 영적인 대화의 구성요소에 관해, 그리고 마땅히 피해야 할 유대인 성경을 믿는 이단들에 관해 경고하며 가르치고 있다."⁹¹

그러면 마르키온의 사상이 교회에 상당한 위협거리가 된 이유는 무엇일까? 가장 자명한 이유는 기독교의 뿌리가 유대교에 있다는 사실이었고, 무엇보다 마르키온이 나사렛 예수의 유대인 혈통을 부인하려고 했기 때문이다. 마르키온이 누가복음에 나오는 족보를 삭제했다는 건 나사렛 예수가 인간이었다는 점과 유대인이었다는 점을 받아들이려 하지 않았다는 걸 보여주는 강력한 상징이다. 마르키온에 따르면 유대교는 하나님에 대한 타락한 개념을 가진 종교이다. 이런 도전에 직면하여 기독교 신학자들은 구약성경에 대한 나름의 접근법을 개발했다. 구약성경의 도덕적, 종교적 통찰들을 존중하는 동시에 가나안 인종 청소 등 좀 더 문제가 되는 측면들은 중화시키는 접근법이었다.[92] 만일 마르키온의 의도대로 되었다면 아무 문제가 되지 않았을 것이다. 반면에 기독교 신앙의 역사적 탈구 현상이 일어나는 등 다른 문제들이 생겼겠지만 말이다. 마르키온은 복음을 아무 역사적 맥락도 없는 것으로 보았다. 그래서 아브라함을 부르심으로 시작된 하나님과 인간 간의 관계가 마침내 절정에 도달한다는 의식이 없었다.

그럼에도 마르키온주의가 그토록 매력적으로 보였던 이유는 쉽게 알 수 있다. 리처드 도킨스의 책 《만들어진 신 God Delusion》은 최근에 출판된 무신론자의 변증서 가운데 가장 성공한 작품이다. 이 책에서 도킨스는 하나님의 도덕에 대해 맹렬한 공격을 퍼붓는다. 도킨스가 믿지 않는 그 하나님은 "편협하고 부당하고 용서하지 않는 통제꾼이고, 복수심에 불타고 피에 굶주린 인종 청소꾼이고, 여성 차별자요, 동성애 공포증을 갖고 있으며, 인종 차별주의자이며, 영아 살해자요, 대량 학살자이며, 자식 살해자요, 악역을 도맡는 존재이며, 과대망상자요, 가학성과 피학성을 동시에 가진 자요, 변덕스럽고 남을 못살게 구는 존재"이다.[93] 도킨스가 비난의 대상으로 삼은 성경 자료는 모두 구약성경에서 끌어 온 것이다.[94]

일부 사람들이 기독교가 유대교와 관계를 완전히 끊으면 더 나을 뻔 했다고 생각한 이유를 어렵지 않게 알 수 있다. 사실 유명한 독일의 자유주의 프로테스탄트 신학자 아돌프 폰 하르낙Adolf von Harnack은 이 노선을 따라 1921년에 독일 기독교 안에서 마르키온을 복권하는 운동을 일으켜 논란을 불러일으키기도 했다.[95] 하르낙은 1880년경부

/ 독일의 자유주의 신학자이자 교회사 연구가인
아돌프 폰 하르낙(1851-1930)

터 독일에서 세력을 넓히던 극단적인 반유대주의에는 반대했으나, 유대인에 대한 그의 태도는 온정주의로 파악된다.[96] 애석하게도 마르키온주의는 반유대주의가 부활하는 곳이면 어디서나 부흥하게끔 되어 있는 것 같다. 이 사상은 나사렛 예수의 정체성과 관련된 이단일 뿐 아니라 유대 민족의 존엄성 및 역사적 중요성과 관련된 이단이기도 하다.

마지막으로 강조할 점이 한 가지 있다. 마르키온의 경력을 얘기할 때 흔히들 로마 교회에 의해 정죄를 받았다거나 축출되었다는 식으로 말한다. 그러나 이런 일은 결코 없었다. 오히려 로마 교회가 그의 견해를 받아들이지 않자 마르키온이 분노에 차서 교회를 떠났고, 교회는 그가 예전에 기부한 거액의 헌금을 즉시 돌려주었다. 그러니까 교회가 마르키온을 온전한 그리스도인이 아니라고 판단한 것이 아니라, 마르키온이 로마 교회를 온전한 기독교 공동체가 아니라고 생각하고 교회를 떠나 나름대로 순수한 종파를 창립한 것이다.[97] 마르키온은 제 발로 교회를 떠난 셈이다.

초기 이단에 대한 성찰

이번 장에서는 네 가지 초기 이단을 고찰했는데, 그중에 둘은 특히 로마에 있던 교회들과 강한 연줄을 맺고 있었다. 이 이단들은 몇 가지 공통분모를 갖고 있다. 물질은 근본적으로 악하다는 믿음이 도세티즘과 마르키온주의, 발렌티누스주의에서 공통적으로 발견된다. 이 셋은 모두 기독교의 본질을 희석하거나 왜곡하려 했던 다른 종교 집단들(유대교와 영지주의)과 기독교 간의 관계를 포함하고 있다. 그런데 이 세 가지 접근법을 볼 때 특별히 흥미로운 점은 이들이 교회가 영구적인 권위 구조를 개발하기 전, 여러 신조가 신앙의 개인적인 혹은 공식적인 진술로 등장하기 전, 신약의 정경에 대해 공식적인 합의에 이르기 전에 출현했다가 결국 이단으로 판정을 받았다는 사실이다. 많은 연구들이 마치 교회가 마르키온과 발렌티누스를 이단으로 선포한 것처럼 얘기하지만, 앞에서 지적한 것처럼 당시 상황은 훨씬 더 복잡했다.

2세기 전반에 교회가 어떻게 특정 운동들을 이단으로 인식했는지 그 과정에 대해서는 모르는 게 많다. 증거에 따르면, 신약의 초기 정경이 형성되는 과정과 비슷하게 의견이 확정되는 과정이 서서히 진행되었다. 당시만 해도 기독교 회중은 아주 다양했기 때문에 마르키온도 기존 교회를 떠나 자기 교회를 설립할 수 있었고, 발렌티누스 역시 일부 로마의 회중 속에서 사역을 계속할 수 있었다. 초대교회는 이처럼 조직상의 유동성을 갖고 있었기에 이단으로 추정되는 집단에 반대하여 조직적인 운동을 벌이기가 어려웠다. 로마 교회가 발렌티누스주의에 반대하는 조치를 처음 취한 것이 190년대이니, 발렌티누스주의가 등장하고 한 세대가 지난 뒤에야 대처를 한 셈이다.[98]

그러면 당시에는 어떻게 이단을 분별했을까? 어떤 절차를 거쳐 특정한 신학을 이단이라 판정했을까? 우리는 아직까지 초대교회 안에서 여론이 형성된 과정에 대해 충분히 알지 못한다. 그 과정을 알려면 초대교회의 복잡한 사회적 네트워크와 그 즈음에 통합된 실체로 모습을 드러내기 시작한 성경의 권위가 강화되던 현상, 순교자 저스틴 같은 여론 주도자들과 성직자들의 역할 등을 이해할 필요가 있다. 하지만 이런 의견들이 확정되어 결국 교회의 견해로 굳어졌다는 점은 의심의 여지가 없다.

앞에서 살펴보았듯이 발터 바우어는 정통파의 승리를 본질적으로 이데올로기적 사건으로 설명한다. 정말로 중요한 것은 권력이었다고 보는 것이다. 따라서 그들이 초기 기독교의 다양한 사상 가운데 어느 것을 증진하기로 결정하는가는 부차적인 문제였다고 본다. 서로 경쟁을 벌이던 여러 유형 가운데 어느 것을 정통으로, 어느 것을 이단으로 선언하는가 하는 문제는 각 사상의 지적 장점이 아니라 당시의 권력 정치에 달려 있었다는 것이다. 따라서 이단은 본래는 초기의 정통이었는데, 결국 막후 인물들의 지지를 받는 데 실패한 쪽라는 게 바우어의 주장이다.

그러나 역사적 증거는 바우어의 그림에 잘 들어맞지 않는다. 더군다나 신학적인 문제가 걸려 있었던 것도 분명한 사실이다. 또한 당시에 로마 교회를 포함한 제도권의 교회 구조가 비교적 약했다는 것을 고려하면, 각 사상의 질이 중요한 평가 기준이었다는 걸 알 수 있다. 특별히 교회의 정체성, 선교관의 지적 근거와 결과가 평가 기준이었다.[99]

그러면 후대에 등장한 이단들은 어떨까? 교회가 로마제국의 종교라는 다소 미심쩍은 위상을 얻은 뒤에, 즉 제국의 안정과 제국의 정책이 교회의 삶 및 사상과 맞물리게 된 상황에서 이단으로 선언된 사상들은 어떻게 봐야 하는가? 다음 장에서 모든 이단 중의 괴수라고 불리는 아리우스주의를 비롯하여 4세기와 5세기에 등장한 주요 이단을 살펴보도록 하자.

07

후기의 고전적 이단들:
아리우스주의, 도나티우스주의, 펠라기우스주의

아리우스주의, 도나투스주의, 펠라기우스주의는 모두 각자 나름대로 이해한 기독교 신앙을 변호하려 했고 성경에 근거를 두고 있었다. 각 그룹은 당시의 주류 정통파가 지닌 약점이나 문제점에 대응하여 중요한 입장을 전개했다. 문제는 동기가 아니라 신학적 탐구가 낳은 결과에 있다. 결국 그들의 여정은 막다른 골목으로 판명이 났다.

HERESY:
A HISTORY OF DEFENDING THE TRUTH

6장에서는 기독교회가 제국 문화의 변두리에 놓여 있던 시대, 탄탄한 리더십과 메커니즘 없이 신학적, 윤리적 규범에 대한 의식이 막 생기기 시작할 무렵에 출현했던 이단을 살펴보았다. 그런데 2세기 후반에 들어와서 기독교 세계 안에서 훗날 신약성경으로 인정될 일련의 텍스트들에 대한 합의와 텍스트를 해석하고 적용하는 방식에 대한 합의가 이루어지고 있었음을 보여주는 뚜렷한 증거가 있다. 설사 이단을 신학적 불확실성이나 혼동의 결과로 볼지라도, 그들의 대의명분은 정통의 초기 형태가 등장함에 따라 서서히 약화되고 있었다.

그러나 이미 강조한 것처럼, 이단의 뿌리는 신학 자료와 그것을 해석하는 방법을 둘러싼 혼동이나 모호함보다 더 깊은 곳에 있었다. 기독교 교리의 출현 과정은 새로운 길을 모색하는 탐색 여행에 비유할 수 있다. 이를테면, 나사렛 예수의 중요성을 표현하는 일이나 회심의 과정에서 하나님과 인간의 상호작용 같은 것이 거기에 속한다. 이 가운데 어떤 것들은 막다른 골목으로 판명되어 신학적 정통의 궤도에서 벗어난 것으로 선언되었다. 이 탐색 과정은 2세기에 원형적 정통의 출현과 함께 끝나지 않고 5세기 중반까지 계속 이어졌다.

그런데 4세기에 들어와서 새로운 요인이 작동하게 되었다. 기독교는 더 이상 제국 문화의 변두리에 위치한 운동이 아니라 제국의 공식 종교가 되었다. 정통과 이단은 이제 신학 논쟁을 넘어 사회적 결속과 통일성에 중요한 영향을 미치는 사안이었다. 신학은 제국의 정치에 말려들어 갔으며, 애초에 준비되지 않은 상태로 압력을 받기 시작했다.

제국 정치와 이단의 문제

4세기의 첫 20년간 로마제국에서 기독교 신앙의 위상에 극적 변화가 일어났다. 그전까지는 기독교가 전혀 호감을 얻지 못했었다. 실은 많은 사람에게 하나의 사회 문제로 보였다. 황제 숭배에 참여하길 거부하는 태도는 시민 불복종 행위로 해석되었고 제국의 사회적 결속을 위협하는 것으로 간주되었다. 종교를 뜻하는 라틴어 *religio*는 다함께 묶어준다는 뜻에서 유래했다.[1] 종교는 로마 사회를 다함께 묶어주는 풀과 같은 역할을 했다.[2] 그래서 공식 종교에 편입되기를 거부하는 그리스도인의 태도는 체제 전복 행위로 보였다. 그리스도인들은 무신론자로 묘사되기 시작했다. 달리 말하면, 공식 종교에 순응하기를 거부하는 사람들이란 뜻이었다.[3]

기독교에 대한 불신은 집요하지는 않았어도 산발적인 공격으로 이어졌고, 종종 지방의 로마 총독이 독자적으로 공격을 주도하곤 했다. 주후 249년에 데키우스 황제가 즉위하면서 그리스도인에 대한 로마의 공식적인 적대감이 상당히 고조되었다.[4] 데키우스 황제가 기독교를 혐오한 것은 로마가 옛 영광을 되찾으려면 고대의 이방 종교로 돌아가야 한다는 믿음 때문이었다고들 한다. 강한 로마에 대한 황제의 일념은 곧 전통적인 로마의 가치관과 믿음에 위협을 가하는 운동을 억압하는 것으로 이어졌는데, 그중에서도 기독교가 가장 거슬리는 운동이었다.[5] 데키우스가 취한 조치의 간접적인 표적에 불과했는지 모르지만, 어쨌든 기독교는 심하게 두들겨 맞았다.

주후 250년 6월에 공표된 데키우스 칙령은 지방의 총독들과 행정

관들에게 로마의 신들과 황제에게 제물을 바치는 의식을 치르라는 명이었다. 제사를 지낸 자들에게는 증명서 *libellus pacis*를 발급했다. 대개 이 칙령을 무시했지만, 일부 지방에서는 강요하기도 했다. 이 힘든 기간에 그리스도인 수천 명이 순교를 당했고 많은 이들이 심한 박해를 못 이기고 신앙을 버렸다. 박해는 데키우스가 군사 원정에서 죽임을 당한 251년 6월에 끝났다.

그 후 또 한 차례 심한 박해가 디오클레티아누스 황제 치하에서 일어났다. 303년 2월이었다. 그리스도인의 모든 예배 처소를 파괴하고, 책을 압수해서 불태우고, 모든 예배 행위를 중단시키라는 칙령이 공표되었다. 그리스도인 공무원은 모든 특권을 상실하고 노예로 전락했다. 저명한 그리스도인들은 전통적인 로마의 관행에 따라 제사를 지내라는 강요를 받았다. 디오클레티아누스가 그리스도인으로 알려진 자기 아내와 딸에게까지 이 명령을 따르도록 강요했으니, 당시 기독교가 얼마나 영향력 있는 종교로 변모했는지 알 수 있다. 이런 박해는 제국의 동쪽 지방을 다스렸던 갈레리우스를 비롯한 여러 황제들 치하에서도 계속되었다.

주후 311년에 갈레리우스는 박해를 중단하라고 명령했다. 박해는 결국 실패로 드러났고 그리스도인들이 로마의 이방 종교에 저항하는 결의를 다지게 했을 뿐이었다. 갈레리우스는 그리스도인들에게 다시 정상적인 생활을 하도록 허락하는 칙령을 내렸다. "그들이 공공질서를 어지럽히는 행동을 하지 않는 한 종교 집회를 열도록 허락하라."[6] 이 칙령은 기독교를 독자적인 종교로 인정했으며 완전히 법의 보호를 받게 해주었다. 그때까지 모호했던 기독교의 법적 지위가 비로소 해결된 것이다. 교회는 더 이상 강박 관념에 시달릴 필요가 없었다.

기독교는 이제 합법적인 종교였다. 하지만 많은 합법적인 종교들 가운데 하나일 뿐이었다. 갈레리우스의 죽음은 황제직의 계승을 둘러싼 치열한 싸움을 불러왔고 마침내 콘스탄티누스가 황제 자리에 올랐다. 막센티우스가 이탈리아와 북아프리카에서 권력을 장악한 뒤에 콘스탄티누스는 서부 유럽에서 군대를 이끌고 패권을 장악하려 했다. 결정적인 전투가 312년 10월 28일에 로마 북쪽에 있는 밀비아 다리에서 벌어졌다. 결국 콘스탄티누스가 막센티우스를 무찌르고 황제로 즉위했다. 콘스탄티누스는 자신의 승리를 그리스도인의 하나님의 권세 덕분이라 선언했고, 신앙에 대한 이해가 무척 피상적이긴 했으나 그때부터 기독교 신앙에 헌신했다.[7] 콘스탄티누스와 리키니우스는 313년에 밀라노 칙령을 공표하여 로마제국 전역에 종교의 자유를 허락하고 최근 박해 기간에 그리스도인에게서 압수한 재산을 돌려주라고 명령했다.

콘스탄티누스가 어느 시점에 기독교로 개종했는지는 분명하지 않다. 제국의 종교적 관용이라는 실용적 미덕을 높이 평가한 것으로 보이지만, 초기에는 기독교에 특별한 매력을 느끼지 않았다. 그러나 그의 개종은 상당한 의미를 함축하고 있었다. 얼마 전에 겨우 합법적인 종교로 인정받아 로마 사회의 변두리에서 그 모습을 드러낸 기독교가 졸지에 시민 생활의 전면에 나서게 되었다. 콘스탄티누스 황제의 개종은 로마제국 전역에서 기독교의 위상을 완전히 바꿔놓았다. 기독교는 로마의 국교가 되기 전에 합법적인 종교로 적응할 시간이 없었다. 그 결과 콘스탄티누스가 교회를 제국의 정책을 수행하는 도구로 이용하고, 제국의 이데올로기를 교회에 부과하고, 예전에 누렸던 독립성을 상당 부분 빼앗는 일이 비교적 수월하게 이뤄졌다. 주후 325년에 콘스탄티누스는 로마제국의 서부와 동부 지역을 모두 장악했고 제국의 수도를 비잔티움에 세웠다. 이 도시는 콘스탄티누스 사후에 그를 기려 콘스탄티노플로 이름을 바꿨다.

콘스탄티누스는 교회에 통일성이 결여되어 있다는 사실을 알고 무

/ 주후 1000년경에 제작한 콘스탄티누스 황제의 모자이크 (이스탄불 성 소피아 성당 소재)

척 당황했는데, 장차 제국을 하나로 만드는 역할을 제대로 수행할 수 없을지 모른다는 생각 때문이었다. 더욱이 아프리카 지방에서 일어나는 사건들은 골칫거리였다. 디오클레티아누스 황제의 박해 기간에 배교했던 자들에게 전혀 다른 태도를 취했던 두 기독교 집단 사이에 긴장이 고조되고 있었다. 기독교를 억압했던 디오클레티아누스의 정책은 상반된 반응을 끌어냈다. 제국의 동쪽 도시들에서는 기독교가 수적으로 너무 강해서 그런 정책에 위협을 느끼지 않았다. 반면에 로마가 점령했던 북아프리카는 교회가 비교적 약한데다 행정 구조가 아주 효율적이라 교회를 억압하는 일이 비교적 쉬웠다. 많은 성직자가 죽음의 위협 아래 배교했고, 신성한 텍스트를 넘겨주었으며, 로마의 황제 숭배에 굴복했다.

콘스탄티누스가 기독교를 합법적인 종교로 선포했을 때, 배교한 성직자를 어떻게 해야 할지를 둘러싸고 논란이 일었다. 공개적인 사과문과 철회 성명을 발표하게 한 뒤에 다시 성직을 되찾게 해야 하는가? 이에 대해 두 부류가 상반된 입장으로 대립했다. 배교자에게 엄격한 입장을 취하는 자들과 용서해주려는 온건파로 나뉜 것이다. 엄격주의자들은 그들이 315년에 카르타고의 주교로 선출한 도나투스의 이름을 따서 도나투스주의자로 알려졌다. 312년에 카이실리아누스를 카르타고의 주교로 선출한 일을 둘러싸고 논란이 일자 엄격주의자들은 콘스탄티누스에게 문제를 해결해달라고 요청했다. 결국 콘스탄티누스는 그 사안에 개입하길 거절하고 주교회의에서 문제를 처리하라고 담당자를 임명했다. 이때 생긴 악감정이 4세기 내내 부글부글 끓

다가 4세기 말에 다시 폭발했다. 도나투스 논쟁에서 생긴 신학적인 문제는 조금 있다 살펴볼 것이다.

여기서 중요한 점은 콘스탄티누스가 어떻게 교회의 분쟁에 말려들었는가 하는 것이다. 기독교는 제국의 종교로 새로운 위상을 갖게 된 만큼 교회의 통일성과 정체성이 국가의 중대사가 되었다. 그때까지만 해도 이단과 정통은 기독교 공동체 안에서만 중요한 개념이었다. 그런데 이제는 이 개념들이 중요한 법적 함의를 지닌 제국의 정치 문제가 되었다.[8] 이를 단적으로 보여주는 사례가 제국의 동부 지방에 있던 교회를 분열시킬 뻔했던 아리우스 논쟁에서 콘스탄티누스가 담당했던 역할이다. 콘스탄티누스는 이 논쟁을 해결하고자 325년에 친히 니케아 공의회를 개최했다. 얼마 지나지 않아 논쟁과 분열이 다시 불거져 나왔으니 정치적 차원에서 보면 실패한 움직임이었다고 할 수 있다.

이 책의 주제에 비추어볼 때 아리우스주의가 중요한 비중을 차지하는 만큼 잠시 후에 좀 더 자세히 다룰 생각이다. 어쨌거나 여기서 주목해야 할 점은 국가가 신학 논쟁에 깊이 관여하게 되었다는 사실이다. 이단은 더 이상 교회의 문제가 아니라 제국의 중대사가 되었다. 기독교가 로마제국의 종교 이데올로기로 자리를 잡음에 따라 정통과 이단 모두 정치적 실체로서, 아니 거의 법적 실체로서 새로운 위상을 덧입었다. 이전보다 더 중요한 이해관계가 걸린 문제였고, 이단을 다루는 문제는 과거 어느 때보다 중대한 사안이었다.

이번 장에서 우리는 이 시대에 등장한 세 가지 이단, 즉 아리우스주의, 도나투스주의, 펠라기우스주의를 살펴볼 것이다. 셋 다 제국 안에서 불화와 분열을 일으킬 여지가 있었다. 그러면 고전 시대의 가장 중요한 이단으로 꼽히는 아리우스주의부터 살펴보자.

아리우스주의: 그리스도의 정체성

초대교회가 직면했던 가장 큰 도전 중 하나는 나사렛 예수의 정체성에 대한 신약성경의 증언을 다함께 엮어서 하나의 통일된 신학으로 만드는 일이었다. 앞에서 살펴보았듯이 나사렛 예수의 의의를 이해하려 했던 한 부류는 기존의 유대교 안에 그를 맞추려는 에비온주의였다. 초기 그리스도인 중 다수가 유대인이었기 때문에 그들로서는 친숙한 개념 틀을 탐구하는 일이 무척 자연스러워 보였다. 예를 들면 선지자의 범주가 그러했다. 하지만 아주 초기 단계에서 기독교 신앙의 새로운 포도주를 유대교의 오래된 부대에 담을 수 없다는 게 분명해졌다. 유대교라는 옛 부대는 그리스도의 삶과 죽음과 부활로 말미암아 그리스도인에게 활짝 열린 놀라운 축복을 포착할 수 없다고 생각한 것이다.

유대교에서 물려받은 그리스도론적 모델들은 나사렛 예수를 하나님이 보낸 메시지를 전달하는 수단으로 보는 데 집중했다. 예를 들어 도세티즘의 그리스도론은 나사렛 예수를 인간과 하나님 사이에 있는 중개자로서 우리에게 하나님이 서명하고 봉인하고 공인한 메시지를 전달하는 존재로 간주한다. 그러나 계시를 강조하는 이런 입장은 나사렛 예수의 중요성 가운데 한 가지 측면만 수용할 수 있을 뿐이다. 가령 인류의 구원자로서 예수의 정체성은 어떻게 될까?

이 때문에 나사렛 예수를 신학적으로 천편일률적인 존재로 축소하지 않으면서 예수의 의의를 이해하는 최선의 방법을 찾기 위해 다른 틀을 탐구하는 이들이 있었다. 그중에서 전망이 밝아 보였던 한 가지 접근법이 로고스의 개념을 활용하는 것이다. 이 헬라어 단어는 당시의 철학에서 폭넓게 사용하던 것으로 종종 '말씀Word'으로 번역하지만, 말씀이란 단어가 시사하는 것보다 훨씬 더 풍부한 연상을 지닌 단어이다. 중기 플라톤주의는 로고스를 이상 세계와 현실 세계 사이에 있는 중보적 원리로 보았기 때문에 기독교 신학자들은 하나님과 인간 사이의 중보자로서 나사렛 예수의 역할을 탐구했다. 순교자 저스틴은 이 접근법이 예수의 중요성을 세속적인 헬레니즘 문화에 전달하는 데 무척 유익하다는 걸 알아챈 대표적인 인물이다.[9]

결국 교회는 나사렛 예수를 하나님의 대리인으로 보는 모든 관념을 결정적으로 반대했다. 아무리 존경하는 태도로 바라본다 해도 그런 관념은 결국 하나님을 이 세계에 부재중인 분으로 묘사하고 그리스도를 그분의 공인된 대변인으로 표현하는 것으로 끝나기 때문이었다. 그리스도를 이런 식으로 생각하는 것은 신약성경의 증언과 일치하지 않을뿐더러 교회가 예배 때에 그분을 경험하는 실제 경험과도 어울리지 않았다.

교회는 기존의 어떤 유추나 모델도 나사렛 예수의 중요성을 표현하는 데 적합하지 않다는 것을 깨달았다. 그래서 신학적 유산에 의존하지 않고 새로운 사고방식을 개발해야 한다고 보았다. 그 결과 성육신의 개념이 교회가 예수 그리스도를 이해하는 데 가장 중요한 개념으로 떠올랐다.[10] 이 개념은 저자에 따라 약간씩 다르게 개발되기는 했어도 기본 주제는 하나님께서 나사렛 예수를 통해 역사 속에 들어와서 인간의 본성을 입었다는 것이다. 이 개념은 당시 풍미하던 헬레니즘 철학의 여러 학파에게 상당히 어려운 철학적 문제를 안겨주었다. 아니, 어떻게 변치 않는 하나님이 역사 속에 들어올 수 있단 말인가? 그건 분명 하나님이 변화를 겪었다는 뜻이 아닌가? 당대의 철학자들은 변함없는 천상의 영역과 변화하는 피조물의 질서 사이에 분명한 선을 그었다. 하나님께서 일시적이고 변하기 쉬운 질서 속에 들어와서 거기에 거하신다는 관념은 도저히 상상할 수 없는 것이었고, 교양 있는 이방인이 기독교를 영접하는 데 상당한 걸림돌로 작용했다.

나사렛 예수의 중요성을 표현하기에 적절한 종교적, 철학적 범주를 탐구하는 과정은 4세기에 드디어 분수령을 이뤘다. 이 문제를 다루지 않을 수 없게 만든 논쟁을 불러일으킨 인물이 바로 이집트의 알렉산드리아에 있던 큰 교회에서 사제로 일하던 아리우스였다. 아리우스는 《연회*Thalia*》라는 책에서 자기의 견해를 발표했는데, 지금은 남아 있지 않다. 이 때문에 아리우스의 사상은 반대파의 저술을 통해 파악하는 수밖에 없다. 그런데 반대파들은 대개 아리우스의 저서에서 발췌한 내용을 일부만 인용하기 때문에 우리로서는 아리우스가 그런 사상을 개발하게 된 맥락을 충분히 파악하기가 쉽지 않다.

따라서 여기에서는 다음 네 가지 질문에 답하는 데 충실하려 한다. 첫째, 아리우스는 실제로 무엇을 가르쳤는가? 둘째, 아리우스가 그런 사상을 개발하게 된 요인은 무엇인가? 셋째, 그런 사상을 위험한 것으로 간주하고 이단이란 딱지를 붙인 이유는 무엇인가? 넷째, 아리우스의 견해를 이단으로 결정하기까지 교회는 어떤 과정을 거쳤는가?

아리우스의 가르침은 대개 비판을 위해 인용한 저술을 통해 알려졌지만, 기본 주제에 대해서는 논란의 여지가 없다.[11] 아리우스의 가르침은 전통적으로 다음 세 가지 기본 진술로 요약되는데, 각 개념은 상당히 많은 설명을 요구한다.[12]

1. 아들과 아버지는 동일한 본질*ousia*을 갖고 있지 않다.
2. 아들은 기원과 지위에 있어서 피조물 가운데 으뜸가는 존재로 인정되어야 하지만, 어디까지나 피조된 존재(*ktisma, poiema*)이다.
3. 아들이 여러 세계들의 창조자이므로 그것들보다 먼저 그리고 모든 시간보다 먼저 존재했음이 틀림없지만, 아들이 존재하지 않았던 때도 있었다.

아리우스 논쟁은 성경에서 증거 본문을 인용하는 일은 헛될 뿐 아니라 신학적인 정당성도 없다는 인식을 낳았다. 성경에서 몇 단락을 인용함으로써 신학 논쟁을 해결할 수 있다고 믿는 단순한 발상을 꼬집는 말이다. 아리우스의 신학적 입장은 분명히 성경의 텍스트에 근거를 두고 있었다. 예를 들어, 잠언 8장 22절은 하나님께서 창조를 시작할 때 지혜Wisdom를 갖고 있었다고 말한다. 바울은 그리스도를 구속받은 자들 가운데 맨 먼저 태어난 자(맏아들)로 묘사한다(롬 8:29). 문제는 아리우스가 이 텍스트들을 해석할 때 정통파에 속한 그의 대적들과 다른 방법을 사용한다는 점이다. 아리우스 논쟁에 관여한 양측 모두 자기네 입장을 지지해주는 듯한 텍스트들을 모을 수 있었다. 그러나 진짜 중요한 문제는 신약성경이 보여주는 전반적인 그림이었다. 사실 아리우스 논쟁은 성경의 텍스트들이 어떻게 하나의 앙상블로 합쳐질 수 있는가를 둘러싼 싸움이었다. 각 진영이 자기네 입장을 지지해주는 텍스트를 인용하는 데는 아무런 어려움이 없었기 때문이다.[13] 그런 텍스트들이 보여주는 전반적인 패턴을 파악하는 일이 결정적인 문제였다.

아리우스가 붙든 가장 근본적인 믿음은 예수 그리스도가 어떤 의미로든 신적인 존재가 아니었다는 데에 있다. 그는 피조물 가운데서 으뜸이었을 뿐이다. 탁월한 지위를 갖고 있지만, 신적인 존재가 아니라 하나의 피조물이었다는 뜻이다. 로고스로서의 그리스도는 사실상 요한복음의 서문에 나와 있듯이 세계의 창조에 관여한 대리인이었다. 하지만 그 로고스는 이 목적을 위해 하나님이 창조한 인물이었다. 그러므로 아버지가 아들보다 먼저 존재하고 있었다고 보아야 한다. "아들이 존재하지 않았던 때도 있었다." 이 진술은 아버지와 아들을 다른 수준에 놓고 있으며, 아들을 피조물로 간주하는 아리우스의 주장과 맥을 같이한다. 오로지 아버지만이 스스로 있는unbegotten 존재이다. 하지만 아들은 다른 모든 피조물과 같이 유일한 존재의 근원으로부터 파생된 존재이다. 그럼에도 불구하고 아리우스는 아들이 다른 모든 피조물과 비슷한 존재는 아니라는 점을 강조한다. 인간을 포함하여 아들과 다른 피조물 간에는 지위상의 차이가 있다. 아리우스는 이 차이를 자세히 밝히지 못했다. 그 아들은 "완전한 피조물이지만 다른 피조물과 같지 않고, 태어난 존재이지만 다른 태어난 존재들과 같지 않다."[14] 여기에 함축된 의미는 그 아들은 창조되고 태어난 다른 피조물의 속성을 공유하면서도 그들보다 지위가 높다는 것이다.

이처럼 아리우스는 하나님과 피조 질서 사이에 절대적인 선을 긋는다. 거기에는 중간적인 종種 내지는 잡종이 있을 수 없다. 아리우스에게 하나님은 완전히 초월적이고 변치 않는 존재였다. 그러니 어떻게 그런 하나님이 역사 속에 들어오고 성육신할 수 있겠는가? 반면에 피조물인 아들은 변할 수 있는 *treptos* 존재이고, 도덕적 발달이 가능한 *proteptos* 인물이며, 고통과 두려움과 슬픔과 피로를 느낄 수 있는 존재였다. 이런 면은 불변하는 하나님의 개념과 확실히 조화를 이루지 못한다. 변하기 쉬운 하나님이라는 개념은 아리우스에게 이단적인 것으로 보였다. 더군다나 성자 하나님이 신적 존재라는 관념도 유일신론과 하나님의 통일성이란 근본 주제를 타협하는 듯이 보였다. 물론 이는 나중에 초기 이슬람교의 중심 주제로 다시 떠오른다.

이런 노선을 추구한 아리우스는 하나님의 절대적 초월성과 접근불능성은 그분이 다른 어떤 피조물에 의해서도 알려질 수 없다는 뜻이라고 강조한다. 아들이 다른 모든 피조물보다 제아무리 높다 해도 어디까지나 피조물로 간주해야 한다. 그래서 아리우스는 아들이 아버지를 알 수 없다고 주장한다. "시작이 있는 이는 시작이 없는 이를 이해하거나 붙잡을 수 없는 위치에 있다."[15] 아버지와 아들 간의 근본적 차이는 후자가 아무 도움 없이 전자를 알 수 없다는 데에 있다. 아들은 다른 피조물과 마찬가지로 하나님의 은혜에 의지하여 그에게 주어진 역할을 수행할 뿐이다.

아리우스는 이처럼 나사렛 예수가 피조물 가운데 으뜸이었다고 선언하면서 그의 인성을 긍정적으로 보았다. 그리고 에비온주의처럼 예수가 어떤 의미로든 신적인 존재라는 것을 받아들이지 않았다. 그런데 에비온주의는 인간 속에 있는 하나님의 현존이라는 기존의 유대교 모델 안에서 예수의 중요성을 해석하려고 했다. 그중에서도 특히 선지자 또는 성령으로 충만한 사람이라는 개념을 동원했다. 이와 달리 아리우스는 나사렛 예수를 당대 그리스 철학의 유일신론에 맞추려고 애썼다. 즉 성육신의 개념을 변함없고 초월적인 하나님과는 어울리지 않는 것으로 아예 제쳐놓았던 것이다. 에비온주의와 아리우스주의는 비슷한 이야기를 하는 듯 보이지만, 사실은 그 출발점이 사뭇 다르며 상당히 다른 가정에 따라 움직인다.

아리우스가 원칙적으로 하나님은 성육신할 수 없다는 철학적 입장에 기초하여 나사렛 예수의 정체성을 해석한다고 흔히들 말한다. 이 논점도 어느 정도 일리가 있으나 온전한 설명은 아니다. 아리우스는 부분적으로 변증에 관심이 있었다. 즉 기독교가 성육신의 개념을 점점 더 강조함에 따라 교육 수준이 높은 그리스인들이 그 개념을 수용할 수 없기 때문에 다수가 기독교로부터 소외당하고 있다고 아리우스는 믿었던 것이다. 그리고 기독교에 대한 자신의 접근법이 정교한 철학과 책임 있는 성경 해석이 어우러진 세련되고 현명한 합작품이라고 보았다.

그렇다면 나사렛 예수의 정체성에 대한 이런 합리적 접근법이 왜 그토록 강한 비판을 받았던 걸까? 아리우스를 가장 끈질기게 비판한 인물은 알렉산드리아의 아타나시우스였다. 아타나시우스는 아리우스가 믿음과 예배 간의 밀접한 관계를 끊어버리는 등 기독교 신앙의 내적 통일성을 파괴했다고 생각했다.[16] 아리우스에 대한 아타나시우스의 비판은 다음 두 가지 요점을 근거로 한다.

첫째, 아타나시우스는 구원을 줄 수 있는 분은 하나님밖에 없다고 말한다. 오로지 하나님만이 죄의 권세를 깨뜨리고 인간에게 영원한 생명을 줄 수 있다. 인간 본성은 본래 구원이 필요하다. 어떤 피조물도 다른 피조물을 구원할 수 없다. 오직 창조주만이 창조물을 구속할 수 있다. 만일 그리스도가 하나님이 아니라면, 그는 문제의 일부이지 결코 해결책이 아니다.

하나님만이 구원할 수 있는 유일한 분임을 강조한 다음 아타나시우스는 아리우스주의가 대응하기 어려운 논리를 전개한다. 신약성경과 기독교의 의례적 전통은 똑같이 예수 그리스도를 구원자로 간주한다. 하지만 아타나시우스가 강조했듯이 오직 하나님만 구원할 수 있다. 그러면 우리는 이것을 어떻게 이해해야 할까? 이에 대한 유일한 해결책은 예수를 성육신한 하나님이라고 인정하는 길밖에 없다는 것이 아타나시우스의 주장이다.

아타나시우스(295-373). 그리스의 정통파 교부로 아리우스의 이론을 매섭게 논파하여 명성을 얻었다.

1. 어떤 피조물도 다른 피조물을 구속할 수 없다.
2. 아리우스에 따르면, 예수 그리스도는 하나의 피조물이다.
3. 따라서 아리우스에 따르면, 예수 그리스도는 인류를 구속할 수 없다.

아리우스는 그리스도가 인류의 구원자라는 사상을 굳게 붙들었다.[17] 아타나시우스는 아리우스가 이 점을 부인했다고 지적한 것이 아니라, 아리우스의 논지에 일관성이 없다는 점을 지적한 것이다. 구원은 신의 개입이 없으면 안 된다고 아타나시우스는 보았다. 그래서 요한복음 1장 14절의 의미를 이렇게 설명한다. "말씀이 육신이 되었다는 것은 하나님께서 인간의 상황을 바꾸기 위해 인간 안에 들어가셨다는 뜻이다."

아타나시우스가 주장한 두 번째 논점은 그리스도인들이 예수 그리스도를 예배하고 그분에게 기도한다는 것이다. 이 행동은 신약성경으로 거슬러 올라가며, 초기 그리스도인들이 나사렛 예수의 중요성을 어떻게 이해했는지를 보여주는 중요한 장면이다.[18] 4세기에 이르면 그리스도께 기도와 경배를 올리는 일이 공적 예배의 표준이 된다. 만일 예수 그리스도가 피조물이라면, 그리스도인들은 하나님 대신에 피조물을 예배하는 죄를 범하고 있는 셈이라고 아타나시우스는 주장한다. 달리 말하면, 그리스도인들이 우상숭배에 빠졌다는 뜻이다. 구약성경의 율법은 하나님이 아닌 그 누구도, 그 어떤 것도 예배하지 말라고 분명히 금하지 않았던가? 아리우스는 예수를 예배하는 관행에 대해 의견을 달리한 것은 아니었으나, 아타나시우스와 똑같은 결론으로 나아가지 않았다.

여기에서 관건은 그리스도인의 예배와 믿음의 관계이다. 정통파는 교회의 예배 행위와 완전히 일치하는 그리스도론을 유지한다. 그리스도인들이 예수 그리스도를 예배하고 경배하는 일은 옳은데, 이는 그분을 성육신한 하나님으로 인정하는 행위이기 때문이다. 만일 그리스도가 하나님이 아니라면, 그분을 예배하는 일은 전혀 합당치 못할 것이다. 만일 아리우스가 옳다면, 기독교의 예배는 가장 초창기의 기도 및 경배 행위와 관계를 끊는 등 근본적으로 바뀌어야 마땅하다. 아리우스는 전통적인 기도와 예배 방식을 모순된 것으로 만드는 잘못을 범하고 있는 듯했다. 예수를 예배하는 전통을 인정하면서도 예배의 진정성을 무너뜨린 것이다. 만일 아리우스가 옳다면, 그리스도인들은 그런 식으로 그리스도를 경배하거나 그분께 기도해서는 안 된다. 그리스도는 피조물 가운데 으뜸으로 존경을 받을 수는 있으나 예배의 대상이 되어서는 안 되기 때문이다.

여기서 우리는 이단의 근본 특징을 보게 된다. 겉으로는 신앙의 모습을 하고 있으나 신앙의 내적 정체성이 전복된 양상을 보이는 것이다. 앞서 살펴본 두 가지 점에만 초점을 맞추어도 아리우스가 한편으로는 그리스도가 인류의 구원자이고 교회가 그분을 예배해야 한다고 주장하지만, 다른 한편으로는 그분의 정체성을 구원이나 경배가 들어설 자리가 없다고 해석하는 것을 볼 수 있다. 이와 같은 신학과 행위 간의 명백한 긴장은 결국 분열을 야기하고 만다.

그러면 아리우스주의는 어떻게 이단으로 선포되었을까? 이즈음에서 앞에서 지적한 내용으로 돌아가 보자. 콘스탄티누스가 기독교로 개종하자 그간의 신학 논쟁이 정치적 성격을 띠고, 기독교가 제국의 종교로서 새로운 위상을 획득한 지점으로 말이다.[19] 콘스탄티누스는 아리우스 논쟁이 교회의 통일성을 위협하고 나아가 제국의 통일성을 위협한다고 보았다. 이제는 여기에 예전의 어떤 신학 논쟁보다 훨씬 더 많은 문제가 걸려 있었다. 콘스탄티누스는 문제가 해결되기를 바랐다. 그것도 신속하고 영구적으로 말이다. 하지만 콘스탄티누스는 교회 자체가 서로 경쟁을 벌이는 여러 집단으로 이뤄져 있어서 신속하고 영구적인 해결책에 도달할 수 없다고 보았다. 그래서 정치적 편의성과 효율성을 따르면서도 신학적 입장을 존중하는 가운데 그 문제를 해결하기로 결심했다. 증거에 따르면 콘스탄티누스는 결국 아타나시우스가 제기한 입장이나 아리우스가 제기한 입장 중 어느 하나를 가지고 문제 해결 작업을 진행할 수 있었는데, 후자를 선호했다고 한다. 콘스탄티누스는 자신의 역할을 분명히 했다. 교회 스스로 무엇이 옳은지 결정해서 분쟁을 끝내야 했고, 그가 할 일은 명료한 결론을 끌어내는 일이었다.

콘스탄티누스가 취한 갈등 해결 방법은 성경 시대 이후 기독교에서 유례가 없는 것이었다.[20] 그는 주후 325년 5월에 비시니아의 니케아에 모든 주교를 소환하여 공의회를 열었다. 당시에 동방 교회의 주교가 1,000여 명, 서방 교회가 800명 정도였던 것으로 추산된다. 그 회의에 참석했던 가이사랴의 에우세비우스Eusebius에 따르면, 그 가운데 250명만 참석했던 것으로 전해진다.[21] 황제가 공의회를 소집했다는 사실은 제국의 기독교 안에서 궁극적인 권위가 어디에 있는지를 분명히 보여주는 사건이었다. 더군다나 콘스탄티누스가 로마의 원로원 방식으로 회의를 진행하기로 함에 따라 그런 색채가 더욱 강해졌다.[22] 교회의 구조가 부지불식간에 국가의 구조에 맞춰지고 있었다.

결국 공의회는 투표를 통해 아리우스의 안을 결정적으로 부결시켰고,[23] 아리우스주의에 대한 명시적 대응책으로 기존 신조들의 확대판을 공인하였다. 일부 주교들은 좀 더 오래되고 변경 가능한 신조들을 갖고 싶어 했지만, 대다수는 아리우스의 가르침을 명시적으로 배척하는 방향으로 표결했다. 거기서 성부와 성자의 관계를 어떻게 설명할

후기의 고전적 이단들 **223**

수 있는지 많은 토론이 이루어졌다. 많은 이들이 '비슷한 본체의' 또는 '비슷한 존재의'라는 뜻을 가진 호모이우시오스*homoiousios*가 성부와 성자의 관계를 더 이상 추측할 필요 없도록 양자의 유사성과 친밀성을 표현해준다고 생각했다. 그러나 이 용어와 경쟁하던 '동일한 본질의'라는 뜻을 가진 호모우시오스*homoousios*가 니케아 공의회에서 우세한 위치를 점령했다. 공의회를 마감하는 최종 연설에서 콘스탄티누스는 분열을 조장하는 신학 논쟁을 혐오한다고 다시금 강조했고, 교회가 조화롭고 평화롭게 살기를 원하고 제국의 안정에도 기여하길 기대한다고 역설했다. 하지만 안타깝게도 그런 평온함은 유지하기 어려운 것으로 판명났고, 아리우스 논쟁의 불협화음은 한동안 계속 이어졌으며 나중에야 어느 정도의 해결책에 도달했다.

니케아 공의회는 아리우스주의를 결정적으로 배격했다. 그런데 콘스탄티누스가 아리우스의 견해를 더 좋아했다는 역사적 증거가 있다.[24] 그러면 왜 콘스탄티누스는 아리우스주의를 선호했을까? 이 의문에 답을 한 유명한 인물이 독일인 학자 에리크 피터슨Erik Peterson이다. 그는 1935년 로마제국 안에서 유일신론의 정치적 함의를 연구한 논문에서 유일신론은 단 하나의 합법적인 정치 권위를 의미한다고 지적했다.[25] 말하자면, 유일한 하나님의 '총체적이고 우주적인 권위*monarchia*'의 개념과 유일한 통치자의 총체적인 정치 권위 사이에는 직접적인 유비가 있다는 것이다. 아리우스파는 신적인 군주 개념을 지지함으로써 로마제국에서 콘스탄티누스가 누리는 최고의 정치적, 종교적 권위를 신학적으로 뒷받침해준 셈이다.

그런데 피터슨이 지적한 것처럼, 그리스도의 정체성에 대한 정통 교리와 삼위일체의 교리는 모두 유일신론적인 정치 이데올로기를 약화시켰다. 왜 그럴까? 두 교리 모두 신의 권위에 버금가는 권위가 지상에는 없다고 주장함으로써 절대적인 황제의 권위에서 신학적 정당성을 앗아갔기 때문이다. 최근 들어 피터슨이 내놓은 역사적 분석이 정확성과 타당성 면에서 심각한 비판을 받고 있긴 하지만,[26] 위르겐 몰트만(Jürgen Moltmann)을 비롯한 대표적인 신학자들은 아리우스가 주장한 것과 같은 절대적 유일신론이 정치적 권위주의에 신학적 토대를 마련해주었다는 견해를 옹호했다.[27]

만일 아리우스가 논쟁에서 이겼다면 기독교는 어떤 모습을 갖게 되었을까? 분명히 짚고 넘어갈 점은 아리우스가 주장하던 이론이 거실 의자의 위치나 색깔을 바꾸는 것처럼 기독교 신앙의 신학적 가구를 재배치하는 정도의 사소한 문제가 아니었다는 점이다. 그리스도의 정체성에 대한 아리우스의 견해는 아타나시우스를 비롯한 정통파의 견해와 너무 달랐기 때문에 별개의 종교를 창설했다고 말할 수밖에 없다. 사실 아리우스주의 기독교는 신의 개념이나 창시자의 종교적 역할에서 정통 기독교보다는 이슬람교에 훨씬 더 가까웠다. 절대적인 신적 군주의 개념은 지상과 천상에서의 절대 권위를 가리키는 만큼 중요한 정치적 의미를 담고 있다.

가장 중요한 점은 아리우스파가 하나님의 불가사의한 면을 강조했다는 사실이다. 하나님과 피조 세계 사이에는 절대적인 존재론적 간극이 있었다. 그리스도는 피조물인 만큼 하나님에 대한 직접적 지식이 없었으므로 하나님에 대한 직접적이고 믿을 만하고 권위 있는 계시를 중재할 수 없었다. 하나님의 뜻은 그나마 노력하면 알 수 있을지도 모른다. 하지만 하나님의 얼굴은 여전히 돌려져 있어서 알 수 없다. 아리우스주의가 내세운 신적 계시의 개념은 이슬람교의 교리와 비슷하며, 계시하는 자가 과연 계시되는 자를 나타낼 능력과 권위가 있는지 심각한 의문을 제기한다.

반면에 기독교 정통파가 제시한 신학적 틀은 그리스도를 하나님을 계시하는 자로 공인했고, 계시하는 자와 계시되는 자 간의 확실한 연결고리를 제공했다. 이를 대놓고 표현하자면 이렇게 말할 수 있다. "만일 그리스도가 하나님이라면, 그리스도는 하나님이 어떤 분인지 그리고 하나님이 원하는 것이 무엇인지 모두 나타낼 수 있다." 하나님의 얼굴과 뜻은 성육신한 하나님의 모습과 예수 그리스도에 대한 니케아의 해석으로 말미암아 접근이 가능하게 된 셈이다. 그러나 아리우스는 그리스도가 어떤 의미로든 하나님일 수 없다고 주장했다. 더군다나 그리스도가 하나님을 직접 '아는' 인물인 것처럼 주장해서는 안 된다고 했다. 다른 피조물과 마찬가지로 그는 하나님을 간접적으로 알 뿐이며, 다른 인간들보다 하나님을 아는 지식의 양이 많을지는 모르나 질적인 차이는 없다고 말이다.

정통파는 그리스도를 하나님과 인간 사이의 중보자로 이해했고, 참 하나님이자 참 인간인 그의 이중적 본성은 양자를 이어주는 확실한 다리와 같다고 생각했다. 오로지 하나님만이 하나님의 얼굴과 뜻을 인간에게 나타낼 수 있다. 그리고 오직 하나님만이 인간을 구원할 수 있다. 이런 의미에서 예수 그리스도에 대한 니케아의 설명은 계시와 구원의 실제성을 확보했다고 할 수 있다. 그러나 아리우스주의는 하나님이 계신 곳에 이를 만큼 긴 다리를 제공하는 데 실패했다. 즉 하나님과 연결되지 못함으로 말미암아 인간에게 하나님을 아는 참 지식을 주지도 못했고 복음이 약속한 구원도 제공할 수 없었다. 아리우스는 그리스도에게 하나님을 아는 직접적인 지식이 없었다고 믿었다. 대신에 그리스도는 하나님에 대한 간접적인 지식만 중재할 수 있었고, 이는 다른 인간들의 지식보다 더 많은 양일지는 모르지만 후자와 동일한 종류일 뿐이라고 생각했다.

아리우스와 그 지지자들은 나사렛 예수가 실제로 하나님을 계시했다고 믿었고, 기독교를 구원의 종교로 얘기하는 것이 합당하다고 분명히 주장했다. 그렇지만 그들이 하나님의 본성과 그리스도의 정체성과 관련해 내놓은 개념을 보면 사상에 일관성과 안정성이 없다는 것을 알 수 있다. 아리우스파는 기독교가 선포한 몇몇 핵심 진리를 뒤집어버렸고, 정통파가 제시한 실제적인 진리 대신에 일종의 열망을, 실체 대신에 그림자를 내놓는 데 그쳤다. 때때로 흐릿하게만 보이는 부활한 그리스도를 충만한 모습 그대로 묘사하고, 그 찬란한 영광을 올바른 언어와 사상으로 표현하는 것은 지극히 어려운 일이다. 아리우스가 사용한 언어와 사상은 결국 이런 면에서 실패했다는 판정을 받은 셈이다. 도로시 세이어즈Dorothy L. Sayers는 이 논점을 강하게 표현했는데 충분히 타당한 의견이다.

중심 교리에 해당하는 성육신은 상관성 여부를 좌우하는 기준이 된다. 만일 그리스도가 사람에 불과하다면, 하나님에 관한 사상과 전혀 상관없는 존재이다. 만일 하나님에 불과하다면, 인생이 겪는 경험과 전혀 상관없는 존재가 되고 만다. 그렇기에 상관성을 가능케 하려면, 가장 엄격한 의미에서 누구든 우리 주 예수 그리스도의 성육신을 똑바로 믿는 일이 반드시 필요하다.[28]

도나투스주의: 교회의 본질

두 번째로 살펴볼 이단은 교회 및 성례와 관계가 있는 도나투스주의이다.[29] 앞에서 언급했듯이 로마 황제 디오클레티아누스의 치하에서 교회는 다양한 괴로움과 박해를 당했다. 아주 명백한 역사적 증거는 없지만, 이 박해에 반응하여 아프리카 교회 안에 소위 순교 문화가 배양되어 교인들이 로마 당국의 박해와 처형을 일부러 자초했던 것 같다.[30]

이는 아프리카 교회 안에서 상당한 논란을 불러일으켰다. 카르타고의 주교였던 멘수리우스Mensurius와 부주교였던 카이킬리아누스Caecilianus는 미친 듯이 순교를 열망하는 태도를 강력히 반대하는 입장을 취했다. 하지만 다른 이들은 이런 입장이 그리스도인을 박해하는 로마 당국에 협력하도록 조장하는 것이라고 보았다. 이 때문에 감정이 크게 격앙되었다. 당시에 특별히 중요한 문제로 떠오른 것은 신성한 텍스트를 당국에 양도했던 기독교 지도자들이었다. 주후 303년의 칙령 아래서 기독교 지도자들은 책을 불태우도록 당국에 넘기라는 명령을 받았다. 명령에 따른 기독교 지도자들은 배교자(traditor, 책을 넘겨준 자)라 불렀다.[32] 그 결과 배교자들과 순교를 이상으로 만든 자들 사이에 긴장이 고조되었다.[32] 멘수리우스도 비판가들로부터 배교자라는 비난을 받았으나, 본인은 어쩌다가 손에 들어온 이단 서적 몇 권을 넘겨주었을 뿐 신성한 텍스트는 하나도 양도하지 않았다고 주장했다.

콘스탄티누스의 즉위와 함께 박해는 끝이 났다. 그러나 그 후유증으로 민감한 사안이 수면에 떠올랐다. 박해 기간에 배교에 빠졌거나 스스로 타협한 사람들을 어떻게 다루어야 하는가? 특히 압력에 못 이겨 배교에 빠진 기독교 지도자들이 심각한 문제였다. 일부는 그들을 축출해야 한다면서 강경 노선을 취했다. 하지만 멘수리우스는 일생 동안 배교한 자들을 관대하게 대했다. 아프리카에서 고참 주교로 널리 인정받았기 때문에 멘수리우스의 견해는 이 문제를 바라보는 관점에 중요한 영향을 미쳤다.

멘수리우스는 주후 311년에 죽었다. 이제 누가 후계자가 될 것인가? 루실라Lucilla라는 부유하고 영향력 있는 과부를 필두로 하는 강경론자들과 누미디아 주교들은 배교한 자들에게 강경 노선을 취하고 순교자 숭배에 호의적인 인물이 계승하기를 원했다. 누미디아 사람들은 민족주의적 열망을 지닌 채 로마에 점령당한 옛 베르베르 왕국을 대표했다. 누미디아 주교들의 눈에는 멘수리우스가 로마 식민주의자들에게 지나치게 호의적이었던 것으로 보였다. 그래서 이번에는 누미디아 사람이 카르타고의 주교가 되어 확고한 도덕적 리더십을 발휘해야 한다고 생각했다.

그런데 좀 더 온건한 무리들이 이런 상황을 간파하고 누미디아 대표진이 도착하기 전에 재빨리 움직여 카이킬리아누스를 주교로 선출했다. 카이킬리아누스의 서임식은 배교자로 낙인 찍힌 압퉁가의 주교 펠릭스를 포함하여 주교 세 사람이 거행했다. 그 지방의 많은 그리스도인은 펠릭스 같은 사람을 수임식에 참석하게 한 것에 분개하여 카이킬리아누스의 권위를 인정할 수 없다고 선언했다. 누미디아 주교들도 그의 수임을 인정하지 않았고, 박해의 압력 아래 배교했던 인물에게 수임을 받았다는 이유로 그의 품위가 손상되었다면서 선거를 다시 해야 한다고 주장했다. 가톨릭교회의 성직 제도에 흠집이 생기고 말았다. 교회는 순결해야 하므로 그런 사람을 수용해서는 안 되었다. 누미디아 주교들은 카이킬리아누스에게 자기들 앞에서 선출과 수임에 대해 해명하라고 요구했다. 카이킬리아누스가 나타나지 않자 엄격주의자들은 그를 출교시켰고 그 자리에 마요리누스Majorinus를 임명했다. 마요리누스는 주후 313년에 죽었고, 그 지방에서 상당한 지지를 받은 도나투스Donatus가 그의 뒤를 이었다. 그런데 콘스탄티누스가 이 논쟁에 관여하여 카이킬리아누스 편을 들었다. 그래서 북아프리카 교회는 둘로 나뉘었고 그중 더 큰 쪽이 도나투스를 따랐다.

이 논쟁은 3세기 아프리카 교회를 대표하던 한 인물의 신학에 담긴 양면성과 긴장으로 말미암아 새로운 불이 붙었다. 바로 순교당한 카르타고의 주교 키프리아누스Cyprianus였다. 키프리아누스는 251년에 《가톨릭교회의 통일성Unity of the Catholic Church》에서 두 가지 근본 원리를 주장했다.³³ 첫째, 교회의 분립은 절대로 정당화될 수 없다. 그 어떤 구실이나 이유로도 교회의 통일성은 깨뜨릴 수 없다고 그는 주장했다. 교회의 울타리 밖으로 나가는 것은 곧 구원의 가능성을 상실하는 것이다. 요컨대 키프리아누스는 "교회 바깥에는 구원이 없다"고 보았다.³⁴

둘째, 따라서 배교한 주교나 분열을 일으킨 주교에게서 성례를 집행할 권한이나 교회 성직자로서의 권한을 박탈해야 한다. 그들은 교회의 영역 바깥에 서기로 선택함으로써 영적인 은사와 권위를 잃었다고 키프리아누스는 주장했다. 따라서 누구든 그들에게 안수하도록 허락해서는 안 된다. 나아가서 혹시 그들이 세례를 주었거나 안수했거나 수임한 사람이 있다면, 그는 다시 세례를 받거나 안수를 받거나 수임을 받을 필요가 있다.

그런데 디오클레티아누스의 박해가 누그러진 뒤에 심각한 문제가 다시 불거졌다. 만일 주교가 박해의 압력을 받아 배교했다가 나중에 회개를 했다면 어떻게 할 것인가? 이에 대한 키프리아누스의 이론은 다소 모호했고 상당히 다른 두 가지 해석이 가능했다. 첫째, 그 주교는 잘못을 저지름으로써 배교(apostasy, '떨어져 나가다'라는 뜻)의 죄를 범한 셈이다. 따라서 자신을 교회 경계선 밖에 두었기 때문에 더 이상 성례를 효과적으로 집행할 수 없다. 둘째, 그 주교는 회개함으로써 은혜로 회복되었고 따라서 계속 성례를 효과적으로 집행할 수 있다. 도나투스파는 첫 번째 입장을 수용한 반면에, 가톨릭파(도나투스파를 대적한 이들은 이 이름으로 널리 알려졌다)는 두 번째 입장을 취했다.

도나투스파는 가톨릭교회의 성례 제도 전체가 지도자들의 배교로 말미암아 이미 타락한 상태라고 믿었다. 그런데 어떻게 이처럼 타락한 사람들이 성례를 효과적으로 집행할 수 있단 말인가? 그러므로 이 사람들을 좀 더 수용할 만한 이들, 곧 박해 아래서도 믿음을 굳게 지킨 자들로 대체할 필요가 있었다. 아울러 배교에 빠졌던 이들에게 세례와 안수를 받은 사람들에게 다시 세례와 안수를 하는 일도 필요했다.

4세기 초의 상황으로 보건대, 합법적인 신학 논쟁이 정치적 함의로 말미암아 훨씬 더 복잡하고 미묘한 뉘앙스를 띠게 된 건 자명한 사실이다. 도나투스파는 베르베르 토착민들인 데 비해 가톨릭파는 주로 로마의 식민주의자들이었다. 따라서 배교자들을 관대히 대하고 관용을 베풀라고 촉구한 사람들은 대체로 로마의 통치를 지지하는 쪽이었다. 후기 고대에 로마가 점령했던 아프리카의 복잡한 인종 구성을 감안하고,[35] 그 지역에서 끓고 있던 민족주의적이고 반식민주의적인 정서를 고려하면, 신학적 의제가 정치적 긴장과 맥을 같이할 수밖에 없었다. 그래서 흔히 이단 운동은 억압당하던 민족주의와 연계되어 있다고들 주장해왔다. 어떤 이단을 가리켜 사회 운동 내지는 민족 운동이 신학 운동으로 탈바꿈한 것이라는 식으로 말한다면 분명 틀린 소리이겠지만, 신학적 접근이 사회적 내지는 정치적 의제와 쉽게 연루될 수 있다는 주장은 충분히 근거가 있다.

이런 문제는 거의 한 세기가 흘러 아우구스티누스가 주후 396년에 로마령 북아프리카에서 히포의 주교로 수임되었을 때에도 사라지지 않았다.[37] 아우구스티누스는 도나투스파의 도전 앞에 그들의 가르침보다 신약성경에 더 확고한 근거를 두고 있다고 믿었던 교회론을 제시함으로써 대응했다. 특별히 아우구스티누스는 그리스도인의 죄성을 강조했다. 교회는 본래 순결한 몸, 곧 성도들만의 공동체가 아니라 성도들과 죄인들로 구성된 혼합된 몸corpus permixtum이 되게 되어 있었다.[38] 아우구스티누스는 이 이미지를 성경에 나오는 두 가지 비유에서 찾는다. 하나는 많은 물고기를 잡는 그물의 비유이고, 다른 하나는 곡식과 가라지의 비유이다. 이 중에서 특히 중요한 것은 후자(마 13:24-31)이므로 이에 관해 좀 더 살펴보자.

한 농부가 씨를 뿌렸는데 추수할 때 보니 곡식과 가라지가 함께 있었다. 이제 어떻게 할 것인가? 자라는 동안에 둘을 갈라놓으려고 하면, 가라지를 뽑으려다 곡식을 상하게 해서 재난을 자초하고 말 것이다. 그러나 추수 때가 되면 곡식이든 가라지든 모든 식물을 벤 다음 곡식을 상하지 않게 가라지를 골라낼 수 있다. 이처럼 선한 것과 악한 것을 분리하는 일은 역사가 진행되는 동안이 아니라 마지막 때에 일어난다. 아우구스티누스는 이 비유가 세상에 있는 교회를 가리킨다고 생각했다. 교회에는 성도와 죄인이 공존하고 있다는 걸 예상해야 한다. 이 세상에서 양자를 분리하려 하는 것은 시기상조라는 말이다. 골라내는 일은 역사의 마지막 때에, 즉 하나님이 정하신 때에 일어나게 되리라. 어느 인간이라도 하나님을 대신하여 그런 심판이나 분리를 실행할 수 없다.

이와 관련된 성경 단락은 장차 나사렛 예수가 타작마당에 서서 알곡은 곳간에 들이고 쭉정이는 꺼지지 않는 불에 태울 거라 말하는 세례 요한의 예언이다(마 3:11-12). 이 대목은 어떻게 해석할 것인가? 두 가지 전혀 다른 접근법이 제시되었다.³⁹ 도나투스파는 알곡과 쭉정이를 모두 갖고 있는 타작마당이 넓은 세상을 가리킨다고 해석했다. 분리 과정으로 교회는 순결한 자의 공동체가 되었고, 쭉정이는 세상에 남게 되었다는 것이다. 아우구스티누스는 교회 자체가 타작마당이고, 교인들 가운데는 알곡과 쭉정이가 모두 포함되어 있다고 해석했다.

그렇다면 교회를 거룩하다고 부르는 것은 어떤 의미인가? 아우구스티누스는 그 거룩함이 교인들의 것이 아니라 그리스도의 것이라고 보았다. 교회는 이 세상에서 성도들의 회중이 될 수 없는데, 교인들이 모두 원죄로 얼룩져 있기 때문이다. 하지만 교회는 그리스도에 의해 거룩하게 되었다. 그리고 이 거룩함은 장차 최후의 심판 때에 완전하게 실현될 것이다. 거룩함을 신학적으로 분석한 아우구스티누스는 이어서 도나투스파가 자신들의 높은 도덕적 표준에 따라 사는 데 실패했다고 지적했다. 그들은 자신들이 도덕적으로 타락했다고 비판한 대적들의 도덕 수준을 넘지 못하고 있다는 게 아우구스티누스의 주장이었다.

아우구스티누스는 성례의 신학에 대해서도 비슷한 논점을 전개했다. 도나투스파의 입장은 이랬다. 세례와 성찬은 도덕적으로나 교리적으로 순결한 사람이 집행할 때에만 효과가 있다. 이런 태도는 시르타의 도나투스파 주교였던 페틸리안이 402년에 아우구스티누스에게 쓴 편지에서 볼 수 있는데, 편지에서 페틸리안은 성례의 효력이 전적으로 성례를 집행하는 사람의 도덕적 성품에 달려 있다는 주장을 길게 펴고 있다.

이에 대해 아우구스티누스는 도나투스파가 인간 대리인의 성품은 지나치게 강조하고 예수 그리스도의 은혜는 충분하게 다루지 않는다고 주장했다. 타락한 인간은 누가 순결하고 불결한지, 누가 훌륭하고 훌륭하지 못한지 판단할 수 없다는 게 아우구스티누스의 주장이었다. 이 입장은 교회를 성도와 죄인의 혼합된 몸으로 보았던 견해와 완전히 일치한다. 아우구스티누스는 성례의 효능이 성례를 집행하는 개인의 공로가 아니라 애초에 성례를 제정하신 예수 그리스도의 공로에 있다고 강조했다. 따라서 성례의 효력은 성례를 집행하는 사람의 공로와는 무관하다. 평판이 좋은 인물이 성례를 집행하면 목회적으로 좋을지 모르지만, 반드시 그래야 할 신학적인 이유는 없다. 그리스도야말로 성례의 효능을 보장하는 궁극적 보증인이고, 목사는 부차적인 역할만 수행할 뿐이다.

그러면 도나투스주의를 그저 잘못된 의견 정도로 치부하지 않고 이단으로 규정한 이유는 무엇일까? 왜 도나투스파는 4세기의 로마령 북아프리카에서 기독교회가 직면했던 복잡한 사회 및 정치 상황에서 쉽게 설명할 수 있는 단순한 오해나 과도한 반응 정도로 취급되지 않은 것일까?[40] 도나투스파가 제기한 위험을 이해하려면, 교회의 본질과 성례의 유익에 대한 이들의 견해를 좀 더 자세히 고찰하는 것이 좋을 것 같다.

도나투스와 그의 추종자들은 교회와 성례 제도의 효능이 교회 대표자의 도덕적 혹은 종교적 순결에 달려 있다고 주장했다. 말하자면, 기독교 복음의 은혜와 치유의 능력이 교회와 목사들의 순수성에 달려 있는 것으로 이해했던 셈이다. 아우구스티누스가 보기에 이런 시각은 간접적으로 구원의 근거를 그리스도의 은혜가 아닌 인간의 순결에 두는 것이나 마찬가지였다. 목사와 성례는 하나님의 은혜를 전달하는 통로이지 동인이 아니다. 도나투스파는 인간의 구원을 예수 그리스도의 죽음과 부활이 아니라 거룩한 인간 대리인에게 의존하게 할 위험이 있었다. 그렇게 되면 그리스도는 구원을 확보하거나 지탱하는 사역에서 이차적인 역할을 할 뿐이고, 인간 대리인이 가장 중요하고 일차적인 역할을 수행하게 되는 셈이다.

여기서 우리는 아우구스티누스가 이해했던 기독교 신앙의 핵심 주제를 보게 된다. 인간의 본성은 타락했고 손상되었고 부서지기 쉬워서 이를 치유하고 회복하는 하나님의 은혜가 필요한 상태라는 주제 말이다. 아우구스티누스에 따르면, 교회는 건강한 사람들의 모임보다는 병원에 비유하는 편이 낫다. 교회는 용서와 갱신이 필요하다는 것을 아는 사람들을 치유하는 곳이라는 말이다. 그리스도인의 삶은 죄가 없는 삶이 아니라 죄로부터 치유되는 과정이다. 즉 병이 완치되고 환자가 완전히 건강을 회복해가는 과정이란 뜻이다. 교회는 회복기에 있는 환자를 위해 마련된 요양소와 같다. 마침내 의롭게 되고 건강하게 되는 건 천국에서만 가능하다.

도나투스파의 접근법은 원칙적으로나 교리적으로 사제와 주교를 포함하여 모든 인간에게 복음이 제공하는 똑같은 치유가 필요하다는 점을 인정하지 않는다. 교회의 목사들은 자기네에게도 필요한 것과 똑같은 치유를 선포한다. 목사들은 아직 완전히 회복되지는 않았지만, 자신들이 복용하여 회복기에 들어서게 해준 의약품을 다른 이들에게 복용시킬 수 있는 영적인 회복기 환자로 간주해야 한다고 보았다.

따라서 도나투스파는 교회 및 성례에 대한 견해와 관련이 있어 보이지만, 사실 그 뿌리는 더 깊은 차원인 인간의 본성을 잘못 이해하는 데 있다. 이는 궁극적으로 은혜의 직무를 하나님의 은혜가 아닌 인간의 공로에 의존하게 만드는 잘못을 범한다. 이와 비슷한 문제가 펠라기우스 논쟁에서도 발생했다.

펠라기우스주의: 인간 본성과 하나님의 은혜

앞부분에서 아우구스티누스를 소개했지만, 그는 펠라기우스 논쟁에서도 두드러진 역할을 했다. 아우구스티누스는 주후 354년에 로마 제국의 일부였던 북아프리카의 타가스테, 지금의 수카하라스에서 이방인 아버지와 그리스도인 어머니 사이에서 태어났다. 자신을 기독교로 개종시키려 했던 어머니 모니카의 성화에 못 이겨 그랬는지 로마로 도망가서 로마제국의 행정직에 종사했다.

아우구스티누스는 자신의 영적 순례를 자서전과 신학적 성찰이 어우러진 《고백록Confessions》에서 이야기한다. 일련의 우연한 사건들을 경험하면서 어떻게 기독교 신앙에 가까워졌는지 그 경위를 기술한 책이다.[41] 주후 386년 8월 위기가 찾아왔다. 자신의 저급한 본성을 다스릴 능력이 없는 걸 심히 고민하며 밀란에 있는 집의 정원에서 무화과 나무 아래 앉아 있을 때였다. 자신의 연약함과 실패를 곰곰이 생각하고 있을 때, 이웃집 정원에서 놀던 아이들이 "집어 들어 읽어라! 집어 들어 읽어라!" 하고 노래하는 소리를 듣게 되었다. 아우구스티누스는 곧바로 집 안으로 들어가서 신약성경을 펼쳤고, 거기서 마치 자기에게 튀어나오는 듯한 구절을 읽게 되었다. "오직 주 예수 그리스도로 옷 입고 정욕을 위하여 육신의 일을 도모하지 말라"(롬 13:14). 그는 책을 덮고 친구들에게 자기가 그리스도인이 되었다고 말했다.

하지만 아우구스티누스는 그 회심이 자기 스스로 선택한 것이 아니라는 점을 확신했다. 그를 신앙으로 인도했던 우발적인 사건들을 돌아볼 때, 하나님의 은혜의 손길이 각 지점마다 자기보다 앞서 행하여 중요한 회심의 순간까지 밀고 나갔다는 것을 깨달은 것이다. 아우구스티누스는 《고백록》에서 자신의 경력을 이야기하면서 자신의 삶 속에 역사하신 하나님의 손길을 찬양한다. 그는 하나님의 자비에 전적으로 의존해 있다는 깊은 의식을 자주 표현한다. "나의 모든 희망은 오로지 당신의 자비에 있나이다. 당신이 명하는 것을 주시고 당신이 원하는 것을 명하소서."[42] 상처 입은 환자가 유능하고 정성어린 의사의 직무에 의존하듯이 죄 많고 부서진 인간은 은혜롭고 사랑 많은 하나님에게 전적으로 의존해 있다고 아우구스티누스는 생각했다.

아우구스티누스가 뒤늦게 발견한 하나님의 은혜로운 손길을 기꺼운 마음으로 묵상하는 동안에 다른 이들은 그의 글을 무척 거북하게 느끼고 심지어는 무익하게 여겼다. 아우구스티누스의 《고백록》을 달

/ 1480년에 산드로 보티첼리가 피렌체의 오니산티 예배당으로부터 주문을 받아 제작한 아우구스티누스의 프레스코화

갑잖게 여기던 독자 중 한 사람이 로마 교회 안에서 개혁 운동을 수도했던 영국인 수도사 펠라기우스Pelagius였다. 펠라기우스는 교회 역사상 가장 강한 반발심을 불러일으킨 인물이다. 저명한 교부 학자 로버트 에반스Robert Evans는 이렇게 말한다. "펠라기우스는 기독교 역사상 가장 많은 비방을 받은 인물 중 한 사람이다. 흔히 신학자들과 신학사가들은 그를 나쁜 인물의 대명사로 설정해놓고 온갖 비난을 퍼붓는데, 이는 펠라기우스 자신보다 그를 비난하는 사람들의 관점에 대해 더 많은 것을 애기해준다."[43] 물론 편견을 품고 천편일률적으로 비난하는 것은 위험하지만, 펠라기우스의 핵심 사상을 파악하고 사상의 기원과 동기뿐 아니라 다른 이들에게 불러일으킨 반발심을 이해하는

후기의 고전적 이단들 **239**

일은 여전히 중요하다. 하지만 펠라기우스주의는 정확한 신학보다 도덕적 갱신의 필요성을 더 많이 역설한 만큼 신학적으로 모호한 부분이 많아서 그 작업이 그리 쉽지 않다.⁴⁴

문제를 더 복잡하게 만드는 것은 펠라기우스주의의 다채로운 성격이다. 펠라기우스주의는 펠라기우스와 켈레스티우스Caelestius와 시리아의 루피누스Rufinus를 중심으로 한 여러 저자들⁴⁵과 후대에 등장한 에크라눔의 감독 율리아누스Iulianus가 엮어낸 혼합 사상이다. 물론 펠라기우스의 사상과 강조점을 일부 포함하고 있지만, 이 운동과 연계된 다른 사상들은 다른 인물에게서 나온 것이다. 이를테면 죽음과 죄의 전이에 관한 견해는 펠라기우스보다 켈레스티우스와 루피누스에게 더 많은 빚을 지고 있다.⁴⁶

펠라기우스는 하나님이 모든 사람에게 자신을 스스로 개선할 수 있는 능력을 주셨다고 강조함으로써 교회를 개혁하려 했다.⁴⁷ 당시에는 이와 비슷한 사상을 전파하던 다른 저자들도 있었는데, 그중 한 사람이 주후 399년에 제롬의 대변인으로 오리게네스의 사상에 관한 신학 토론에 참석하고자 로마에 도착했던 루피누스였다.⁴⁸ 그때 로마에 있었던 또 다른 인물은 켈레스티우스로서 다음과 같은 사상을 변호했다.

1. 아담의 죄는 인류 전체가 아니라 자신에게만 해를 입혔다.
2. 어린이들은 타락하기 이전의 아담과 똑같은 상태로 태어난다.
3. 모세의 율법은 그리스도의 복음만큼 우리를 천국으로 인도하기에 족하다.

로마 교회 안에서 개혁 운동을 주도했던 수도사 펠라기우스는 신학 사상에 몰두하기보다는 모범적인 그리스도인의 도덕적 행실에 훨씬 관심이 많았다.

　이 세 저자의 사상과 접근이 합류하여 펠라기우스주의라는 복합적인 사상을 만들어낸 것은 어쩌면 불가피한 일이었을지도 모른다. 특히 펠라기우스라는 저자의 이름을 딴 펠라기우스주의라는 일관된 운동이 있었던 것 같은 인상을 주는 것은 주로 아우구스티누스의 탓이다. 그러나 이는 아우구스티누스 편에서 수사학적으로 만들어낸 말일 가능성이 크다는 증거가 점점 많아지고 있다. 말하자면, 펠라기우스의 것은 일부에 불과한 복합적인 일련의 믿음과 태도를 마치 펠라기우스를 중심으로 한 일관된 운동인 것처럼 제시했다는 뜻이다.

　역사적 증거를 좀 더 신중하게 해석해보면, 전통적으로 펠라기우스의 사상으로 간주해온 신학적 입장 가운데 일부는 그의 것이 아닐뿐더러 실제로는 펠라기우스가 신학 사상에 몰두하기보다 모범적인 그리스도인의 도덕적 행실에 훨씬 관심이 많았다는 걸 알 수 있다. 이런 의미에서 펠라기우스는 신학자이기보다 개혁적인 행동주의자요 실용주의자에 가깝다고 하겠다. 그런 행실을 격려하는 신학 체계를 정교하게 다듬은 인물은 오히려 켈레스티우스와 루피누스였다.[49] 따라서 어느 것이 펠라기우스 개인의 신학 사상이고, 어느 것이 이른바 펠라기우스주의라는 비공식적인 네트워크에서 나오는 것인지를 구별하기는 상당히 어렵다. 펠라기우스주의가 펠라기우스의 견해를 가리킨다는 가정은 이제 이전 세대가 생각했던 것보다 별로 신빙성이 없는 것으로 판명되었다.

펠라기우스 논쟁의 기원은 전통적으로 주후 405년까지 거슬러 올라간다.[50] 펠라기우스가 "당신이 명하는 것을 주시고, 당신이 원하는 것을 명하소서"라는 아우구스티누스의 글을 읽은 때였다. 이 글이 펠라기우스에게는 상당히 거슬렸다. 완전함을 추구해야 할 인간의 권리와 의무를 부인함으로써 그의 개혁 프로그램을 정면으로 공격하는 듯이 보였다. 그래서 펠라기우스 논쟁이 시작되었다. 물론 펠라기우스주의의 사상과 태도는 그 전에 생겼다. 펠라기우스 논쟁은 여러 문제를 건드리는 복잡한 논쟁이었다.[51] 하지만 우리의 목적상 그 가운데 두 가지에만 초점을 맞추려 한다. 바로 인간 상황의 역학과 하나님의 은혜의 성격이다. 펠라기우스주의는 이 두 측면에서 아우구스티누스가 주장한 것과는 상당히 다른 그리스도인의 삶에 대한 일관된 비전을 개발했다.

인간 본성의 문제부터 생각해보자. 펠라기우스주의는 인간은 모든 행동에 있어서 완전히 자유롭다고 주장하면서 이런 믿음이 도덕적 행동과 영적 갱신에 꼭 필요한 선행조건이라는 입장을 강조했다. 인간의 행위는 숨은 세력의 영향을 크게 받지도 않고, 인간의 통제를 벗어난 힘의 제약도 받지 않는다.[52] 우리는 자기 운명의 주인이다. 누가 우리에게 죄짓는 일을 그만두라고 말하면 우리는 그렇게 할 수 있다. 죄는 우리가 저항할 수 있고 또 저항해야 할 대상이다. 많은 면에서 펠라기우스주의는 빅토리아 시대에 애송하던 윌리엄 어니스트 헨리William Ernest Henley의 시 〈인빅투스Invictus〉의 마지막 연에 표현된 사상과 비슷한 견해를 개발했다.

문이 얼마나 좁든지
얼마나 많은 형벌이 나를 기다리든지 중요치 않다.
나는 내 운명의 주인
나는 내 영혼의 선장!

펠라기우스주의에 따르면 하나님은 우리에게 십계명과 예수 그리스도의 모범을 주셨고, 신자들은 그것을 따라 살아야 한다. 그리스도의 중요성은 일차적으로 그분의 가르침과 모범에서 찾아야 한다.

그러면 인간은 실제로 이처럼 높은 표준에 맞춰 살 수 있을까? 펠라기우스주의에 따르면, 우리로 하여금 도덕적으로 살지 못하게 막는 인간 본성의 불완전한 요소는 하나님을 제대로 반영하지 못하게 한다. 그러나 어쨌든 하나님이 애초에 우리를 만드시지 않았는가? 인간의 본성이 근본적으로 잘못되었다고 말하는 것은 하나님께서 인류를 제대로 창조하지 않았다는 뜻이 된다. 펠라기우스는 로마의 고위직 여성이었던 데메트리아스Demetrias에게 보낸 편지에서 이 사상을 이렇게 설명했다.

[하나님의 명령을 특권으로 간주하는 대신에] 우리는 하나님을 향해 이렇게 외치오. "이건 너무 어려워요! 이건 너무 힘들어요! 우리는 이걸 할 수 없어요! 우리는 그저 인간에 불과하고 육신의 연약함이 발목을 잡고 있어요." 이 얼마나 미친 소리인가! 이 얼마나 뻔뻔스러운 소리인가! 이렇게 함으로써 우리는 하나님이 두 가지를 모른다고 그분을 비난한다. 그분의 창조물도 모르고, 그분의 명령조차 모른다고 말이다. 마치 하나님이 자신의 창조물인 인간의 연약함을 잊어버린 채 우리가 감당할 수 없는 명령을 우리에게 부과했다고 여기는 것이다. … 우리가 가진 힘이 어느 정도인지 힘을 주신 하나님보다 더 잘 아는 자는 없다. … 하나님은 의로운 분이기 때문에 결코 불가능한 것을 명령하지 않으셨다. 그리고 인간이 어쩔 수 없는 것 때문에 인간을 정죄하지 않으실 것이다.[53]

펠라기우스는 로마에 데메트리아스 같은 많은 지지자를 가지고 있었다.[54] 데메트리아스는 펠라기우스의 개혁을 거룩한 상식과 다름없다고 생각했다. 그렇다면 사람들에게 도덕적 진보를 요구하는 것이 왜 문제일까? 에크라눔의 감독 율리아누스는 이 사상을 더욱 발전시켜 로마의 문화적 규범에 맞춘 자기 수양의 복음을 설파했다.[55] 그 결과 펠라기우스주의는 당시 많은 로마인에게 강한 공감을 불러일으켰고, 영적인 중심을 가진 세련된 자기 수양의 비전을 제공했다.

펠라기우스주의와 로마의 문화적 규범 간의 공명은 아우구스티누스가 로마 출신이 아닌 국외자라는 사실을 부각시켰다. 그 결과 히포의 아우구스티누스는 로마의 세련되고 세계적인 신학보다 열등한 아프리카풍의 신학을 대표하는 듯한 인상을 풍겼다. 아우구스티누스가 현대의 독자들에게는 기독교 세계를 대표하는 가장 위대한 사상가로 다가오지만, 로마에 있던 동시대인에게는 그런 인식이 없었다. 그중 일부는 아우구스티누스의 신학을 촌스럽고 심지어 편협하며 문화적 신빙성이 없다고 여겼다. 어떤 이들은 한 걸음 더 나아가 아우구스티누스의 신학이 마니교의 숙명론으로 얼룩졌다고 말하기도 했다. 또 어떤 이들은 아우구스티누스의 신학이 당시 로마에서 상당히 주목을 받던 동방교회의 세련된 신학을 고려하지 못한다고 생각했다.[56]

그러나 아우구스티누스가 보기에 인간 본성에 대한 펠라기우스의 견해는 문화적으로 세련되기는커녕 신학적으로 순진하고 신약성경의 가르침이나 인간의 실제 경험 중 어느 것도 제대로 반영하지 못하는 것 같았다. 인간 본성은 아무런 문제가 없이 창조되긴 했지만, 타락의 결과로 죄에 오염되었다는 것이 아우구스티누스의 근본 믿음이었다.[57] 인간의 본성 안에는 비록 하나님의 창조의 결과는 아닐지라도 치명적이고 비극적인 결함이 있다는 말이다. 아우구스티누스는 타락의 이미지를 하나님께서 창조 때에 구상하신 궤도에서 벗어나는 것을 지칭하는 것이라 묘사한다. 창세기의 창조 이야기는 하나님께서 우리

후기의 고전적 이단들 **245**

를 잘 창조하셨음을 분명하게 밝히고 있다. 그러나 이 타락의 결과로 인간 본성은 하나님에게서 멀어지고 죄와 가까워지는 쪽으로 편향되어 있다고 아우구스티누스는 주장한다. 타락한 인간은 내면 깊숙이 죄를 짓는 성향이 내장되어 있다는 뜻이다.

아우구스티누스는 타고난 인간의 자유, 즉 우리가 필연성 때문에 어떤 일을 하는 게 아니라 자유롭게 그 일을 한다는 사실을 긍정적으로 바라본다. 그러나 동시에 우리는 우리가 가진 자유의 한계를 인식한다고 주장한다. 인간의 자유의지는 죄로 말미암아 제거되거나 파괴되지는 않았지만 약해지고 무력해졌다. 이 자유의지가 회복되고 치유되려면 하나님의 은혜가 필요하다. 이 점을 설명하려고 아우구스티누스는 두 개의 접시가 달린 저울을 비유로 사용한다. 한 접시는 선을 상징하고 다른 접시는 악을 상징한다. 만일 두 접시가 균형을 잘 맞추면, 선을 선호하는 논증이나 악을 선호하는 논증을 달아보고 적당한 결론을 내릴 수 있을 것이다. 이 비유와 인간의 자유의지의 유사점은 금방 이해할 수 있다. 우리는 선을 선호하는 입장이나 악을 선호하는 입장을 달아보고 그에 따라 행동한다는 것이다. 그런데 만일 두 접시에 물건이 잔뜩 실려 있다면 어떻게 될까 하고 아우구스티누스는 묻는다. 만일 누군가 악의 편에 있는 접시에 무거운 물건을 여러 개 올려놓는다면 어떻게 되겠는가? 저울은 여전히 작동하겠지만, 악한 결정을 내리는 쪽으로 크게 기울어 있을 것이다.

아우구스티누스는 인간의 자유의지가 지금은 악을 지향하는 쪽으로 기울어 있다고 주장한다. 자유의지의 저울은 정말로 존재하고 있으며 결정을 내릴 수도 있다. 마치 물건이 잔뜩 실린 저울이 그래도 작동하는 것처럼 말이다. 그러나 균형 잡힌 판단을 제공하는 대신에 악을 지향하는 편견에 치우쳐 있다. 이를 비롯한 여러 비유를 사용하여 아우구스티누스는 자유의지가 죄인들 속에 존재하지만, 죄로 손상되었다고 주장한다. 아울러 우리는 우리의 죄성에 대한 통제권이 없다고 선언한다. 죄성은 태어날 때부터 우리의 삶을 오염시키고 그 이후로 우리 인생을 지배하고 있다. 인간은 본성의 일부로 죄스러운 성향을 갖고 태어난다는 것, 죄스러운 행위를 선호하는 본유의 편견을 갖고 있다는 것이 아우구스티누스의 입장이다. 달리 말하면 죄는 여러 죄악을 낳고, 죄스러운 상태는 개별적인 악한 행위를 낳는 것이다.

아우구스티누스는 원죄를 질병과 힘, 죄책에 비유하는 일련의 유추를 통해 이 논점을 더욱 발전시킨다. 먼저 죄는 대대로 내려오는 유전적인 질병과 같다. 죄는 인간성을 약화시키며 인간의 수단으로는 치유될 수 없다. 그리스도는 그분의 "상처로 우리가 나음을 입는"(사 53:5) 이른바 신적인 의사로 이해되고, 구원은 본질적으로 병을 고치는 의료적 측면에서 이해된다. 우리는 하나님의 은혜로 치유되어 우리의 마음이 하나님을 인식하고 우리의 의지가 그분의 은혜에 반응하게 되는 것이다. 또 다른 비유를 들기도 한다. 죄는 우리를 사로잡고 있는 힘과 같으며, 그 손아귀에서 우리는 홀로 벗어날 수 없다고 아우구스티누스는 말한다. 인간의 자유의지는 죄의 힘에 사로잡혀 있으므로 오로지 은혜로만 자유롭게 될 수 있다. 따라서 그리스도는 죄의 힘을 깨뜨리는 은혜의 근원, 곧 해방자로 묘사된다. 세 번째 비유를 들자면, 죄는 대대로 내려오는 일종의 죄책 내지는 도덕적 불결함과 같다. 그래서 그리스도는 죄 사함을 베풀려고 오시는 것이다.

그러나 펠라기우스주의는 죄를 전혀 다른 각도에서 이해했다. 죄에 끌리는 인간의 성향이란 개념은 펠라기우스주의에서 찾아볼 수 없다. 이 사상은 인간이 하나님과 이웃에 대한 의무를 다하는 것이 언제나 가능하다고 주장했다. 그렇게 하지 못하는 것은 어떤 연유로도 변명될 수 없다. 이런 면에서 펠라기우스주의는 경직된 형태의 도덕적 권위주의처럼 보이기도 한다. 말하자면, 인간은 죄를 지어서는 안 될 의무를 갖고 있고, 어떤 실패도 변명할 수 없다고 천명하는 단호한 입장이란 뜻이다. 인간은 본래 죄가 없는 상태로 태어나고 고의적인 행위를 통해서만 죄를 짓는다고 한다. 펠라기우스는 구약성경에 나오는 많은 인물이 실제로 죄 없는 상태로 살았다고 주장한다. 그리고 도덕적으로 올곧은 사람들만 교회에 들어가도록 허용될 수 있다는 게 그의 입장이었다. 이는 도나투스파와 무척 유사한 입장이다. 반면에 아우구스티누스는 인간 본성이 타락했다고 보았기 때문에 교회를 일종의 병원으로, 즉 타락한 인간이 은혜를 통하여 회복되고 점차 거룩해질 수 있는 장소로 기꺼이 인정했다.

아우구스티누스는 인간 본성이 연약하고 길을 잃었으므로 본성이 회복되고 새롭게 되려면 하나님의 도움과 보살핌이 필요하다고 보았다. 은혜는 하나님이 자격 없는 인간에게 베푸는 관대한 사랑이며, 이로써 치유의 과정이 시작된다. 인간의 본성은 관대한 하나님의 은혜를 통해 변화될 필요가 있는 것이다.

인간 본성은 본래 흠이 없고 결함이 없게 창조되었다. 그러나 우리 각자가 아담으로부터 갖고 태어난 본성은 건강하지 않기 때문에 의사가 필요하다. 본성이 보유한 모든 좋은 것, 이해력과 생명과 감각과 정신은 그것을 만드신 창조주 하나님에게서 온 것이다. 그러나 이런 좋은 본성을 어둡게 하고 무능하게 만들어 계몽과 치유가 필요하게 만드는 인간의 연약함은 흠이 없는 창조주가 아니라 원죄로부터 온 것이다.[58]

반면 펠라기우스주의는 은혜라는 용어를 전혀 다른 식으로 해석했다. 첫째, 그는 은혜를 인간의 타고난 여러 기능을 가리키는 말로 이해했다. 그리고 이런 기능들이 어떤 식으로든 타락하거나 무능해지거나 손상되지 않았다고 보았다.[59] 그것들은 하나님이 인간에게 주신 것이고, 인간은 그 기능들을 잘 사용하게끔 되어 있다. 펠라기우스는 인간이 은혜를 통하여 죄 없는 길을 택할 수 있다고 주장했는데, 이는 타고난 인간의 기능인 이성과 의지가 인간으로 하여금 죄를 피하도록 해주어야 한다는 뜻이다. 하지만 아우구스티누스가 지적했듯이 이는 신약성경이 말하는 은혜의 뜻이 아니다. 더군다나 그리스도인이 스스로 하나님께 의존한다는 걸 인정하지 않는다면 굳이 왜 하나님께 기도하겠는가?[60]

둘째, 우리는 하나님의 은혜의 성격을 고려해야 한다. 펠라기우스주의는 은혜를 일차적으로 하나님이 인간에게 제공하신 외적 지침이나 계몽으로 이해했다. 하나님이 우리에게 완전해지라고 요구하실 때는 그분이 원하는 행동을 우리가 모르게 내버려두지 않으신다. 은혜란 하나님이 우리에게 기대하는 행동과 성품에 관한 그분의 지침을 일컫는다. 펠라기우스는 그런 지침의 본보기를 여럿 들었다. 가령, 십계명과 예수 그리스도의 도덕적 모범 같은 것이다. 은혜는 우리에게 우리의 도덕적 의무를 가르쳐주긴 하지만(그렇지 않으면 우리는 의무를 알지 못할 것이다), 의무를 수행하게 도와주지는 않는다. 우리는 그리스도의 가르침과 본보기를 통하여 죄를 피할 수 있다. 하나님은 인간에게 완전해져야 한다고 요구하는 것으로 그치지 않으신다. 그분은 어떤 형태의 완전함을 요구하는지 우리에게 구체적인 지침도 제공하신다. 이를테면, 십계명을 지키는 것과 그리스도를 닮아가는 것 등이다. 한 현대 학자는 이런 펠라기우스의 접근법을 다음과 같이 요약했다.

> 하나님은 인간 본성과 관련된 지혜와 하나님에 대한 의무를 성경 속에 계시함으로써 인간을 돕는다. 계시는 지성을 조명하고 의지를 자극함으로써 죄악된 마음의 습관으로 조성된 무지의 베일과 도덕적 마비상태를 들어올린다. 펠라기우스가 이해했던 은혜의 의미는 다음과 같이 요약할 수 있다. (1)인간이 죄 없이 살 수 있도록 태초에 우리에게 주신 자유의지. (2)모세의 도덕법. (3)그리스도의 구속적 죽음으로 확보되어 세례를 통해 연결되는 죄 사함. (4)그리스도의 모범. (5)인간 본성과 구원에 관한 새로운 법이요 지혜의 역할을 하는 그리스도의 가르침. 펠라기우스가 믿었던 은혜의 교리는 이것이 전부였다.[61]

아우구스티누스는 펠라기우스주의가 "하나님의 은혜를 율법과 가르침에 둘" 수밖에 없었다고 주장했다. 아우구스티누스에 따르면 신약성경은 은혜를 단지 도덕적 지침이 아니라 인간을 돕는 하나님의 손길로 그리고 있다. 펠라기우스는 은혜를 우리 바깥에 있는 것, 외부적이고 수동적인 것으로 보았다. 반면에 아우구스티누스는 은혜를 우리를 구속하시고 우리 안에 거하시는 그리스도 안에 있는 하나님의 진정한 임재로 이해했다. 즉 우리를 변화시키는 내적이고 능동적인 실재로 본 것이다.

인간은 하나님의 손으로 선하게 창조되었으나 그분으로부터 도망가려 했다고 아우구스티누스는 말한다. 그 후에 하나님은 은혜의 손길을 뻗어 타락한 인간을 곤경에서 구출하러 오셨다. 그분은 우리를 치유하고 깨우치고 강건하게 하심으로 우리를 도우시고, 우리를 회복시키고자 계속 우리 안에서 일하고 계신다. 하지만 펠라기우스는 인간에게 무엇을 할지를 보여준 다음에는 아무런 도움 없이 그것을 이루도록 그냥 내버려둬도 된다고 생각했다. 반면에 아우구스티누스는 인간에게 무엇을 할지를 보여준 뒤에 그 목표가 성취되는 것은 말할 것도 없고 거기에 근접하기 위해서라도 매 지점마다 도움이 필요하다고 생각했다.

아우구스티누스와 펠라기우스의 차이점은 한편으로는 인간의 상황과 관련이 있고, 다른 한편으로는 하나님의 구원의 성격과 관련이 있다. 아우구스티누스가 보기에 인간은 손상되고 상처받아 심히 아픈 상태에 있다. 따라서 인간이 그런 곤경에 빠져 있는데 스스로 나아지라고 요구해야 아무 소용이 없다. 아우구스티누스는 펠라기우스가 인간의 처지를 부인하고 있다고 보았다. 펠라기우스의 순진한 접근법은 분명 좋은 의도를 갖고 있음에도, 마치 장님에게 사물을 똑바로 보라고 명하는 것과 같다. 진정 필요한 것은 도덕적 방향이 아니라 영적인 치유이다.

아우구스티누스가 인간의 처지를 어떻게 보았는가 하는 것은 그리스도께서 베데스다 연못가에서 마비환자에게 "일어나 네 자리를 들고 걸어가라"(요 5:8)고 하신 말씀을 주해한 내용에 잘 나타나 있다. 아우구스티누스는 그 텍스트를 "일어나라! 네 자리를 들어라, 그리고 걸어가라"라고 해석한다.[62] 먼저 치유의 사실을 긍정한 뒤에(일어나라!) 두 가지 명령을 내리는데, 이 명령들은 그 환자가 낫기 전에는 따를 수 없던 것이고, 지금은 그의 치유와 변화가 사실인 것을 공개적으로 입증해주는 것이다. 그런데 만일 그 환자가 낫지 않았다면, 그는 자기 자리를 들고 걸어갈 수 없었을 터였다. 펠라기우스는 마비환자에게 자리를 들고 걸어가라고 명령은 하지만, 이 명령을 수행할 수 있게 하는 수단은 아무것도 제공하지 않는다. 이는 마치 장님에게 보라고 명하는 것과 같다. 펠라기우스의 복음은 완전해지라고 요구하고, 어떤 형태를 취해야 할지 지침을 제공한다. 그러나 그것은 인간이 처한 곤경을 있는 그대로 다루지도 못하고, 하나님의 은혜가 지닌 내적 변화의 능력도 다루지 못한다는 게 아우구스티누스의 주장이다. 이 때문에 펠라기우스주의는 사실상 전혀 복음이 아니라고 이야기한다. 펠라기우스주의는 본질상 신학적으로 순진한 도덕주의에 불과하다.

그럼에도 펠라기우스주의는 줄곧 서양 문화에 깊은 영향을 미치고 있다. 이름 자체는 대다수의 사람에게 별로 의미가 없지만 말이다. 펠라기우스주의는 가장 자연스럽고 인간적인 사상 가운데 하나이다. 말하자면, 우리는 우리 자신을 통제할 만한 능력이 있고 우리가 원하는 모습으로 변할 수 있다는 사상이다.[63] 흔히들 간과하곤 하지만,[64] 펠라기우스의 인간관과 도나투스주의의 교회관 사이에는 뚜렷한 연관성이 있다. 양쪽 다 우리는 우리가 마땅히 되어야 할 존재가 될 수 있다는 믿음에 기초하고 있다. 거기에는 실패나 연약함이 들어설 자리가 없으며, 우리의 취약성을 가리키는 다른 특징들이 들어설 자리는 더더욱 없다. 둘 다 실제로 성취될 수 없는 이상적인 인간, 이상적인 기독교 신자가 되라고 요구한다. 펠라기우스주의는 우리가 완전해질 수 있다고 주장하고, 도나투스주의는 진정한 신자는 박해가 와도 결코 항복하지 않는다고 강조한다. 하지만 신약성경은 좀 더 현실적인 인간관을 보여주는 것 같다. "마음은 원하지만 육신이 약하도다." 베드로는 대제사장의 뜰에서 예수님을 세 번씩이나 부인하는데 (막 14:27-31, 66-72), 이런 모습이 펠라기우스의 인간관이나 기독교 지도자에 대한 도나투스파의 관점에 어떻게 들어맞겠는가? 아우구스티누스가 도나투스주의와 펠라기우스주의가 신학적으로 동일한 동전의 양면인 것을 바르게 분별하고 양자 모두와 싸우기로 한 것은 결코 우연이 아니다.

※ ※ ※

이번 장에서 우리는 후기 교부시대에 등장했던 세 가지 주요 이단을 살펴보았다. 그중 어느 것도 악의나 이기주의, 신학적인 타락의 결과로 나왔다고 생각할 수 없다. 아리우스주의, 도나투스주의, 펠라기우스주의는 모두 종교적으로나 영적으로 중요한 문제에 관여하려 했던 진지한 운동이었다. 모두 각자 나름대로 이해한 기독교 신앙을 변호하려 했던 숭고한 동기를 보여준다. 아울러 그들을 성경이나 기독교 전통을 왜곡하여 해석한 결과라고 치부해서도 안 된다. 셋 다 성경에 근거를 두었던 운동이다. 비록 정경 내의 정경, 즉 그들의 필요와 의제에 걸맞은 일련의 텍스트에만 주목하긴 했지만 말이다.

각 그룹은 당시의 주류 정통파가 갖고 있던 약점이나 문제점에 반응하여 나름대로 중요한 입장을 전개했다. 하지만 그것은 정통파를 배척하는 것이 아니라 그들을 교정할 필요성이 있었다는 것을 보여준다. 존 헨리 뉴먼이 《기독교 교리의 발전론》에서 지적했듯이 논쟁과 비판은 정통파로 하여금 핵심 주제를 중심으로 교리를 확정하도록 이끄는 촉진제라고 할 수 있다.

문제는 아리우스나 도나투스나 펠라기우스의 동기에 있는 것이 아니고 그들의 신학적 탐구가 낳은 결과에 있다. 그들의 여정은 비록 최선의 의도와 함께 시작되었지만, 결국은 막다른 골목으로, 즉 기독교 신앙에 대한 빈약하고 왜곡된 견해로 판명이 났기 때문에 온 신앙 공동체가 승인할 수 없는 것이었다.

그런데 이런 신학적 탐구 작업은 교부시대에만 있었던 것이 아니다. 기독교 역사를 통틀어 오늘에 이르기까지 계속되고 있다. 신학자들과 교회 지도자들은 지역 문화와 세계 문화의 변동에 비추어 복음을 표현할 수 있는 가장 좋은 수단을 늘 찾아왔다. 이런 새로운 접근법 가운데 일부는 풍성한 결실을 맺고 설득력이 있으며 장기적인 가치가 있는 것으로 판명될 것이다. 또 어떤 것들은 막다른 골목으로 입증되리라. 6장과 7장에서 살펴본 문제들은 초대교회 역사의 일부일 뿐 오늘날에는 적실성이 없다고 생각해서는 안 된다. 결코 그렇지 않다. 그 여정은 지금까지 이어지고 있다.

따라서 우리는 이단의 지적 동기와 문화적 동인을 신중하게 고찰할 필요가 있다. 이런 압박 요인들은 교부시대에 분명히 존재했던 만큼 오늘날의 교회에도 여전히 깊이 뿌리박혀 있기 때문이다. 다음 장에서는 이 문제를 자세히 살펴보도록 하자.

4
계속되는 이단의 영향력

THE ENDURING IMPACT OF HERESY

이단 발생의 문화적 동인과 지적 동기

이단이란 본래 기독교를 당시의 문화와 더 나은 관계를 맺게 하려고 시작한 탐구의 결과로 보아야 한다. 이단은 복음을 파괴하는 것이 아니라 보호하려는 열망으로 시작되었다는 말이다. 이것이 사실이라면, 이단을 지금은 모두 해결된 과거의 문제로만 생각해서는 안 된다. 신학적, 영적 탐구의 여정은 지금도 계속되고 있기 때문이다.

HERESY:
A HISTORY OF DEFENDING THE TRUTH

이단의 기원을 어떻게 이해하는 게 좋을까? 이단이 생기는 동인은 무엇일까? 초기 기독교 저자들은 이단의 기원에 대해 다양한 설명을 내놓았다. 개인의 야망, 교회에 대한 질투, 철학적 공론에 대한 순진한 열정, 또는 자신의 신학적 재능에 대한 과신 등을 동인으로 지적했다. 테르툴리아누스 같은 초기 이단학자들은 이단에게 맹렬한 비난을 퍼부었지만, 그들이 터무니없는 성경 해석을 고집하고 이교도적 성향을 지닌 채 기독교를 파괴하려고 음모를 꾸민 교만한 배교자들의 열매라고 매도할 만한 근거는 없다.

이와 같은 예전의 고정관념은 19세기에 정통파를 완강하게 지지한 자들의 글에서 흔히 볼 수 있다. 존 헨리 뉴먼은 이단을 교회 바깥에 뿌리를 둔 현상이라고 보았다. 예컨대, 아리우스주의는 유대교와 혼합주의 철학 같은 최악의 이방문화가 결합하여 생긴 경건치 못한 환경의 부산물로 간주했다.[1] 과트킨H. M. Gwatkin은 아리우스주의가 기독교와 이방 사상 간의 불합리한 타협으로 이방 사상 쪽으로 기운 이단이라고 보았다. "전적으로 불합리하고 비非영적인 주제넘은 이론화 작업의 덩어리"였다.[2] 그러나 후대 학계는 그런 주장들에 심각한 의문을 제기했고, 그중에서도 특히 그들이 생각한 이단자의 동기를 문제 삼았다. 물론 죽은 사람을 심리적으로 분석하는 것은 심히 어려운 일이지만, 이단자의 인물 됨됨이를 묘사할 때 으레 고집불통에다가 교만하고 정신 능력이 부족하고 교회에 불충하는 자라는 식으로 비난하는 것은 초기 이단자들의 실제 모습과는 거리가 멀어 보인다.

이에 관해 명백한 사실을 보여주는 역사적 증거는 없지만, 어느 정도 남아 있는 증거에 따르면 이단이란 본래 기독교를 당시의 문화와 더 나은 관계를 맺게 하려고 시작한 탐구의 결과로 보는 것이 바람직하다. 이단은 복음을 파괴하는 것이 아니라 보존하려는 열망으로 시작되었다는 말이다. 이번 장에서는 이단으로 규정된 운동들의 기원을 주로 타락이나 악의로 돌리는 사상은 한쪽으로 제쳐놓고, 자연스럽고 좋은 의도 곧 선한 동기에서 비롯되었을 수 있다는 입장을 탐구하려 한다.

그리고 만일 이런 분석이 진실에 가깝다면, 거기에는 중요한 추론이 뒤따른다. 이단을 지금은 모두 해결된 과거의 문제로만 생각해서는 안 된다는 것이다. 신학적, 영적 탐구의 여정은 지금도 계속되고 있다. 우리의 조사 대상이 되는 모든 새로운 길은 신앙이 걸을 만한 경로일 수도 있고 막다른 골목으로 판명될 수도 있다. 이 문제가 왜 과거의 일로 끝나지 않고 오늘날에도 적실성이 있는지를 알려면, 이른바 인지종교학이라는 새로운 분야를 조금 살펴볼 필요가 있다. 이단의 몇몇 유형이 어떻게 발생하는지 중요한 통찰을 주기 때문이다.

이단과 인지종교학

최근 들어 인지종교학의 발달로 말미암아 이단의 기원에 접근하는 새로운 길이 열렸다.[3] 이 접근법은 종교적 믿음을 대수롭지 않은 것으로 설명해버리는 감각론자를 양산한 환원주의적 접근법을 피하면서 종교적 믿음이 어떻게 형성되고 발전되는지를 명료하게 밝히려 한다.⁴ 인지종교학은 소위 종교적이라고 부를 만한 믿음의 기본 인지 구조를 탐구하는 데 목적이 있다. 이 학문은 기본적으로 인간의 개념 구조는 문화나 역사에 의해 형성되는 가변적인 것이 아니고, 인간 정신 안에 있는 더 깊은 패턴을 반영한다고 가정한다. 따라서 실험으로 조사할 수 있는 인간의 개념 구조는 문화적 표출을 알려주는 동시에 구속하기도 한다.

그러면 이런 연구가 이단의 기원과 무슨 관련이 있을까? 인지종교학이 낳은 가장 흥미로운 열매 중 하나는 특정한 믿음의 자연스러움과 관계가 있다.⁵ 어떤 비非성찰적인 습관들은 관념이 개발되고 평가되는 방식에 중요한 영향을 미친다. 그래서 제기되는 중요한 질문은 여러 대안들 가운데 어느 것이 자연스러운 매력을 더 많이 풍기는가 하는 것이다. 여기서 자연스러운 것으로 이해하는 인식은 개인적 관찰과 문화적 영향을 포함한 다양한 출처로부터 나온다.

항상 그런 것은 아니지만 기독교의 경우 이단은 종종 기독교 신앙의 이른바 귀화naturalization 현상이 초래하는 결과이다. 여기서 귀화 현상이란 정통 교리를 좀 더 자연스러운 사고방식으로 받아들이는 것을 일컫는다. 예를 들어 그리스도의 양성 교리와 삼위일체 교리의 기원과 발달과정을 역사적으로 살펴보면, 이처럼 아주 반反직관적인 개념들을 형성시킨 지적 논증들을 파악할 수 있다.⁶ 그런데 이런 논증이 아무리 타당해도 예수 그리스도가 하나님인 동시에 인간이라는 것과 한 하나님이 세 위격이라는 개념은 여전히 반직관적이고, 좀 더 자연스러운 사고방식에 익숙한 이들에게는 문젯거리로 다가온다. 인지종교학은 우리에게 왜 어떤 사람들은 이런 부자연스러운 개념을 좀 더 자연스러운 반대 개념에 동화시키는지 그 이유를 파악할 수 있는 틀을 제공해준다. 예수 그리스도를 인간으로만 생각하든지, 궁극적 권위의 유일한 근원인 하나님으로만 생각하는 것이 사실상 훨씬 더 자연스럽다.[7]

그러면 이단의 발생을 촉진하는 데 중요한 역할을 하는 자연스러운 사고방식에는 어떤 것이 있을까? 한 가지 분명한 예는 오랜 기간 특정한 관념과 문화적으로 친숙해지는 경우이다. 그래서 사실은 상당 기간에 걸쳐 문화적으로 지배적인 위치에 있었던 것인데, 마치 자연스럽다는 인상을 받는다. 이를 보여주는 좋은 예가 초기 기독교 시대에 로마 제국의 동부, 특히 세계적인 도시였던 알렉산드리아에서 나타난 다양한 형태의 플라톤주의이다. 이로 말미암아 여러 가지 형이상학적인 신념이 자명한 것처럼 또는 자연스러운 것처럼 보였고, 기독교 교리를 좀 더 자연스러운 사고방식에 동화시키려는 시도가 생겨났다.

하지만 대다수 초기 기독교 저자들은 이런 동화 과정을 반드시 해로운 것으로 보지 않았다. 신중하게 통제하고 한계를 잘 지키면, 동화 과정이 기독교와 다른 집단들 사이에 중요한 다리를 놓을 수도 있었다. 그러면 기독교는 독특한 정체성을 잃지 않으면서 좀 더 자연스러운 사고방식에 전술적으로 적응할 수 있었다. 이런 과정을 보여주는 좋은 예가 순교자 저스틴이 2세기에 중기 플라톤주의의 범주와 어휘를 이용한 경우이다. 저스틴은 기독교 신앙을 플라톤주의와 연관시킴으로써 기독교가 2세기에 지중해 헬레니즘 세계에서 어느 정도 공감을 불러일으킬 수 있게 했다. 그중에서 가장 눈에 띄는 것은 플라톤주의가 말하는 로고스의 개념이 변증용으로 긴요하게 활용될 수 있다고 지적한 점이다. 그리스도를 하나님과 인간의 중보자로 믿는 기본 교리는 그 개념을 적절하게 활용함으로써 더욱 개발되고 플라톤주의를 따르는 청중들에게 설명될 수 있었다.[8]

순교자 저스틴의 접근법은 그런 방법이 갖고 있는 잠재력과 위험성을 모두 보여준다. 그는 기독교 신앙의 대표 주제를 그 지역의 지적 언어로 번역함으로써 교육 수준이 높은 엘리트들이 훨씬 더 접근하기 쉽게 만들었다. 뿐만 아니라 플라톤주의가 가진 지적 엄밀성은 신학도 그만한 엄밀성을 개발할 수 있도록 일종의 자극제 역할을 했다. 그러나 부정적인 면도 있었다. 저스틴은 기독교의 독특한 개념들이 플라톤주의의 대등한 개념으로 전락하는 위험을 감수해야 했다. 본래는 플라톤주의 공동체 안에서 기독교의 영향력을 확대하려는 의도였으나 거꾸로 기독교 공동체 안에서 플라톤의 영향력이 증대될 수도 있었다. 따라서 기독교 복음과 당대 문화의 상관관계는 쌍방 통행로와 같다고 할 수 있다.

이런 점은 아우구스티누스가 신앙과 세속 철학의 관계를 분석한 고전적인 연구에서도 볼 수 있다.[9] 이 문제를 탐구하면서 아우구스티누스는 고전 문화의 지적 풍성함과 문화적 풍요에 대한 교회의 태도를 이해시키려고 이스라엘의 출애굽 이야기를 끌어온다. 이스라엘은 금과 은과 옷을 들고 갔지만 이집트의 우상과 짐은 버리고 떠났다. 즉 이스라엘은 훌륭하고 귀중한 것은 챙겼으나 신학적으로 위험하거나 억압적인 것은 버렸다. 따라서 교회도 당대의 문화적 산물을 그렇게 대해야 한다고 주장했다. 말하자면 선하고 유용한 것은 취하고 위험하고 억압적인 것은 버리라는 뜻이다.

아우구스티누스의 유추는 무척 인상적이고 대체로 유익하다. 하지만 이단 현상을 이해하려면 반드시 다뤄야 할 의문을 한 가지 제기한다. 기독교 공동체는 어떤 교리적 접근이나 형식이 긍정적이고 적절하며, 어떤 것이 부정적이고 부적절한지 어떻게 결정을 내리는가? 처음에는 선하고 유용하다고 믿었던 것이 결국은 위험하고 억압적인 것으로 판명이 나면 어떻게 되는가? 초기 기독교 저자들은 돌이킬 수 없는 지적 오염과 타락의 가능성을 심히 염려했다. 교회가 일단 받아들인 어떤 관념들이 혹시 누룩이나 곰팡이로 판명되어 영구적으로 숙주를 오염시키거나 다치게 하지는 않을까? 아우구스티누스는 교회가 말하는 방식, 즉 기독교 특유의 언어가 있다고 믿었다.[10] 그런데 달리 말하는 방식을 도입했다가 특유의 언어를 잃어버리거나 오염시키면 어떻게 될까?

이번 장에서 제기하려는 논점은 기독교 신앙을 다른 집단에 효과적으로 전달하려는 열망과 기독교 속에 다른 지혜 혹은 보완적인 지혜 중 최상의 것을 도입하려는 열망이 이단 발생의 근본 원인 중 하나였다는 것이다. 이렇게 말한다고 해서 신앙을 전하려고 갈망하는 마음이나 당대의 문화적 부요함을 최대한 선용하려는 행위가 잘못되었다는 뜻은 결코 아니다. 방법에는 아무런 문제가 없다. 다만 그 결과 중 일부가 위험한 것으로 드러날 때 문제가 되는 것이다. 만일 새로운 사상이 트로이 목마와 같아서 결국 교회 바깥의 지적 세력을 끌어들여 교회를 점령하는 꼴이 되면 어떻게 하겠는가?

이제 이단의 발생과 연루되어 있는 듯한 여러 압박 요인을 살펴볼까 한다. 가장 중요한 압박 요인을 열거하면 다음 다섯 가지이다.

1. **문화적 규범** 기독교가 당대의 문화적 가치관과 상당히 동떨어져 있다고 생각하면 지적 적응 조치를 취해야 한다는 압박을 받는다.
2. **합리적 규범** 어떤 기독교 관념이 올바른 이성과 반대된다고 믿으면 그것을 제거하거나 지배적인 합리성의 기준에 맞추기 위해 수정하게 된다.
3. **사회적 정체성** 모든 사회 집단은 나름의 정체성을 확립해야 하며, 이는 종종 종교적 관념을 포함한다. 그래서 변두리에 있는 사회 집단이 종교적으로 자기 정체성을 확립하는 수단으로 이단을 만들어내기도 한다.
4. **종교적 타협** 기독교와 다른 종교 집단이 공존할 때는 공존을 촉진하거나 믿을 만한 변증을 개발하기 위해 기독교 신앙의 어떤 측면을 수정하라는 압력을 받는다.
5. **윤리적 관심** 종교적 정통파가 도덕적으로 너무 관대하거나 무정부 상태에 가까울 때와 너무 억압적이라는 생각이 들 때 이단이 생길 가능성이 크다.

이번 장에서는 이 다섯 가지 문제를 각각 살펴보면서 최근의 토론

뿐 아니라 교부시대의 고전적 이단들에 대해 어떤 함의를 갖는지 살펴보려 한다.

이단과 당대의 사회 규범

기독교는 제각기 나름의 문화 규범을 갖고 있는 아주 다양한 사회 환경에 몸담아왔다. 그중 일부는 기독교 가치관과 공감대를 형성하지만, 어떤 것들은 긴장 관계를 형성한다. 기독교 변증가들은 종종 전자에 초점을 맞추고 기독교 신앙과 특정한 문화적 신념 및 가치관 간의 공감대를 다리 삼아 동시대인에게 신앙을 전하고 추천하곤 한다. 그런데 긴장이 조성되는 영역은 어떻게 할까?

다수의 기독교 신학자는 이런 긴장과 함께 사는 것을 만족스럽게 여겼다. 반면에 어떤 신학자들은 이런 긴장이 신앙에 큰 걸림돌이 된다고 믿었다. 그들은 기독교 신앙의 어떤 측면들이 변증에 불리하다고 주장한다. 따라서 그것들을 버리는 게 좋지 않을까? 아니면 오늘날의 문화 규범에 동화시키면 어떨까? 이처럼 문화 규범에 동화시키는 일이 종종 이단을 낳곤 한다. 몇 가지 폭넓은 논점을 전개하기에 앞서 이 점을 잘 보여주는 펠라기우스 논쟁의 일면을 살펴보는 게 좋겠다.

신약성경의 중심 주제 중 하나는 그리스도인이 행위가 아닌 은혜로 구원을 받는다는 것이다(엡 2:5, 8-9). 은혜로 받는 구원과 믿음으로 의롭게 되는 것은 신약성경에 깊이 뿌리박힌 개념이며 특히 바울의 서신에 잘 나타나 있다.[11] 그런데 이런 개념은 4세기 후반 로마 문화의 근본 가치관과 긴장 관계를 형성했다. 기독교가 당시는 로마제국의 공식 종교였으므로 로마의 문화 규범과 기독교 사이의 긴장은 중요한 문제였다. 펠라기우스와 에크라눔의 율리아누스을 포함한 로마의 많은 그리스도인이 기독교 신앙을 이해하는 특정한 방식, 특히 아우구스티누스가 이해한 방식이 문화적으로 용납되려면 수정이 필요하다고 주장했다. 어떻게 그런 촌스러운 신학 사상이 수도를 비롯한 중심 도시에서 유용한 것으로 입증될 수 있겠는가?

그래서 중심 이슈로 떠오른 것은 이런 질문이었다. '하나님은 의로우시다(정의로우시다)'는 말은 무슨 뜻인가? 이 주제에 대한 로마의 고전 사상은 마르쿠스 툴리우스 키케로Marcus Tullius Cicero가 주도했는데, 그에 따르면 유스티티아justitia, 즉 의 또는 정의의 본질은 누군가에게 그 몫을 주는 것이었다.[12] 이를 하나님께 적용하면, 하나님은 사람들을 그 자격에 따라 다루시므로 선한 자에게는 상급을, 악한 자에게는 징벌을 주신다는 뜻이 된다.

펠라기우스주의 저자들 가운데 문화적으로 가장 세련된 인물로 꼽히는 에크라눔의 율리아누스는 하나님의 정의라는 개념을 그런 식으로 해석했다. 그는 기독교의 복음을 로마 사회의 사회적, 시민적 규범에 철저히 동화시킨 인물로 '하나님의 의'라는 개념도 당시의 지배적인 문화 규범에 맞추는 것이 너무 당연하다고 여겼다.[13] 하나님은 각 사람에게 합당한 몫을 주셨다. 따라서 의롭다는 것은 하나님이 의로운 자에게 보상하고 악한 자를 벌하는 것을 뜻한다.

그러나 이와 같은 정의 개념은 구약성경이 말하는 '하나님의 의' 개념과 어울리지 않았다. 구약성경은 덕을 격려하고 악을 만류하는 등 사회정의의 중요성을 강조하기는 하지만, 하나님의 정의라는 개념을 구원과 연결한다. 시편 31편에 나오는 다음과 같은 고전적인 단락이 분명히 보여주듯이, 하나님의 의에 호소하는 일은 구원과 구출에 대한 호소이다.

여호와여 내가 주께 피하오니
나를 영원히 부끄럽게 하지 마시고
주의 공의로 나를 건지소서.[14]

아우구스티누스는 주석서와 조직신학 저서에서 세속적인 정의의 개념은 하나님이 인간을 다루시는 방식을 묘사하기에 적합하지 않다고 분명히 밝힌다. 하나님의 공의는 인간의 공의와 사뭇 다른 것이었다. 아우구스티누스는 하나님의 정의를 키케로가 말하듯 '각자에게 그 몫을 주는 것'이란 개념에 동화시키는 일은 많은 성경 단락이 의심스럽게 보기 때문에 문화적 개념을 상당히 각색하지 않으면 사용할 수 없다고 생각했다. 그는 율리아누스에 대한 반론에서 포도원 품꾼의 비유(마 20:1-16)를 들면서 하나님의 정의라는 개념은 무엇보다도 복음이 말하는 은혜의 약속에 대한 하나님의 헌신을 가리키는 것이며, 이는 그 약속을 받은 사람들의 공로와는 관계가 없다고 했다. 각 품꾼은 제각기 다른 시간 동안 일했기 때문에 키케로의 정의 개념에 따르면 각기 다른 보상을 받아야 했다. 그런데도 각 사람은 엄격한 정의가 요구하는 바를 뛰어넘어 똑같은 보상을 받을 것이라는 약속을 받았다. 하나님의 정의는 결국 그분의 관대하고 은혜로운 약속을 지키는 하나님의 신실함의 문제인 것이다.

아우구스티누스와 에크라눔의 율리아누스 사이에 벌어진 논쟁의 주요 주제는 바로 하나님의 정의라는 개념이 실제로 무엇을 의미하느냐 하는 것이었다.[15] 율리아누스는 신적 정의를 이런 식으로 정의했다. "하나님은 아무런 속임수나 은혜가 없이 각 사람에게 정당한 몫을 주는 분이므로 도덕적 업적으로 그분의 은혜를 얻는 자들을 의롭게 하신다." 이 접근법은 경건한 자를 의롭게 하신다는 교리를 낳은 반면에, 아우구스티누스는 불경건한 자를 의롭게 하는 것이 복음의 본질이라고 주장했다.

율리아누스가 변증에 관심이 있었던 것은 틀림없는 사실이다. 그의 목표는 기독교 신앙을 후기 고전시대의 지배적인 정의 및 자격의 개념에 맞추어 설명하는 것이었다. 자격이 없는 자가 하나님의 인정을 받는다는 개념은 문화적으로 불쾌한 것이고, 이는 저명한 많은 사람들을 소외시킬 뿐이라고 율리아누스는 생각했다.

이 사례 연구는 좀 더 일반적인 문제, 즉 기독교의 핵심 주제나 가치가 문화 규범과 긴장 관계에 있다고 생각할 때 생기는 어려움을 부각시킨다. 이와 똑같은 문제를 보여주는 다른 예들도 얼마든지 들 수 있다.

이단과 세속적 이성에의 타협

앞 대목에서는 기독교와 문화 규범 간의 긴장이 어떻게 이단이 발생하는 계기가 되었는지를 살펴보았다. 이런 긴장은 그 시대를 지배하는 이성의 개념들과도 관계가 있다. 각 사회 환경은 나름대로 합리적이라고 여기는 것이 있다. 옥스퍼드 신학자요 신약학자인 오스틴 파레Austin Farrer는 C. S. 루이스를 변증가로 성공한 사례로 들면서 신앙이 문화적으로 용납되려면 합리성이 중요하다고 지적했다.

합리성이 확신을 낳지는 않지만, 합리성이 없으면 믿음은 죽고 만다. 입증되는 듯이 보이는 것이 수용되지 않을 수도 있다. 그러나 아무도 변호할 능력을 보여주지 못하는 것은 금방 버려지는 법이다. 합리적 논증이 믿음을 낳지는 않지만, 그 속에서 믿음이 꽃피울 수 있도록 적절한 환경을 유지해준다.[16]

C. S. 루이스의 성공은 "기독교 사상의 힘을 도덕적으로, 상상적으로, 합리적으로 보여줄 수 있었던" 그의 능력에 기인한다고 파레는 주장했다.

파레의 현명한 논평은 또한 기독교 신학이 안고 있는 중요한 위험을 가리킨다. 즉 기독교의 몇몇 중심 주제는 당대의 사상이 합리적으로 여기는 것에 비추어볼 때 변호할 수 없는 것처럼 보인다는 것이다. 교부시대의 저자들도 기독교 신앙의 핵심 주제들이 당시 고전 그리스 철학의 규범에 비추어볼 때 비합리적으로 보였기 때문에 이 문제를 예민하게 의식했다.[17] 대표적인 예가 바로 이방인 저자들이 모순된 개념이라 비웃었던 성육신의 교리이다. 그리스 철학이 지배하는 문화에서 기독교가 지적으로 우스운 주장을 했기 때문에 아리우스주의가 발생했다고 얘기하는 이유도 이 때문이다.

교부시대에는 삼위일체 교리에 대해서도 이와 비슷한 염려를 표명하는 이들이 있었다. 하지만 삼위일체에 대한 가장 중요한 비판은 16세기에 제기되었다. 종교개혁의 급진파가 특정한 전통적 가르침을 포기하라고 압력을 가했는데, 그 가르침이 비합리적으로 보이는 데다 충분한 성경적 근거가 없다는 이유 때문이었다. 급진파는 마르틴 루터Martin Luther와 울리히 츠빙글리Huldrych Zwingli가 타협을 하고 있다고 비난하면서 훨씬 더 전반적인 변화를 촉구했다.[18] 루터와 츠빙글리가 완전히 정통으로 간주하여 수정할 필요가 없다고 생각했던 전통 교리들이 이제는 공공연하게 의문시되었다. 다수의 급진주의자들은 삼위일체 교리가 성경에 명시적으로 진술되어 있지 않다고 주장했다. 삼위일체는 진정한 기독교 교리이기는커녕 후대의 빗나간 신학자들이 추측으로 만들어낸 것이라고 지적했다.

이미 1520년대 후반부터 모습을 드러낸 반反삼위일체론은 1550년대에 급진적 종교개혁파의 특징이 되어[19] 프로테스탄트 진영과 가톨릭 진영에 많은 우려를 안겨주었다. 이 사상은 소키누스로 알려진 파우스토 파올로 소치니Fausto Paolo Sozzini의 저술 덕분에 상당한 지적 추진력을 얻었다. 나중에 소키누스주의로 알려진 이 운동은 16세기 후반에 프로테스탄트 정통파와 가톨릭 정통파에 심각한 도전을 제기했

/ 파우스토 파올로 소치니(1539-1604). 라틴어 이름인 파우스투스 소키누스로 더 잘 알려져 있다.

다. 소치니의 저술은 전통적인 믿음의 여러 측면에 도전하는 등 폭넓은 주제를 다루지만, 무엇보다 그는 반反삼위일체론을 제기한 인물로 유명하다. 소치니는 성육신 교리와 삼위일체 교리가 서로 연결되어 있다는 걸 간파하고 둘 다 버리자고 주장하면서 나사렛 예수를 신의 영감을 받아 하나님의 명령을 지킬 수 있는 특별한 능력을 가진 인물로 제시했다.[20]

삼위일체 교리에 대한 이런 비판은 성경적인 동기도 조금은 있지만, 주로 합리적인 동기에서 비롯되었다. 간단하게 말하면, 삼위일체 교리는 수치스러울 만큼 비합리적이어서 기독교의 평판을 떨어뜨릴 위험이 있다고 생각했던 것이다. 17세기와 18세기 서부 유럽에서 합리주의가 문화적 영향력을 얻으면서 기독교 진영에는 삼위일체 같이 비합리적인 교리를 포기하고 이신론理神論이 변호하는 것과 같은 더 합리적인 신 개념으로 돌아가라고 요구하는 압력이 커졌다.[21] 주로 카를 바르트와 카를 라너Karl Rahner의 노력에 힘입어 삼위일체 교리가 20세기에 부활한 것은 초기 계몽주의를 지배했던 합리주의의 약점과 문제점이 여실히 노출되어 생긴 결과라고 할 수 있다.

이 지점에서 우리가 또 알아야 할 사실은 다수의 저명한 과학자들이 종종 이단적인 믿음을 갖고 있었다는 점이다. 이 점은 기독교뿐 아니라 이슬람교와 유대교에도 똑같이 적용된다.[22] 예컨대, 뉴턴은 비록 생전에는 삼위일체 교리를 부정하는 입장을 부각시키지 않으려고 조심했지만, 과학적 방법을 기독교 신앙에 적용하다 보니 그런 결론에 도달했다.[23] 여기서도 우리는 정통적인 종교적 믿음과 특정한 공동체의 방법론 간의 긴장 관계를 보게 된다. 일부 과학자는 철저히 정통적인 믿음을 견지했지만, 다른 이들은 자기네 공동체를 지배하는 합리성의 개념을 따르다 보니 결국 전혀 다른 결론에 이르렀다. 모리스 와일스Maurice Wiles는 근대 초기의 아리우스주의를 연구한 탄탄한 연구서에서 이 이단이 특히 근대 초기 과학자들 사이에 널리 퍼졌다는 사실에 주목한다.[24]

이처럼 지배 문화의 합리성 개념은 왜곡된 신 개념을 낳을 수 있으며, 이는 기독교 변증가들에게 어려운 문제를 제기한다. 예를 들어, 전통적인 자연신학은 하나님의 존재를 인간의 이성이나 자연 질서에 근거하여 논증하려는 시도이다. 미국 철학자 윌리엄 앨스턴William

Alston은 자연신학을 "아무런 종교적 믿음도 전제하지 않는 가정을 출발점으로 삼아 종교적 믿음을 지지하려는 작업"이라고 정의했다.[25] 그런데 역사적으로 보면 자연신학의 적용은 기독교 전통에 속한 온전한 삼위일체 하나님과는 거의 관련이 없는 이신론적인 하나님으로 귀결되곤 했다.[26] 따라서 자연의 영역에서 추론하거나 이성에서 끌어낼 수 있는 신 개념과 기독교적인 신 개념 사이에는 여전히 의미심장한 간극이 있음을 알아야 한다.

이단과 사회적 정체감의 형성

공동체의 자기 정체성 확립에 종교가 중요한 역할을 한다는 사실은 자주 언급되어 왔다.[27] 공동체가 오랫동안 살아남으려면 그 중심을 규정하고 경계를 단속할 필요가 있다. 이런 면에서 종교는 종종 공동체의 정체성을 표시하는 역할을 한다. 유일한 표지는 아닐지라도 가장 중요한 표지 중 하나이다. 좀 더 구체적으로 말하면, 종교적 믿음은 경쟁적인 공동체들과 직면했을 때 공동체의 경계를 형성하고 본래의 존재 이유를 정당화하는 등 사회적 정체성을 조성하는 역할을 한다. 또한 공동체의 경계선을 긋고 공동체에 들어가는 조건도 만들어준다. 따라서 사회적 응집력을 만들려면 경계선을 확정하고 공동의 정체성을 촉진해야 한다.[28] 독특한 종교적 신념은 한 공동체의 정체성을 표시하는 여러 수단 중 하나이다. 그렇다면 중세의 서부 유럽과 같이 기독교가 지배하는 상황에서 과연 어떤 공동체가 자기네 정체성의 표지로 이단적인 견해를 채택할 것 같은가? 독특한 정체성을 형성할 필요가 있다고 해서 이단적인 믿음을 채택할 가능성이 과연 있을까?²⁹

이를 뒷받침하는 증거는 상당히 희박하다. 하지만 어쩌면 그런 가능성이 이단의 기원과 매력을 이해하는 데 어느 정도 도움이 되지 않을까 하고 생각해볼 수는 있다. 이 점을 탐구하려면 도나투스주의를 좀 더 자세히 살펴보는 게 도움이 된다. 이미 앞에서 도나투스주의 발생 과정을 고찰했고 신학적 측면도 몇 가지 살펴보았다. 북아프리카에 정착한 로마인들은 가톨릭의 입장을 받아들인 반면에 베르베르 토착민은 도나투스주의로 기울었다는 사실은 정통이든 이단이든 공동체의 정체성과 신학 사이에 모종의 관계가 있다는 것을 시사한다.

이 견해를 지지하는 자들은 도나투스주의와 관계가 깊었던 사람들이 주로 로마 식민주의자들이 비교적 적었던 농촌 지역과 도시의 빈민층에 분포되어 있었다고 주장한다.³⁰ 예컨대, 누미디아는 북아프리카에서 로마의 영향을 가장 적게 받은 지방이었고, 여기서 도나투스주의가 가장 성행했다. 사실 북아프리카에서 도나투스주의가 지배하던 지역과 오늘까지 베르베르족 언어를 사용하는 지역은 상당히 겹치는 면이 있다. 이와 반대로 가톨릭 기독교는 로마에 동화된 상류층의 종교로 남아 있었다.³¹

그렇다고 이 입장에 전혀 문제가 없는 것은 아니다. 예를 들어, 도나투스파의 많은 지도자가 사실상 부유하고 사회적 영향력이 컸다는 점은 비교적 쉽게 증명할 수 있다. 아우구스티누스는 부유한 도나투스파 지주들이 땅을 사서 일꾼들에게 다시 세례를 받으라고 강요한다고 비판했다.[32] 더 중요한 점은 최근의 연구가 도나투스주의의 발생 및 지속 원인이 사회적, 경제적 요인보다 종교적 요인이 더 컸다고 강조한다는 것이다.[33] 도나투스주의는 본래 사회경제 운동이었는데, 어쩌다가 종교 사상과 연루되었다고 보는 견해는 도나투스주의에 관해 알려진 내용과 일치하지 않는다. 역사적 증거는 오히려 전통적인 접근법과 더 잘 어울리는 것 같다. 도나투스주의는 본래 느슨한 종교 운동이었으며, 어쩌다가 사회적으로 소외된 집단에게 매력을 풍겼지만, 이것이 도나투스주의의 주 관심사는 아니었다는 것이다.

카타리파Catharism와 후스파 등 이단과 연루된 다른 운동들에 대해서도 이와 비슷한 결론을 내릴 수 있다. 이런 운동들은 본래 종교적 기반을 갖고 있지만, 정치적 사회적 이슈가 그들의 정체성을 강화하는 데 도움을 주었고, 그런 이슈들이 그 운동으로 하여금 특정 진영에서 경계의 눈초리를 받게 했다는 것은 인정해야 한다. 그러나 이런 종교 사상이 기존의 사회경제 운동의 정체성을 드러내기 위해 출현한 것 같지는 않다. 오히려 종교 사상이 그 운동의 정체성 속에 뿌리박혀 있었고, 애초에 그 운동이 발생하는 데 중요한 요인으로 작동했던 것으로 보인다.

종교적 상황화와 이단

가장 초창기부터 기독교는 복잡한 종교 상황에 몸담았다. 한편으로는 유대교 내의 독특한 신앙 체계로 시작한 만큼 과거와의 연속성을 인정해야 했다. 다른 한편으로는 새로운 지역들로 널리 퍼지면서 다른 세속적, 종교적 세계관들과 맞물리지 않을 수 없었다. 기독교는 강한 전도의 열정을 갖고 있었으므로 그런 공동체들과 만나기 위해 다리를 만들곤 했다. 기독교의 핵심 사상을 그들에게 친숙한 용어로 재진술하는 것이 대표적이다. 기독교 변증가들이 알렉산드리아에서 플라톤학파를 상대한 방식이 그런 전략의 고전적인 본보기라 할 수 있다.

하지만 이것은 대단히 위험한 전략이다. 처음에는 기독교의 기본 사상을 전술적으로 손질하는 정도로 생각했는데, 결국에는 기독교 자체를 개조하는 것으로 끝날 가능성이 있기 때문이다. 이것이 초기 기독교 공동체의 심각한 걱정거리였다는 것은 의심할 여지가 없다. 그래서 테르툴리아누스는 기독교와 철학 간의 진지한 대화를 금지했다.

기독교가 다른 종교 집단과 어떤 관계를 맺을 것인가 하는 문제는 초기 기독교 시절에 신학적 성찰을 하도록 만들었는데, 이는 두 가지 중요한 이단과 관계가 있다. 바로 에비온주의와 마르키온주의인데, 전자가 기독교를 유대교에 동화시키려는 시도인 반면에, 후자는 유대교의 유산을 버리라고 설득했던 운동이다. 이 두 이단은 스펙트럼의 양 극단에 위치해 있고 정통파는 그 중간에서 움직이고 있다고 할 수 있다.

유대교의 매트릭스에서 기독교가 발생했던 만큼 유대교는 특별한 사례로 보는 것이 옳을 것 같다. 그러면 후기 고전시대에 일어났던 다른 종교 운동들은 어떨까? 초기 기독교 저자들이 중요하게 여겼던 집단은 영지주의로 여러 성격을 지닌 느슨한 운동이었다. 이미 살펴보았듯이 영지주의의 기원은 여전히 안개에 싸여 있는데, 좀 더 연구를 해보면 상당히 다양한 운동으로서 여러 기원을 가진 복합적 실체로 판명될 가능성이 크다. 현재 우리가 가진 지식으로는 영지주의의 기원과 발전 과정에 관하여 가장 기본적인 질문조차 확실하게 답할 수 없는 상황이다.

하지만 초기의 여러 기독교 저자들이 이집트 등지에서 영지주의와 마주친 것만은 분명하다. 그들은 영지주의를 어떤 식으로든 관계를 맺어야 할 운동으로 여겼다. 발렌티누스는 알렉산드리아에서 영지주의와 마주쳤던 것 같다. 당시에는 비교적 여행이 자유로웠기 때문에 지중해 연안에 사상을 퍼뜨리는 일은 무척 쉬웠다. 그는 로마로 이주하면서 영지주의와 긴밀한 관계를 맺으려고 애썼는데, 그렇게 하는 것이 교회에 유익하다고 믿었기 때문이다.

그런데 어떤 방식으로 관계를 맺었을까? 발렌티누스가 어떤 견해를 갖고 있었는지는 분명히 알 수 없다. 기독교가 복음화를 증진하기 위하여 영지주의의 입장에서 기본 사상을 재진술할 수 있다고 생각했는지, 아니면 영지주의 사상이 너무나 탄탄하니 기독교가 영지주의를 받아들여서 개념적으로 적절한 수정을 하는 것이 유익하다고 생각했는지 확실히 판단할 증거가 충분하지 않다. 발렌티누스의 의도가 무엇이었든지 간에 그의 전략은 기독교를 왜곡하는 결과를 초래했고, 옛 언약의 하나님이나 새 언약의 하나님과 같은 몇 가지 핵심 사상을 오염시키고 말았다.

윤리적 불만과 이단의 기원

기독교 신앙은 사회적 실체를 특정 방식으로 보게 하는 도덕적 비전을 제공하며, 이는 그에 상응하는 행동양식으로 인도해준다.[34] 기독교 윤리와 정치적 행동은 어떤 행위에 의미를 부여하는 하나의 관점을 필요로 한다. 그런데 많은 사람이 역사적으로 물려받은 여러 형태의 기독교가 제공하는 도덕적 비전에 불만을 느낀 나머지 다른 대안을 추구했다. 이와 같은 도덕적 불만이 종종 이단을 낳는다.

흔히 이단을 설명하는 이야기를 들어보면, 정통 기독교는 윤리적으로 억압적이고 권위주의적이기 때문에 개화된 사람들은 좀 더 자유로운 생활방식과 사고방식을 추구하게 된다고들 한다. 최근 들어 정통은 숨 막히는 것인 반면에 이단은 도덕적으로나 지적으로 해방을 가져오는 것이라는 관념이 하나의 공리가 되었다. 이런 경향은 포스트모더니즘의 문화적 분위기와 이단을 매력적으로 생각하는 이들 때문이다.

하지만 종교적 정통에서 소외된 자들에게 이단이 아무리 매력적으로 보일지라도, 역사는 그와 같은 단순한 결론을 내리지 말라고 엄중히 금하고 있다. 어떤 이단들은 실제로 기독교 정통파를 위협적이고 억압적인 것으로 간주했으며, 또 다른 이단들은 위험할 만큼 해이하고 관대하다고 생각해서 기독교 공동체에 엄격한 도덕을 부과하려고 애썼다. 도덕적 자유지상주의나 지적 자유지상주의를 이단의 본질적인 특징으로 보는 근거는 희박한 편이다. 이단들 사이에 상당한 차이가 있기 때문이다. 어떤 이단들은 정통파의 윤리적 관점과 갈등이 없고, 또 어떤 이단들은 기독교 윤리를 무겁고 청교도적인 것으로 간주하며, 또 어떤 경우는 해이하고 타락한 것으로 보기도 한다.

기독교 정통파를 도덕적으로 부주의한 그룹으로 간주하는 대표적인 이단이 펠라기우스주의이다. 앞서 살펴보았듯이 이 운동의 기원은 펠라기우스가 영국을 떠나 로마에 도착한 뒤에 로마 교회의 도덕적 타락상으로 충격을 받은 사건으로 거슬러 올라간다. 사실 그것은 아주 흔한 반응이었다. 누르시아의 베네딕토Benedictus 역시 한 세기 뒤에 로마에 도착했을 때 교회를 보고 똑같은 느낌을 받았다. 게다가 펠라기우스의 금욕주의는 그리 독창적인 것이 아니었다. 정말 중요한 것은 그가 금욕주의를 역설했다는 것과 거기에서 끌어낸 신학적 결론이었다.

펠라기우스 진영은 로마 교회가 결핍한 도덕적 비전에 대한 최선의 해결책은 기존의 신학적 여론에 수정을 가하는 거라고 주장하면서 도덕적 완전을 추구하는 신학을 개발했다. 그리고 하나님이 완전해질 수 있는 능력을 인간에게 주셨기 때문에 도덕적인 주의집중으로 그것을 실현할 필요가 있다고 주장했다. 좀 더 공정하게 말하자면, 펠라기우스가 의도적으로 기독교를 전복할 생각을 갖고 있었다고 추정할 만한 근거는 없다. 그의 엄격한 도덕주의는 주변에서 발견한 윤리적이고 영적인 방종에 대한 반작용으로 보아야 한다. 처음에는 그저 꼭 필요한 권고의 말을 해주려는 의도였을 것이다. 그러나 그런 도덕적 권고를 뒷받침하는 신학적 전제를 분석하다 보니 결국은 전혀 비기독교적인 견해를 개발하게 되었다는 것이 아우구스티누스의 견해이다.[35]

펠라기우스의 신학적 의제와 로마의 다른 도덕적 행동주의자들, 특히 켈레스티우스와 시리아의 루피누스 같은 인물들 사이에 어느 정도 교류가 있었다는 걸 인정하더라도, 펠라기우스주의가 도덕을 강조하기 위해 형성한 몇 가지 신학 원리들이 죄와 은혜와 인간 본성에 대한 신약성경의 견해와 긴장 관계에 있다고 결론을 내리지 않을 수 없다.

펠라기우스와 누르시아의 베네딕토는 로마 교회의 도덕적 방종 때문에 스트레스를 많이 받았다. 그런데 두 사람이 보인 상당히 다른 반응을 비교해보면 유익한 교훈을 얻을 수 있다. 펠라기우스와 그의 진영은 기독교 도덕을 좌우하는 신학의 틀을 바꾼 반면에, 베네딕토는 정통파의 인간 본성 개념에 근거한 새로운 환경을 창조하되 도덕을 증진하는 길을 택했다. 타락한 세상에서 인간이 복잡한 상황에 도덕적으로 대처하기가 어렵다면, 그 상황을 어느 정도는 바꿀 수 있다. 즉 복잡한 문제들을 인간의 약점을 인식하고 다룰 수 있는 새로운 상황으로 옮기는 것은 가능하다. 그래서 큰 목표를 품되 현실적인 가정 아래 규율을 세운 수도원에서 베네딕토는 그 해답을 찾았다.

펠라기우스주의는 정통 기독교를 도덕적 결함이 있는 것으로 간주하는 이단 중 하나이다. 또 다른 예는 테르툴리아누스와 같은 높은 신분의 신학자에게 매력적으로 다가왔던 몬타누스주의이다. 몬타누스주의는 3세기에 출현하여 하나님의 거룩함과 인간의 행위를 강조했다.[36] 대부분의 신학적 관심은 예언과 성령의 역할에 대한 견해(부분적으로 현대 오순절파의 전신이라 할 수 있다)에 집중되었지만, 몬타누스주의가 보여준 도덕적 엄격함에도 관심을 기울일 만하다. 테르툴리아누스가 몬타누스파로 돌아선 것도 부분적으로 엄중하고 가혹한 도덕주의 때문이었던 것으로 보인다.

흥미로운 사실은 펠라기우스주의가 스스로 이단으로 간주한 극단적인 반응을 유발했다는 점이다. 일부 사람들은 펠라기우스의 금욕주의에 강력하게 반발하다 이단 취급을 받기도 했다. 이런 현상을 보여주는 대표적인 예가 본래 수도원 금욕주의를 강력히 변호하던 요비니아누스Jovinianus이다.37 그는 주후 390년 밀라노의 암브로시우스Ambrosius가 개최한 교회회의에서 여러 신학적 이유로 이단으로 출교를 당했는데, 사실은 행복한 생활에 대한 애착 때문에 일종의 스캔들이 터져 그렇게 되었을 가능성이 있다. 당시의 상황이 아직 완전히 밝혀지지는 않았지만, 요비니아누스가 자기부인을 버리고 자기탐닉을 수용하는 등 한쪽 극단에서 다른 쪽 극단으로 넘어갔던 것으로 보인다. 암브로시우스는 이 두 가지 극단 사이에 중용의 길이 있어야 한다고 생각했다.

그런데 다른 이단 운동들은 훨씬 더 자유분방한 도덕관을 갖고 있었다. 전형적인 예가 중세 후기에 등장한 일종의 네트워크로 종종 '자유정신의 이단'이라 불리는 것이다.38 14세기에 성행한 것으로 알려진 이 느슨한 운동은 교회의 권위주의에 대한 적대감과 전통적 도덕 타파를 특징으로 삼는다. 그들의 믿음과 활동에 대한 어떤 이야기들은 대개 신빙성이 없는데, 그런 이야기를 하는 사람들이 그 운동을 깎아내리려고 과장했을 가능성이 있기 때문이다. 노먼 콘Norman Cohn이 50년 전에 지적했듯이, 오늘날은 이 이단을 "즐거움을 주는 관능이

샘솟는 것과는 거리가 멀고, 상징적 가치를 영적 해방의 표시로 간직한 설득력 있는 에로티시즘"으로 설명한다.[39]

이 대목에서 묘사한 간략한 역사적 개관은 정통에 대한 도덕적 불만이 이단의 본질은 아니라는 점을 분명히 밝히고 있다. 이단의 특징 중 하나일 수는 있으나 가장 중요한 특징은 아니다. 그런데 이단을 본질적으로 해방을 가져오는 운동으로 생각하는 관념은 결코 지지를 받을 수 없다. 이는 일부 정통의 권위주의로 말미암아 전통 종교에서 소외되었던 자들이 품었던 이상과 열망을 거꾸로 역사에 투영한 결과일 뿐이다. 이런 이단 개념은 어떤 의미에서 상상력의 산물이고 역사적 현실과는 거리가 멀다고 할 수 있다.

이번 장에서 탐구한 내용은 여러 개의 압박 요인을 가리키는데, 그 자체가 이단적인 것은 아니지만 이단을 낳을 수 있는 요인들이다. 여기서 공통으로 떠오른 주제는 정통파가 특정한 문화 환경에 적응하는 문제이다. 물론 문화에 적응하는 과정이 이단으로 연결될 수도 있지만 반드시 그렇게 되는 것은 아니다. 이는 영국의 교부 학자 터너가 제시한 이단에 대한 오중 분석과도 잘 들어맞는다. 터너에 따르면 이단은 희석, 절단切斷, 왜곡, 의고체擬古體, 배출 등 다섯 가지 작용이 낳은 결과이다.[40] 앞에서 살펴본 것처럼, 이 중 네 번째는 기독교 신학이 신약성경의 사상을 단지 되풀이하는 것이 아니라 개발해야 한다는 점을 부인하는 것으로 볼 수 있다. 다른 네 가지는 기독교 신앙이 문화적 압력에 반응하여 이질적인 개념을 받아들이거나 기독교적 개념을 포기함으로써 문화 환경과 지적 환경에 동화될 수 있음을 보여준다.

　기독교가 주변 문화와 관계를 맺는 일은 필요하고 또 적절하다. 교회 역사는 그런 일이 대대로 기독교가 확장하고 든든하게 서는 과정에서 불가결한 일부였음을 보여준다. 자칫 이단으로 빗나갈 수도 있다고 해서 그 일이 불필요한 것은 결코 아니고, 오히려 신학적 경각심을 갖고 수행하도록 우리를 일깨울 뿐이다.

　그런데 좀 더 면밀히 살펴보아야 할 문제가 하나 남아 있다. 이단과 정통은 어디까지 권력 투쟁의 결과라 할 수 있는가? 이단의 기원과 본질을 둘러싼 최근 논의에서 이 문제가 중요하게 부상한 점을 고려하면 이것을 자세히 살펴볼 필요가 있다.

09

정통, 이단 그리고 권력

이단의 개념이 권력과 연결되어 있다는 건 의심의 여지가 없지만, 그렇다고 해서 이단이 권력자들에 의해 규정된다는 뜻은 아니며, 이단의 지적 본질이나 특징이 존재하지 않는다는 뜻도 아니다. 기독교 신앙의 고전적인 이단들은 모두 교부시대에 신학적 탐구 작업을 하는 동안에 생긴 것으로, 신학적 막다른 골목으로 이해해야 한다.

HERESY:
A HISTORY OF DEFENDING THE TRUTH

"이단은 역사적 싸움에서 패배한 정통이다." 이는 발터 바우어의 저술에 표명된 견해로 이단에게 부적절한 역사적 정당성을 부여한다. 그런데 이런 입장은 무엇이 정통인지를 정할 때 권력이 중요하다는 사실을 가리키고 있다. 바우어는 물론이고 그를 좇는 최근의 추종자들도 이단을 어쩌다 줄을 잘못 선 불운한 정통으로 본다. 결국 다른 편이 승리하여 우세한 정통으로서 자기네 사상을 강요했다는 것이다. 이는 자기네 관점을 강요할 수 있는 권력자들에게 승리가 돌아갔다는 말이나 다름없다.

이런 발전 양상은 최근에 이단에 대한 동정심과 문화적 관심이 증가하는 현상을 설명해주기 때문에 상당히 중요하다. 바우어에 따르면 이단은 대담한 약자의 정통이고 억압받고 짓밟힌 문화 집단의 목소리이다. 학문 연구는 승자가 기록한 역사의 심판을 거꾸로 뒤집고, 문화적으로 패배한 자들의 사상과 가치관을 제사리로 되돌릴 수 있다. 따라서 이단의 재활 작업을 지극히 도덕적인 행위로 볼 수 있다. 그런데 이와 같은 역사 해석은 변론이 대단히 어렵다는 점을 인정해야 할 것이다. 이런 관점은 이단의 발생과 특성에 대한 비판적인 역사 분석이 아니라 특정한 문화적 판단 내지는 편견을 갖고 역사를 해석하는 입장이기 때문이다.

기독교의 관점에서 보면 이단은 전혀 다른 의미를 지닌다.[1] 이단이란 용어는 겉으로는 복음의 모양을 하고 있되 궁극적으로 복음의 본질을 전복시키는 신앙 체계를 가리키는 말이다. 이단은 기독교 신앙을 일관성과 안정성이 없는 것으로 만들기 때문에 장기적으로 치열하게 움직이는 사상의 경쟁 세계에서 살아남기 어렵다. 우리에게 낯익은 다원주의 이미지를 사용하자면, 적자適者가 생존하게끔 되어 있다면 가장 적절한 기독교 형태, 즉 기독교 정통을 파악하고 증진해야 마땅하다. 이 책에서 나는 이단에 대한 이런 기독교적 접근법을 탐구하면서 초대교회 안에서 이단으로 선언된 고전적인 운동들이 어떤 면에서 그렇게 파괴적인 문젯거리로 평가되었는지를 파악하려고 애썼다.

그런데 이단에 관한 학문 연구는 최근에 상당한 변천을 겪었다. 이단은 더 이상 기독교에서만 말하는 개념이 아니고 폭넓은 사회 현상으로서 결국은 권력과 영향력의 문제를 반영한다고 인식하게 되었다. 이는 이 사회 운동이 궁극적으로 권력 및 영향력과 연관되어 있으며 기독교뿐 아니라 다른 종교들에서도 흔히 볼 수 있는 개념임을 나타낸다.[2]

이 책에서는 이런 요인들을 염두에 두고 비판적 실재론에 입각해 이단을 설명하려 한다.[3] 비판적 실재론은 최근 들어 사회과학 분야에서 영향력을 떨치고 있으며, 사상과 사회 환경 간의 상호작용을 탐구하는 것이 특징이다. 비판적 실재론에 따르면 사상은 사회 환경 안에서 출현하고 환경에 의해 조절되고 공동체의 경계선을 긋는 일과 같은 중요한 사회적 역할을 수행한다. 이번 장에서는 이단의 기원 및 발전과 관련된 몇 가지 사회학적 문제들을 탐구하면서 이단과 정통과 권력 간의 복잡한 상호작용에 초점을 맞추려 한다.

이단에 대한 사회학적 접근

이단을 사회학으로 설명한 기원을 거슬러 올라가면 초기 마르크스주의로 이어진다. 카를 마르크스Karl Marx는 이데올로기의 기원을 설명하면서 이데올로기는 본래 사회적, 경제적 요인의 표출이라고 주장했다. 이데올로기는 한 사회의 지배적 관념을 이루는 관습과 신념을 규정하는 것으로서 문명 또는 문화의 상부구조로 작용한다. 따라서 어떤 역사적 시기의 지배 관념은 그 시대 지배 계급의 관념이라고 할 수 있다.

어느 시대에나 지배 계급의 관념이 곧 지배적인 관념이다. 즉 한 사회의 경제적 힘을 가진 계급이 지적으로도 지배적인 힘을 보유한다. … 지배 관념은 지배적인 물질 관계, 곧 관념으로 파악되는 지배적인 물질 관계를 표출하는 것과 같다. 그러므로 그것은 한 계급을 지배 계급으로 만드는 관계의 관념, 곧 그들의 지배적인 관념인 것이다.[4]

이 접근법에 따르면 이단은 패배했거나 억압당한 집단의 이데올로기인 반면에, 정통은 지배 계급의 이데올로기인 셈이다. 이단에 대한 이런 접근법은 분명 교회의 제도에 적용될 수 있으나 거기에만 국한되지는 않는다. 이로 말미암아 이단은 신학적 측면이 아니라 사회적, 제도적 측면에서 조명되었다. 프리드리히 엥겔스Friedrich Engels는 1850년에 《독일 농민 전쟁Peasant War in Germany》이란 책에서 이런 연관성을 밝혔다. 엥겔스가 그 책을 쓴 목적은 1848-1849년의 혁명 활동이 실패로 끝나 풀이 죽은 사람들을 위로하고, 그 혁명과 1525년의 독일 농민 봉기가 실패한 이유를 설명하기 위해서였다.⁵ 그런데 이 책은 또한 이단은 곧 계급 갈등이 겉으로 드러난 양상이라는 시각을 제시하기도 했다. 마르틴 루터와 급진파 지도자인 토마스 뮌처Thomas Müntzer 사이의 신학적 차이는 사실상 사회 정치 문제에 있었다.

기독교회의 개념과 언어가 지배하던 시기에는 대안적인 사회 운동들이 자기네 정체성을 표현하는 수단으로 종교 언어를 사용했다. 그러나 겉으로는 종교에 관심이 있는 것처럼 보이지만, 그런 운동의 핵심은 종교가 아니라 정치나 사회, 경제에 있다. 이단에 관한 최근의 사회학적 연구들은 바로 이 점을 강조한다. 예를 들어, 조지 지토 George Zito는 이단이란 일차적으로 "종교적 현상이 아니라 제도적 현상"이라고 말한다. 이단이 애초에 종교적 맥락에서 발전한 것은 단지 "종교 기관이 특정한 시기의 담론을 지배하는 핵심 위치에 있었기 때문"일 뿐이라고 본다.⁶

이단과 정통을 따로 구별할 필요가 있음을 감안하면 지적인 면에서 양 갈래로 나뉘는 일은 어차피 불가피하다. 그러나 이런 사회학적 관점은 그런 지적 분리를 대수롭지 않게 여긴다. 관념의 밑바닥에 있는 진정한 문제는 그런 관념으로는 직접적으로 표현되지 않기 때문이다. 정통과 이단은 사회적으로, 제도적으로 혹은 경제적으로 구별되어야 마땅하다. 이단적 관념은 어떤 사회학적 토대 위에 세워진 상부구조일 뿐이므로 그 자체가 중요한 것은 아니라는 얘기이다.

이런 중요한 전개 양상은 오늘날 이단에 관한 저술의 가장 특징적인 면으로 이어진다. 이전 세대의 이단론자들은 정통을 칭찬하고 이단을 혹평했는 데 비해 이 분야의 최근 저술은 그런 판단을 뒤집어버리는 듯하다. 만일 이단과 정통의 구별이 권력과 지배권에 달려 있다면, 당연히 동정심은 이단 쪽으로 기울게 마련이다. 관건은 옳은 것과 그른 것의 문제가 아니다. 누가 자신이 사물을 보는 방식에 동의하게끔 남에게 강요할 수 있는 권력을 갖고 있느냐 하는 것이다. 따라서 오늘의 정통이 내일의 이단으로 쉽게 뒤집힐 수 있다. 양측이 관여하는 사회적 관계에 파격적인 변화가 생기기만 하면 된다.

그렇다면 이단에 대한 교회의 논의는 어느 정도까지 권력의 이해관계로부터 영향을 받은 것일까? 이제 교부시대부터 시작하여 6장과 7장에서 다룬 여섯 가지 고전적 이단들을 중심으로 이 문제를 살펴볼까 한다.

권력, 이단 그리고 교부시대

먼저 앞에서 전개한 논점을 복습할 필요가 있다. 1세기와 2세기의 기독교회는 중요한 정치권력이라고는 조금도 없었고, 마음대로 정통교리를 강요할 수단도 전혀 없었다. 예컨대, 발렌티누스주의와 마르키온주의 같은 2세기의 초기 이단들이 어떤 형태로든 로마 교회 지도자들로부터 로마의 신학적 규범을 따르게끔 강요를 받았다는 흔적은 전혀 찾을 수 없다. 마르키온과 발렌티누스는 교회 안에서 자기네 견해가 용납되지 않자 안달이 나서 그들만의 공동체를 창설했다. 그들은 자기네가 품은 뜻과 달리 강제로 추방된 것이 아니었다.

흔히들 초기 기독교를 규정할 때 권력관계의 중요성을 지적하곤 한다. 예를 들어, 막스 베버Max Weber는 어떤 텍스트든 정경을 확정하는 과정은 궁극적으로 하나의 권력 투쟁이라고 주장한다. 그래서 "전부는 아니라도 대다수의 신성한 정경 모음집은 다양한 경쟁 집단들 간의 투쟁과 공동체의 통제를 위한 예언의 결과로서 세속적인 것과 종교적인 것을 막론하고 바람직하지 않은 것이 추가되지 않도록 공식적으로 그 문을 닫아버린 것이다"라는 주장을 폈다.[7] 따라서 베버가 히브리 성경과 기독교 성경의 정경 확정 과정을 경쟁 집단들 간의 권력 투쟁의 입장에서 보는 것은 놀라운 일이 아니다. 베버는 그 결과 어떤 기관이 텍스트를 가지고 지배할 것인지가 결정되었다고 본다.[8] 이로 보건대, 이단이란 정통파가 사용하는 것과 똑같은 자료를 다르게 해석하는 데서 생기는 것이 아니라 정통파와 다른 정경을 인정하기로 결정하고 그런 자료를 사용하는 데서 생기는 독특한 사상으로 해석할 수 있다.[9]

그런데 권력에 기초한 이런 분석을 원형적 정통이 형성되는 기간에 적용할 수 있는지는 무척 의심스럽다. 베버의 사상을 반영하는 발터 바우어의 접근법은 훗날 로마 교회가 갖게 된 정치권력과 위상을 거꾸로 2세기에 투영한 것으로 보인다. 이와 같은 시대착오적인 방법은 결코 옹호할 수 없다. 어떤 의미로든 기독교가 로마에서 정치적 영향력을 갖게 된 것은 4세기 초에 콘스탄티누스가 개종한 다음이었다. 2세기만 해도 기독교는 자신의 관점을 강요하기는커녕 정치적, 사회적 영향력이 전혀 없는 사회의 변두리에 자리한 불법적인 종교에 불과했다.

이렇게 말한다고 해서 교회가 진정한 기독교에 대한 위협거리에 관심이 없었다거나 진정한 신앙의 표현 양식이나 실천 방법을 찾고 유지하는 일에 관심을 기울이지 않았다는 뜻은 아니다. 예컨대, 오리게네스의 저술은 이른바 정통이란 것을 성경이 계시하는 하나님의 행동 패턴에 비추어 가장 일관성 있는 성경 해석으로 파악하려는 작업이었다.[10] 주교들과 신학자들의 비공식 네트워크는 종종 개인적인 교신을 통하여 정통의 본질을 명료하게 정리하는 과정이었음이 분명하다.[11] 그런데 이 과정은 미리 결정된 결과를 강요하는 것이 아니라, 교회 안에서 형성되는 견해를 확정하는 일에 관심을 두었다.

그러나 콘스탄티누스의 즉위와 함께 기독교가 변두리의 종교 운동에서 로마제국의 국교로 사회정치적 위상이 바뀜에 따라 모든 것이 변했다. 만일 기독교 내에 분열이 일어나면 제국 자체의 분열과 불안정을 야기할 위험이 있었다. 콘스탄티누스는 그런 논쟁의 저변에 깔린 신학 문제들에 관해서는 거의 관심이 없었다. 그래서 그런 문제들을 신속하게 공식적으로 처리하기로 마음먹은 것이다.

콘스탄티누스는 집권 초기에 어쩔 수 없이 도나투스 논쟁에 개입했는데, 부분적인 이유는 북아프리카 식민 정책에서 논쟁이 갖는 의미 때문이었다. 콘스탄티누스가 초기에 취한 입장은 당사자들끼리 문제를 정리한 뒤에 갈등 해소를 위해 메커니즘을 부여하는 것이었다. 이 계획이 실패로 돌아가자 직접 그 문제를 중재한 끝에 가톨릭 측에 유리한 방향으로 매듭을 지었다. 그럼에도 그의 개입은 마지못해 이루어진 일이었고, 애초의 의도는 교회가 자체적으로 논쟁을 해결하게 하는 것이었다.

이와 비슷한 문제가 아리우스 논쟁 때에도 불거졌다. 그때에도 콘스탄티누스는 스스로 준비가 안 되어 있다고 느끼면서도 마지못해 신학 논쟁에 말려들었다. 여기서도 콘스탄티누스의 관심은 교회 내에 통일성을 재확립하는 일이었고, 다시금 갈등 해소를 위해 하나의 메커니즘을 제안했다. 로마의 원로원을 모델로 한 니케아 공의회는 본래 콘스탄티누스의 그리스도론에 대한 견해를 강요하려고 개최된 것이 아니었다. 실은 그가 아리우스파의 그리스도론을 선호했다는 것을 보여주는 증거가 있다.[12] 콘스탄티누스가 논쟁에 개입한 주된 목적은 어떻게든 교회를 통일시키기 위함이었다.

콘스탄티누스는 이처럼 교회가 자체적으로 신학 논쟁을 해결하게 할 생각이었지만, 일단 결정이 이루어지면 그것을 획일적으로 집행하기 위해 국가의 힘을 사용하는 일은 전혀 주저하지 않았다. 콘스탄티누스는 니케아의 정통 교리를 실행에 옮겼으며 그것을 거부하는 자들을 추방했다. 그중에는 아리우스, 집사 이우조이오스, 리비아 감독이었던 마르마리카의 떼오나스와 프톨레마이스의 세쿤두스 등이 포함되어 있었다. 또한 아리우스가 자신의 가르침을 설명했던 책인 《연회》의 모든 사본을 불태우도록 지시했다.

국가가 정통 교리를 규정하지는 않았을지 모르지만, 그것을 강제로 집행할 준비는 분명히 갖추고 있었다. 일단 이 점을 인정하면, 바우어의 논지에 담긴 중요한 의미를 파악할 수 있다. 즉 바우어의 제자들이

제1차 니케아공의회에서 콘스탄티누스 황제와 주교들이 아리우스의 저작을 불태우는 모습을 그린 양피지 그림(이탈리아 베르첼리 참사회 도서관 소장, 작자 미상)

혐오했던 정통 교리를 강요하는 행위는 설사 이단으로 규정된 운동이 정통으로 선언되었더라도 똑같이 집행되었을 것이다. 만일 다양성을 탄압한 원동력이 제국의 통일성에 있었다면, 어떤 견해가 정통으로 지명되었든지 정통 교리를 강요했을 것이라는 뜻이다. 이는 최근에 생긴 이상한 견해, 곧 이단은 본질적으로 자유주의적이고 정통은 억압적이라는 생각에 시사하는 바가 크다. 이런 운동들의 사회적 기능은 관념 자체로 결정되는 것이 아니라 국가의 승인에 의해 좌우되는 것처럼 보인다.

만일 도나투스파가 가톨릭파 대신에 콘스탄티누스의 승인을 얻었더라면, 제국의 사회적 결속을 위한 정책의 일환으로 토나투스주의가 강요되었을 것이다. 마찬가지로 만일 니케아 공의회가 아리우스파를 승인했더라면, 그와 똑같은 이유로 그리고 똑같은 방식으로 아리우스주의가 강요되었을 것이다. 제국의 안정은 교회의 통일성과 일치를 요구했기 때문이다. 이는 국가와 교회의 관계에 관한 역사에서 줄곧 되풀이되는 주제이다. 예컨대, 엘리자베스 1세의 통일령은 국가적으로나 국제적으로 긴장이 고조되는 시기에 잉글랜드의 종교 및 정치 상황을 안정시키려고 고안한 법령이었다.

이것이 유별난 억측이 아니라는 사실은 주후 337년 콘스탄티누스 사후에 전개된 상황을 보면 알 수 있다. 그의 아들 콘스탄티우스 2세는 아리우스파에 대한 애초의 판단을 뒤집을 요량으로 니케아 논쟁을 재개했다. 그는 아리우스파인 니코메디아의 에우세비우스의 충고를 받아들여 알렉산드리아의 아타나시우스를 이단으로, 그리고 아리우스를 정통으로 선언하는 등 니케아에 따른 정통을 뒤집어버렸다. 과거에 콘스탄티누스가 아타나시우스의 입장을 강요할 때 사용했던 것과 똑같은 제국의 권력을 이용하여 아리우스파를 옹호했다. 그래서 이번에는 아타나시우스는 물론이고 니케아에서 정립된 신학을 지지하는 사람들이 추방되었다.[14] 그런데 이 상황은 주후 381년에 열린 콘스탄티노플 공의회가 니케아 공의회의 기본 사상을 다시 인정하고 공고히 함에 따라 다시 뒤집어졌다.[15]

콘스탄티우스 2세가 아리우스파를 정통으로, 양성교리를 이단으로 선언한 사실은 정통이란 권력자들이 선호하는 종교 이데올로기일 뿐이라는 견해를 확증해주는 것처럼 보인다. 마치 권력의 이동이 정통의 이동을 초래하는 것처럼 말이다. 주후 325년에 이단으로 선언되었던 아리우스파가 20년 뒤에는 정통으로 군림하게 된 것이다. 그러나 니케아 공의회와 콘스탄티노플 공의회 사이에 일어난 사건들을 면밀히 조사해보면, 이단과 정통을 권력 정치의 산물로 보는 사상이 무너지는 걸 알 수 있다.

아리우스파를 정통으로 삼고 그 경쟁자들을 이단으로 규정하는 정치적 결정이 내려지자 교회에 주어진 여러 신학적 대안들의 자격에 대한 면밀한 지적 검토 작업이 추진되었다. 가이사랴의 바실리우스Basilius와 나지안주스의 그레고리우스Gregorius 같은 저자들이 제공한 신학적 분석은 한 신학의 지적 장점과 정치적 편의성 사이에 상당한 긴장이 있다는 사실을 드러냈다. 제국의 권세가 아리우스주의를 교회에 강요했을지는 모르지만, 아리우스주의가 최상의 지적 대안이 아니

콘스탄티노플 공의회 모습을 그린 벽화(루마니아 부쿠레슈티 스타브로폴레오스교회 소재)

라는 점이 분명해지고 있었다.[16] 결국에는 정치적 영향력으로 결함 있는 기독교 신앙관을 유지하는 건 부적절하다는 게 입증되었다. 그래서 아리우스파가 변방 지역의 교회에는 한동안 영향력을 행사했지만, 중심 지역은 다시금 니케아의 신앙관으로 되돌아갔다.

권력, 이단 그리고 중세시대

로마제국의 점진적 붕괴는 동방 교회와 서방 교회에서 일련의 재편성 작업이 일어나게 했다.[17] 서방에서는 교회가 점차 기존 사회질서의 보증인으로 등장했다. 이런 양상은 대안적인 권위 구조의 약점을 포함한 여러 요인을 반영하는 것이다. 교회는 중세시대 내내 중요한 자격이나 영향력을 갖춘 유일한 기관이었기에 국제 분쟁을 해결하는 데도 결정적인 역할을 수행했다.[18] 교황 이노켄티우스 3세 치하에서 중세의 교황권은 서부 유럽에서 전례가 없는 수준의 정치권력을 누렸다.[19] 1198년 이노켄티우스 3세가 교회에 대한 국가의 복종 원칙을 세웠을 때는 신학적 정당성까지 부여받았다. 마치 하나님께서 낮과 밤을 다스리기 위해 하늘에 더 큰 빛(해)과 더 작은 빛(달)을 세워놓은 것처럼, 하나님께서는 교황의 권세가 모든 군주의 권세를 능가하도록 정해놓았다고 주장했다. 교회의 권위는 도전해서는 안 될 질서의 일부였다. 마지못해 인정하는 경우가 많았지만, 어쨌거나 서부 유럽에 있는 여타 기관들 중에서 교회의 영향력에 근접할 만한 것은 아무것도 없었다.

먼저 중세의 교회가 중세시대 내내 서유럽의 사회적, 영적, 지적 생활의 중심에 서 있었다는 사실을 이해해야 한다. 한 개인의 구원에 대한 소망은 성도들의 공동체의 일부가 되는 것, 곧 교회로 가시화된 공동체에 속하는 것에 달려 있었다. 구속救贖을 얘기할 때는 결코 교회를 우회하거나 제쳐놓을 수 없었다. 카르타고의 키프리아누스가 3세기에 너무도 적절하게 주장했듯 교회 밖에는 구원이 없었다.[20] 이런 논점은 교회의 구조 속에 철저하게 스며들었다.

이 점을 잘 보여주는 예가 985년에 창설되었다가 12세기에 폭넓게 발전한 프랑스의 베네딕토 수도회 소속 사우즈의 성 마르셀 교회이다.[21] 교회에 들어가는 정문 위에 이런 글귀가 적혀 있다. "이곳을 지나가는 그대, 그대의 죄를 위해 울려고 오는 그대는 나를 지나가리니, 나는 생명의 문이라." 하늘의 위로나 죄의 용서를 추구하는 자들은 교회의 제도와 공인된 성직자의 개입이 없이는 그런 혜택을 누릴 수 없었다.[22] 구원은 철저히 제도화되었다.

이런 발전 양상과 더불어 이단은 새로운 의미를 덧입었다. 이단 운동은 공식적으로 교회의 바깥에 있는 것으로 간주했기 때문에 공식적으로 사람을 구원으로 인도할 능력이 없는 것으로 여겼다. 하지만 그보다 더 중요한 점은 그들이 대안적인 신앙체계나 으뜸이 되는 이야기 혹은 성경 해석법을 제시함으로써 교회의 권위에 도전하는 것으로 비쳤다는 사실이다. 이단 운동은 본래 종교적 관념에 기초하고 있지만, 궁극적으로 교회와 사회에 대한 대안적인 비전을 내세움으로써 교회가 이루고 있던 독점권을 위협하는 세력이었다.

이전 3세기 동안은 놀랄 만큼 저자세로 있다가 11세기에 들어와서 심각한 문젯거리로 등장하기 시작했다.[23] 일부 학자는 주후 1000년을 신비로운 의미를 가진 해라고 주장함으로써 천년 세대(1000-1033) 기간에 이단 사상의 물결을 불러일으켰다.[24] 중세시대에 서유럽에서 발생한 이단에 관한 연구는 몇 가지 중요한 정의定義 문제를 제기한다.[25] 이단으로 선언된 몇몇 운동은 옛 이단이 새로 단장을 하거나 수정된 형태로 나타나는 듯했다. 한 가지 좋은 예가 11세기에 프랑스 랑그도크 지방에서 출현하여 그 후 두 세기 동안 남부 프랑스에서 성행했던 카타르파라는 종교 분파이다.[26] 이 분파는 동유럽에서 유래한 듯 뚜렷한 영지주의 색채를 띠고 있었다. 이를테면, 물질은 본래 악하다는 관념을 비롯해 열등한 창조의 신과 우월한 구속의 신 사이의 변증법적 관계를 주장했다.

다른 이단들은 좀 더 정치적인 범주에 속하는 것 같다. 말하자면, 교회의 권위를 위협하는 운동으로 보인다는 뜻이다. 이런 이단은 정통 교회와는 다른 대안적인 사회관이나 성경 해석에서 교회의 특권적인 위치를 주장하기도 한다. 이런 운동의 예로는 발도파가 있는데, 발데스Valdés라는 리옹의 부유한 상인의 주도 아래 1170년경 남부 프랑스에서 발생한 일종의 개혁 운동이다.[27] 발데스는 특히 가난에 관한 명령을 중시하고 일상어로 성경을 풀어 설교하는 등 성경의 문자적 해석에 기초하여 개혁 운동을 시작했다. 이런 정신은 당시 성직자의 느슨한 도덕성과 뚜렷이 대조되었고, 남부 프랑스와 롬바르드에서 상당한 지지를 받았다. 개혁을 지향하는 풀뿌리 운동에 불과했지만, 교

/ 1415년 콘스탄츠 공의회는 존 위클리프를 이단으로 단죄하고 유해와 저서를 함께 불태웠다.

회의 권력과 지위를 위협하는 심각한 문제로 간주되었다.

이단의 개념이 정치화되는 현상을 가장 잘 보여주는 예는 흔히 성경을 영어로 번역한 최초의 인물로 알려진 잉글랜드 신학자 존 위클리프John Wycliffe에 대한 교회의 반응이었다. 당시의 결정적인 문제는 성경 텍스트를 읽고 해석하는 권한이 누구에게 있느냐였다. 모든 신자에게? 아니면 영적인 엘리트에게? 칸틱 고시Kantik Ghosh가 지적했듯이 위클리프는 성경을 "이데올로기적으로 힘을 실어주는 개념"으로 취급했다.[28]

바로 여기에 권력의 문제가 있다. 위클리프는 성경이 영어로 번역되어야 한다고 주장함으로써 텍스트에 접근하는 자들과 텍스트를 해석할 권한이 있다고 믿는 자들의 테두리를 훨씬 넓혀놓은 것이다. 이처럼 성경 해석의 민주화를 요구하는 위클리프에 반대했던 자들은 성경 해석의 권한을 엘리트에게 한정하는 전통적인 입장을 변호했다.²⁹ 그럼에도 불구하고 그 배후에는 권력을 확보하고 현상을 유지하려는 동기가 있었음을 간과할 수 없다. 그래서 위클리프파 '이단'은 결국 성경 해석에 대한 교회의 통제권을 약화하는 결과를 초래했다.

여기에 우리가 주목할 만한 한 가지 패턴이 있다. 중세에는 옛 이단들이 새롭게 모습을 바꿔 부활한 것이 사실이지만, 많은 운동이 정치적인 이유로 이단의 낙인이 찍힌 것도 숨길 수 없는 사실이다. 종교재판이 생긴 것은 정치적으로나 제도적으로 이단이 교황의 권위를 위협하는 중요한 세력으로 간주되었기 때문이다.³⁰ 이는 교부들이 생각했던 이단의 본질로부터 상당히 동떨어진 개념이다. 앞에서 살펴보았듯이 교부들은 이단을 어떤 개인이나 제도에 대한 위협이 아니라 기독교 신앙 전반에 대한 위협거리로 보았다. 그러나 이제는 이단이란 용어가 신학적인 뉘앙스가 아니라 종교재판의 뉘앙스를 띠게 되었다. 허버트 그룬트만이 1935년에 지적한 것처럼 중세에 이단으로 낙인찍힌 많은 종교 운동이 실제로는 전혀 이단이 아니었다. 그래서 그런 운동에 대해 이단이란 용어를 사용하지 말자고 주장하는 입장이 진지하게 제기되었다.³¹

이 점이 왜 중요한지는 프로테스탄티즘의 등장에 대한 가톨릭교회의 반응을 살펴보면 알 수 있다.

프로테스탄티즘, 새로운 이단인가

1510년대에 서부 유럽에서는 급진적인 종교 사상이 급증하기 시작했다. 개혁을 외치는 운동들이 유럽 전역에서 우후죽순처럼 일어나서 교회의 내적 갱신과 개혁을 요구하기 시작했다.[32] 로마의 성 베드로 성당 재건에 필요한 기금을 마련하고자 추진했던 면죄부 판매에 대해 마르틴 루터가 근본적인 문제를 제기하자 사태는 걷잡을 수 없이 퍼져나갔다. 루터가 1517년 10월 비텐베르크에 있는 성문에 그 유명한 95개 조항을 내걸자 마침내 레오 10세는 1520년에 루터를 이단으로 정죄하는 교서 '오 주님, 일어나소서 *Exsurge Domine*'를 발표했다. 이를 뒷받침하는 신학적 기반은 심각한 결함을 갖고 있었다. 하지만 진짜 문제는 신학이 아니라 루터가 교황의 영향력과 권세에 도전했다는 사실이다.

루터는 자신의 사상을 철회할 생각이 없었다. 오히려 이단으로 정죄된 그 해에 루터는 세 편의 대중적인 논문을 연달아 출판함으로써 교회 개혁에 대한 비전을 제시했다. 그중 가장 중요한 논문으로 간주되는 〈독일의 그리스도인 귀족에게 고함〉에서 루터는 교회 개혁을 위한 입장을 전개하면서 독일 귀족은 변화를 요구할 모든 권한을 갖고 있다고 주장했다. 〈교회의 바벨론 포로〉에서는 성례에 관한 교회의 가르침을 비판하고, 〈그리스도인의 자유〉에서는 칭의에 관한 견해를 쉽게 설명했다. 세 편의 논문 모두 교황의 권위에 위협을 가했지만, 그중에서도 가장 심각한 도전은 〈독일의 그리스도인 귀족에게 고함〉이었다.

이 작품에 담긴 루터의 중심 논지는 교회가 사방에 방어벽을 높이 세움으로써 비판과 개혁의 요구로부터 자신을 스스로 가둬버렸다는 것이다. 첫째, 현세적 질서와 영적 질서 사이에 근본적인 구별이 생겼다. 달리 말하면, 평신도와 성직자가 구분되었다는 뜻이다. 교회를 다스리는 일은 평신도가 아니라 성직자의 몫으로 선언되었고, 전자는 신앙의 문제에서 종속적인 존재로 간주되었다. 둘째, 성경을 해석하는 권한이 평신도에게는 허락되지 않고 궁극적으로 교황에게 있다. 셋째, 오직 교황만이 개혁을 위한 공의회를 개최할 수 있다. 여리고의 벽이 와르르 무너졌듯이 이 모든 것이 땅에 거꾸러져야 한다고 루터는 선언한다. 루터가 이 벽들을 향해 분 은유적인 나팔 소리는 종교개혁의 기본 주제들을 잘 요약해준다. 그리고 이 주제들은 점차 프로테스탄티즘의 규범이 되었다.

루터는 종교개혁의 위대한 주제 하나를 설명함으로써 교회에 대한 비판을 개시했다. 바로 신앙의 민주화였다. 루터는 교회를 가리켜 '공동체Gemeninde'라는 용어를 사용하면서 공동체는 성직자에게 신성한 권세와 권력이 집중되는 신적 기관이 아니라 근본적으로 신자들의 모임이라고 강조했다. 남녀를 불문하고 모든 신자는 세례를 통해 제사장이 되었다. 루터는 이 교리에 따른 중요한 추론을 덧붙였다. 성직자도 다른 모든 그리스도인과 마찬가지로 결혼할 자유가 있어야 한다는 것이다. 성직자가 가진 결혼의 권리는 곧바로 프로테스탄티즘의 뚜렷한 특징이 되었다.

루터는 만인 제사장직이라는 교리의 근거를 신약성경의 교회 개념, 집합적 의미의 "왕 같은 제사장"에 두었다.[33] 성직자가 평신도보다 우월하다고 주장하는 것, 마치 그들이 일종의 영적 엘리트인 것처럼 그들의 안수가 특별히 지울 수 없는 성품을 부여하는 것처럼 주장하는 것은 아무 근거가 없다고 비판했다. 성직자는 교회 공동체 안에서 다른 평신도로부터 특별한 은사를 갖고 있다고 인정받고, 그들 가운데서 목회 사역이나 가르치는 사역을 담당하도록 동료들의 공인을 받은 평신도에 불과하다. 따라서 그런 결정을 내릴 권한은 독재적인 엘리트나 상상 속의 영적 귀족이 아니라 모든 그리스도인에게 있는 것이다.

루터는 이 논점을 사회적 유추를 사용해 전개했기 때문에 500년이 지난 오늘에도 쉽게 이해할 수 있다. 성직자는 평신도가 그들의 대표이자 선생이며 지도자로 선출한 직분자라고 루터는 말했다. 지위에 있어서는 성직자와 평신도 사이에 근본적인 차이가 없다. 차이는 전자가 사제의 직분으로 선출되었다는 사실뿐이다. 모든 신자는 세례로 인하여 이미 그 지위를 가지고 있다. 그리고 이 직분의 선출은 뒤집어질 수도 있다. 상황에 따라 선출된 자들을 해고할 수도 있다는 뜻이다.

신자의 보편적 제사장직 교리에 기초하여 루터는 각 그리스도인에게 성경을 해석할 권리와 교회의 가르침이나 관행이 성경과 모순되는 것처럼 보일 때 문제를 제기할 권한이 있다고 주장했다. 보통 그리스도인들과 구별되거나 그들보다 우월한 영적 권위, 곧 특정한 성경 해석을 교회에 부과할 수 있는 권위는 존재하지 않는다. 성경을 읽고 해석하는 권리는 모든 그리스도인의 타고난 권리이다. 이 단계에서 루터는 성경이 보통 그리스도인이 읽고 이해할 수 있을 만큼 명료하다고 확실히 믿었다. 이 민주화 의제에 이어 모든 신자는 자기가 이해할 수 있는 언어로 성경을 읽고 스스로 그 의미를 해석할 수 있는 권리가 있다고 루터는 주장한다. 따라서 교회는 성경 해석과 관련하여 교인들에게 책임이 있으며, 모든 면에서 도전을 받을 준비를 갖추고 있어야 한다고 강조했다.

루터의 논점은 도무지 간과할 수 없을 정도로 중요한 것이었다. 중세 교회는 신이 제정해준 성경 해석의 독점권을 갖고 있다고 주장함으로써 스스로 성경에 근거한 비판에서 벗어나는 존재라고 선언했었다. 외부에 있는 그 누구도 성경을 해석할 권위가 없는 만큼 성경을 가지고 교회의 교리나 관행을 비판할 수 없다는 논리였다. 이에 대한 루터의 반응은 평신도에게 성경을 해석하는 힘을 실어주고, 교회로 하여금 자신의 가르침에 대해 교인들에게 책임을 지게 하는 것이었다. 그리고 만일 교인들이 그 결과에 만족하지 못하면, 평신도로서 개혁을 위한 회의를 개최하여 그 문제를 의논하자고 요구할 권한이 있었다.

이 마지막 논점은 아마 그중에서 가장 위험한 발상이었을 것이다. 중요한 역사적 전례 하나가 루터의 편에 있는 것처럼 보였기 때문이다. 거의 비꼬는 말투로 루터는 독자들에게 기독교 역사에서 가장 중요한 회의의 하나인 니케아 공의회를 소환한 책임이 로마 황제였던 콘스탄티누스에게 있었다는 사실을 상기시켰다. 평신도 통치자가 그 옛날에 그런 회의를 소집할 수 있었다면, 1200년이 지난 뒤에 독일

군주들이 똑같은 일을 해서는 안 된다는 법이 있는가?

　루터를 비롯한 여러 프로테스탄트들은 교회에 의해 노골적으로 이단으로 정죄되었다. 많은 가톨릭 변증가들은 루터주의를 예전의 이단들이 다시 등장한 것에 불과하다고 보았다. 파리 대학교는 루터의 초기 신학 명제들을 이단 사설로 정죄하면서 예전의 이단들과 당시 루터가 설명하는 사상 사이에 본질적인 연속성이 있다는 걸 입증하려고 애썼다.[34] 그래서 루터의 사상은 독창적인 것이 아니라 본질적으로 옛 이단의 재판再版으로 간주되어야 했다. 루터의 통회 신학은 후스파의 것이고, 고백의 교리는 위클리프파의 것이며, 은혜 및 자유의지의 신학은 마니교의 것이라는 식이었다. 파리 대학교에 따르면 종교개혁은 이미 정죄를 당했던 예전의 이단들이 재등장한 현상에 불과했다.

　그러나 편견 없는 루터의 독자들은 루터 신학이 교부의 전통에서 이탈한 게 아니라 그 전통과 연속성이 있다는 점에 더 많은 감명을 받았다. 고전적인 기독교 이단들에 비추어볼 때 루터는 어쩌면 교회론을 제외하면 모든 면에서 정통파로 판단할 만하다고 생각했다. 루터로서는 1520년대의 정치 상황을 감안하면 일시적으로라도 교회로부터 단절되어 기독교 신앙의 순수성을 유지하는 일이 필요하다고 믿었다. 그는 당시의 교회가 은혜의 교리를 타협했으며, 사실상 공로로 구원을 얻는다는 펠라기우스주의를 붙들고 있다고 확신했다. (이를 둘러싸고 오늘날 대다수 학자들이 논쟁을 벌이고 있다.) 루터는 당시의 역사적 환경 때문에 스스로 교회의 정통 교리를 붙잡거나 은혜의 교리를 붙들지 않으면 안 되는 처지에 있었던 것이다. 위대한 19세기 미국 프로테

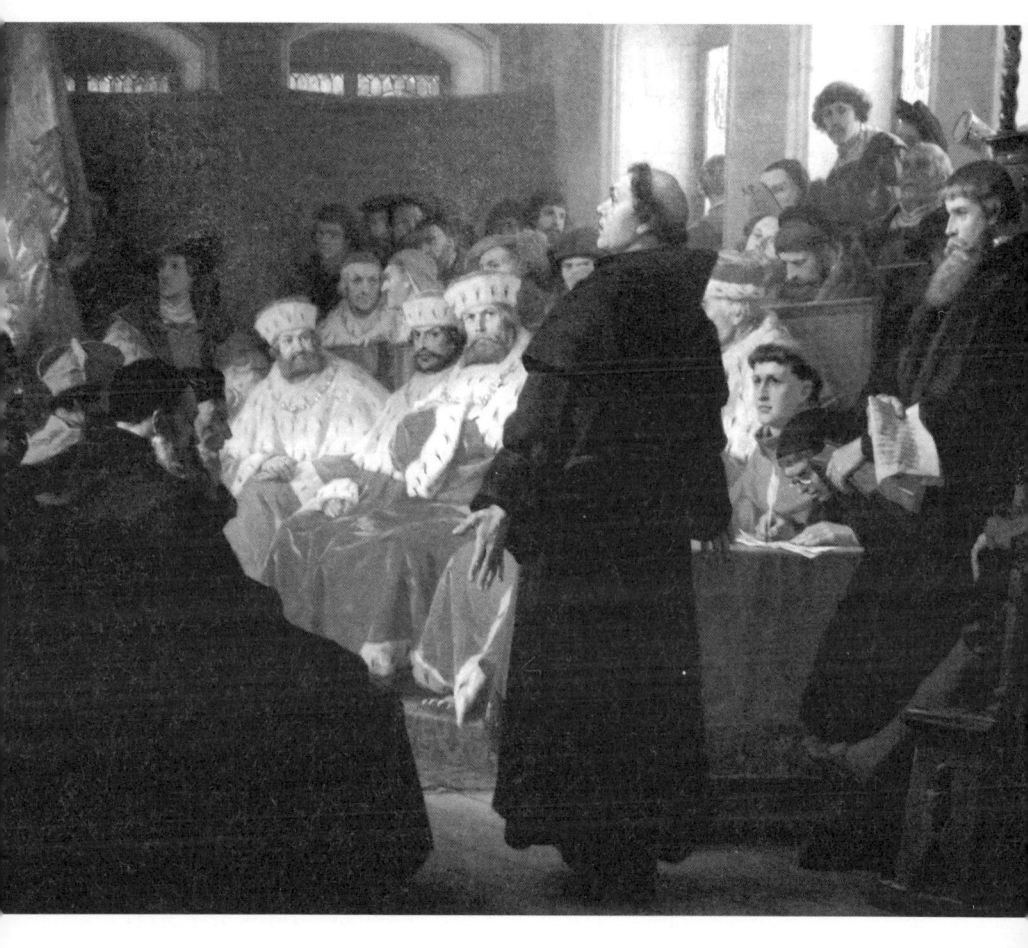

1521년 4월 18일 보름스 국회에 소환된 루터는 "내가 성경의 증언이나 자명한 이성에 의해 설득되지 않는 한 이 입장을 그대로 견지하겠다"고 증언했다.

스탄트 신학자 벤자민 워필드Benjamin B. Warfield는 "종교개혁을 내적으로 고려하면 아우구스티누스의 은혜 교리가 아우구스티누스의 교회 교리를 이긴 궁극적 승리라고 할 수 있다"고 말했다.[35] 이 점으로만 보면 루터는 아우구스티누스의 견해보다 도나투스주의에 더 가깝다고 할 수 있다. 하지만 다른 여러 면에서는 루터의 교회론이 철저히 도나투스주의에 반대하는 것을 알 수 있다.

더 나아가 루터와 종교개혁의 주류파는 교부시대의 고전적 기독교 편에 서는 것을 자기 이해를 위한 필수 요소로 간주했다. 좀 더 급진적인 프로테스탄트 운동들은 유아 세례 같은 전통적 관행과 삼위일체론 같은 믿음을 버린 데 비해 루터와 칼뱅은 그들의 프로그램이 고전적인 교부식 접근과 직접적으로 연결되어 있다고 주장했다. 프로테스탄티즘은 무엇이 정통이고 무엇이 이단인지에 관한 아타나시우스와 아우구스티누스의 판단을 쫓는다는 것이다.[36]

그러면 루터는 정말로 이단이었는가? 프로테스탄티즘은 어떤가? 세월이 흐르면서 루터와 종교개혁 교회들에 대한 가톨릭의 태도가 아주 부드러워지는 것을 볼 수 있었다. 예컨대, 제2차 바티칸 공의회는 성령이 비가톨릭 기독교 공동체 안에서도 활동하고 있다고 인정했다. 세례를 받고 믿음으로 의롭게 된 모든 사람은 그리스도의 몸의 지체들이고, 가톨릭교회에 의해 그리스도인이자 형제로 불릴 자격이 있다고 인정했다.

그런데 여기서 우리의 관심사는 지난 50년간 상당히 개선된 프로테스탄티즘과 가톨릭 간의 관계가 아니고, 이단의 개념이 교부시대 이

후에 다른 의제와 함께 사용되었는지 여부이다. 교부시대에는 이단의 개념이 분명 신학적 의미를 갖고 있었다. 이단은 궁극적으로 일관성이 없거나 변호될 수 없는 방식으로 기독교 신앙을 설명하는 입장을 가리켰다. 하지만 중세에 들어오면 이단이란 용어가 교황을 위협하는 것으로 간주되는 사회 운동이나 종교 운동을 의미하는 것으로 바뀐다. 내가 판단하기에는 허버트 그룬트만의 주장, 곧 이단이란 용어를 이런 식으로 어떤 운동의 핵심 사상이 아니라 역사적으로 변하는 교회 정치의 상황에 따라 정의하는 것은 적절치 않다는 주장이 옳다고 생각한다.

프로테스탄티즘과 이단의 문제

앞에서 언급했듯이 프로테스탄티즘은 곧바로 가톨릭교회에 의해 이단으로 낙인찍혔다. 프로테스탄트들은 이에 분개하면서 자기네가 정통 신앙을 중세의 왜곡된 모양에서 회복시켰다고 응수했다. 프로테스탄티즘이 초대교회의 정통 신앙을 회복한 것이 아니면 무엇이란 말인가?[37] 그럼에도 가톨릭교도들은 프로테스탄티즘이 초기의 성경 해석을 완전히 회복할 수 있을지 몰라도 회복된 것이 정통인지 이단인지를 결정할 수단이 없다고 주장했다. 해석을 식별할 만한 역량이 없는 만큼 프로테스탄트들은 그런 사안들에 대한 가톨릭교회의 판단을 되풀이할 수밖에 없다고 보았다. 다른 한편, 프로테스탄트들은 자기네가 초대교회의 진정한 가르침을 복구하려고 헌신한 만큼, 그것은 당연히 정통과 이단에 대한 당시 교회의 견해까지 포함한다고 주장했다.

프로테스탄트의 이단론은 예전의 교회가 기존의 이단들이 새로운 모습으로 부활한 것을 정죄했던 것을 다시 확증하는 일에 국한되는 한 아무 문제가 없었다. 예전의 이단이 현대적 모양으로 부활한 좋은 예는 이탈리아의 프로테스탄트 진영에서 발생하여 북유럽에서 추종자들을 얻은 반反삼위일체론의 발흥에서 볼 수 있다.[38] 후안 데 발데스 Juan de Valdés를 비롯한 그 일파는 삼위일체 교리를 성경에서 찾을 수 없을 뿐 아니라 성경적 근거로 변호할 수도 없다고 주장했다. 그러므로 성경에 충실한 프로테스탄트들은 이 교리를 수용할 의무가 없을뿐더러 성경 진리를 왜곡한 것으로 문제를 제기할 책임이 있다고 보았다. 이들은 종교재판에 의해 이탈리아에서 추방된 뒤에 스위스 남동부에 위치한 그라우뷘덴 독립공화국에 정착하여 개혁파 프로테스탄티즘에 점점 더 많은 영향을 끼쳤다.

이 경우에는 프로테스탄티즘이 에베소 공의회와 칼케돈 공의회에서 진술된 신앙에 호소함으로써 이단적 경향을 잘 다룰 수 있었다. 기독교 진영 전체가 그런 가르침을 이단으로 선포했던 터였다. 그래서 프로테스탄티즘은 이 같은 전통적인 가르침을 좇아서 반삼위일체론을 이단으로 배격했다. 프로테스탄티즘 내부에서 발생하긴 했지만, 이 사상은 옛 이단이 새롭게 옷을 입은 형태로 쉽게 배격할 수 있었다. 그런데 프로테스탄티즘 내부에서 발생한 새로운 종교적 가르침, 즉 예전의 기독교 역사에 전례가 없는 가르침은 어떻게 할 것인가? 그런 가르침이 용납될 수 없는 것으로 판명되면, 그것을 이단으로 규정할 수 있을까?

이런 경우를 보여주는 훌륭한 예는 예정에 관한 자콥 아르미니우스Jakob Arminius의 가르침을 둘러싸고 일어난 아르미니우스 논쟁이다.[39] 이 중요한 논쟁은 칼뱅주의 내부에서 예정론을 중심으로 일어났으며, 결국은 칼뱅주의와 아르미니우스주의 양 갈래로 갈라지는 계기가 되었다. 17세기 칼뱅주의 정통파는 개인의 영원한 운명은 순전히 하나님의 주권에 달린 문제라고 주장했다. 반면에 아르미니우스주의는 인간에게 하나님의 부르심에 저항할 수 있는 역량이 있는 만큼, 제한된 정도로나마 자신의 선택과도 관계가 있다고 주장했다. 각 진영은 상대방을 이단으로 비난했다. 그러나 사실상 각 진영은 나름대로 일관성 있는 성경 해석을 대변한다고 똑같이 주장할 수 있었다. 비록 그 해석들이 기본 사상과 그리스도인의 삶에 대한 시각에서 근본적인 차이가 있었지만 말이다.

프로테스탄티즘의 어려움은 이편이든 저편이든 어느 한편을 옳다고 선언할 수 있는 더 높은 권위를 갖고 있지 않았다는 점에 있다. 성경이 신앙에 관한 최고의 규율이라면, 성경을 해석하는 어떤 권위도 그 위에 둘 수 없는 법이다. 그래서 결국에 가서 어떤 문제를 결정하는 실질적인 수단이라고는 프로테스탄트 선거구 안에서 실시하는 투표밖에 없었다. 칼뱅주의 정통파의 경계선을 확증한 도르트 회의가 대표적인 예이다. 그 결과 정통은 해당 선거구에서 가장 많은 표를 얻는 신학이고, 이단은 소수의 목소리를 대변하는 것으로 규정되는 위험을 감수해야만 했다.

여기서 문제는 이단이란 궁극적으로 온 교회가 용납할 수 없는 것으로 판단한 가르침을 일컫는 용어라는 점이다. 따라서 이 용어를 칼뱅주의나 아르미니우스주의 중 어느 편에도 사용할 수 없는 것은 양측이 프로테스탄티즘의 한 선거구, 즉 개혁 교회 안에서 일어난 분열을 대변하기 때문이다. 우리는 프로테스탄티즘 안에서 발생한 특정 이단에 관해서는 분명히 논할 수 있다. 가령, 17세기와 18세기 성공회 안에서 등장한 아리우스주의의 부활과 같은 것 말이다.[40] 이 경우는 온 교회가 이단으로 간주했던 사상이 다시 등장한 것이다. 하지만 프로테스탄티즘의 성격상 그 운동 내부에서 발생한 서로 다른 학파들을 일컬을 때는 이단이란 용어를 사용하기가 대단히 어렵다. 온 교회가 이미 비정통 사상으로 규정한 것을 재생산하지 않는 한 그렇다. 그러나 여기서 우리가 살펴보는 프로테스탄트 정통파들은 제각기 나름대로 성경의 근거를 갖고 있고, 신앙의 내적 역학에 대한 나름의 지식이 있으며, 무엇이 용납할 만하고 무엇이 그렇지 않은지에 관한 나름의 판단 기준을 갖고 있는 경우이다. 따라서 이런 상황에서는 이단이란 용어를 사용하는 것이 적절치 않다고 결론을 내릴 수밖에 없다. 이단이란 본래 교회 안에 있는 어떤 파당이 아니라 온 교회가 용납할 수 없다고 간주하는 가르침을 지칭하는 말이기 때문이다.

그런데 프로테스탄티즘 안에는 성경을 나름대로 해석하는 개인의 권리에 비추어 정통과 권력의 관계를 재고해야 한다고 외치는 중요한 목소리들이 있다. 예를 들어, 잉글랜드의 위대한 청교도 신학자요 시인인 존 밀턴John Milton은 종교적 양심의 자유가 정통을 규정하는 가장 중요한 요소라고 주장했다. 정통 교리를 강요한다는 개념 자체가 밀턴의 신학적, 문화적 직관에 거슬렸던 것이다.[41] 밀턴에게 정통이란 프로테스탄트 개인의 양심에 옳게 보이는 성경 해석을 가리키는 말이다. 여기서 우리는 개인의 신학적 판단과 온전한 성경 해석에 호소하면서 권위주의에 반발하는 모습을 보게 된다. 교회가 나름대로 최상의 방법을 사용하여 똑같은 성경의 뜻을 이해하려고 노력하는 개인들의 집합이 아니면 무엇이란 말인가? 밀턴은 이단적인 견해를 개인의 양심 대신에 외적인 권위에 기대는 종교적 의견으로 본 셈이다.

> 어떤 사람, 어떤 종교회의, 어떤 장로회의라도… 다른 사람의 양심에 다가오는 성경의 의미를 결정적으로 판단할 수 없는 만큼… 자기의 양심과 지성에 비추어 성경에 나오는 것처럼 보이는 믿음이나 의견을 갖고 있는 사람이 비록 남들에게는 잘못된 것처럼 보일지라도 이단으로 비난받으면 안 된다. 이는 그를 비난하는 사람들이 그와 똑같은 짓을 해서는 안 되는 것과 마찬가지이다.[42]

이런 밀턴의 분석은 프로테스탄티즘이 이단의 개념을 다루려 할 때 스스로 빠지는 곤경을 부각시킨다. 프로테스탄티즘은 성경 해석을 신학의 중심에 두고 성경보다 더 높은 권위를 전혀 인정하지 않는다.[43] 어느 것이 정통이고 어느 것이 이단인지를 결정할 수 있는 공인된 수단이 없는 만큼, 성경에 대한 다양한 해석이 생길 수밖에 없다는 걸 인정하지 않을 수 없다. 이런 어려움은 옛적에 어떤 견해를 이단으로,

또 어떤 견해를 정통으로 판단했는지를 참고하면 완전히 해결되지는 않더라도 어느 정도 덜 수 있다. 하지만 프로테스탄티즘은 적어도 이론적으로는 그런 교부의 판단이 계속 이어지는 성경 해석에 비추어 수정될 필요가 있다는 입장을 유지하면서도 궁극적으로는 그 문제를 계속 논의하고 싶어 할 것이다. 프로테스탄티즘은 이처럼 이단과 정통의 개념을 다룰 때 신학적인 곤경에 빠지게 된다. 잠시 후에 이 부분을 다시 다룰 생각이다.

포스트모더니즘, 이단 그리고 권력에 대한 의심

이번 장에서는 이단, 정통 그리고 권력의 관계를 몇 가지 측면에서 살펴보았다. 이단의 개념이 권력의 문제와 연결되어 있다는 것은 의심의 여지가 없지만, 그렇다고 해서 이단이 권력을 가진 자들에 의해 규정된다는 뜻은 아니며, 이단의 지적 본질이나 특징이 존재하지 않는다는 뜻도 아니다. 기독교 신앙의 고전적인 이단들은 모두 교부시대에 신학적 탐구 작업을 하는 동안에 생긴 것인데, 거기에 정치적 사회적 함의가 있을 가능성이 충분히 있다. 하지만 그 이단들은 궁극적으로 정치적 내지는 사회적 구성물이 아니라 신학적인 막다른 골목으로 이해해야 한다.

이 장을 마치기 전에 조금 더 살펴보아야 할 점이 있다. 앞에서 오늘날의 서양 문화가 이단에 매력을 느끼고 있다는 건 이미 언급한 바 있다. 포스트모던 문화의 가치관은 정통보다 이단을 선호할 만한 암묵적인 이유를 제시해준다. 가령, 이단이 정통보다 덜 도덕주의적이고 덜 권위주의적이라는 것, 이단이 지적으로 둔감한 정통보다 더 흥미로운 사상이라는 것, 정통이 스스로 지적 혹은 역사적 단점을 은폐할 목적으로 이단에 관한 진실을 억눌렀다는 등의 신념이 널리 퍼져 있다. 이런 인식은 역사적으로는 변호하기가 어렵지만, 그래도 오늘날의 문화 분위기와 공명하고 있다. 서양 문화의 역사는 그런 인식이 재빨리 현실화되고 있음을 보여준다.

그러나 역사는 몬타누스주의 같은 많은 이단이 정통보다 훨씬 더 권위주의적이고 도덕적으로 엄격했다는 사실을 가리키고 있다. 다수의 이단들은 혁신적이거나 급진적이기는커녕 오히려 보수적이어서 초기 기독교가 개발한 더 급진적인 사상 때문에 무너지고 있던 전통적인 관념을 붙들고 있었다. 예컨대, 영지주의 사상은 성육신이라는 변혁적인 기독교 개념에 비해 무척 단조로워 보인다. 그리고 이단의 기원을 비롯한 초기 기독교 세계에 대한 역사적 관심이 급증하는 현상은 여러 종류의 음모론에 유리한 정보를 거의 제공해주지 못한다. 댄 브라운의 《다빈치 코드》는 역사적으로든 지적으로든 기독교 정통에 대한 믿을 만한 비판을 제공하기 때문이 아니라 역사를 선택적으로 조작했기 때문에 더 흥미를 끌었다. 이 소설이 성공한 부분적인 이유는 오늘날의 문화 분위기와 잘 맞아떨어졌기 때문이다.

여기서 이단에 대해 모매한 태도를 보이는 포스트모더니즘의 두 가지 측면을 좀 더 자세히 고찰할 필요가 있겠다. 오늘날 서양에서 이단에 대한 문화적 관심이 급증한 것은 대체로 포스트모더니즘의 두 가지 독특한 신념에 기인한다. 첫째, 현재 군림하고 있는 정통은 권력의 소산일 뿐이다. 둘째, 논쟁을 마감하려는 어떤 시도도 바람직하지 않다. 이제 이 두 가지를 간략히 살펴보면서 그 중요성에 주목해보자.

첫째, 우리는 포스트모더니즘 속에 잠재된 정통에 대한 깊은 의심에 주목해야 한다. 포스트모더니즘의 해석에 따르면, 정통은 그 경쟁자들에 비해 우월한 사상을 갖고 있었기 때문에 승리한 것이 아니다. 권력 있는 자들이 자기네 사회적 지위를 표현하고 보강하는 방편으로 강요한 결과일 뿐이다. 따라서 정통은 기존 세력의 기득권을 증진하고 변호하려고 고안한 통제 이데올로기인 셈이다. 미셸 푸코의 유명한 이미지를 빌리자면, 정통은 현상유지를 위해 모든 것을 통제하고 조종할 수 있는 "사방이 훤히 보이는 원형 교도소"와 같다.⁴⁴

특권적인 관점에 대한 푸코의 비판은 진지하게 고려할 만한 가치가 있다. 진리의 개념이 권력에 의해 얼마나 쉽게 왜곡될 수 있는지 정확히 보여주기 때문이다. 소련의 역사를 잘 아는 독자는 공산당 기관지 이름이 프라우다(Pravda, '진실'이란 뜻의 러시아어)였다는 사실을 기억할 것이다. 푸코의 논점이 설득력을 갖는 시기는 특히 중세이다. 당시는 이단의 개념이 종종 교황에게 위협을 가하는 것으로 보이는 인물이나 집단을 무력화시키고 제거하려는 지적 정당화 수단으로 이용되었기 때문이다. 이를 비롯한 몇 가지 이유 때문에 나는 이단이란 용어를 주후 451년의 칼케돈 공의회를 종점으로 하는 고전 시대에만 국한하여 사용하고 싶다.

고전 시대의 경우 이단의 개념이 합의에 의해 서서히 등장했음을 가리키는 증거가 분명히 있다. 교부시대의 일부 저자들은 특히 교회 정치의 문제가 관련되어 있는 경우에 경쟁자들과 대적들을 모욕하기 위해 그 용어를 이따금 사용하기도 했다. 그러나 이런 개인적 차원의 비난은 온 교회의 평가와 수용을 받지 않으면 안 되었다.[45] 말하자면, 이단의 개념은 힘 있는 개인이나 이익 집단의 문제가 아니라 교회의 문제였던 것이다. 이로 보건대 4세기에 황제들이 교권을 행사하여 정통파보다 아리우스파를 선호했다는 사실은 이단의 입장이 권력으로 인해 특권적 지위를 얻게 된 예를 보여주는 중요한 사건이다.

둘째, 일부 사람들은 정통의 개념이 문제를 서둘러 봉합했다는 뉘앙스를 풍기기 때문에 의심의 눈초리를 보낸다. 이런 문제들은 그냥 열어놓아야 하는 것 아닌가? 정통이란 항상 다시 검토할 필요가 있는 잠정적인 개념이 아닌가? 이는 봉합의 개념을 비판하는 포스트모던 저자 힐러리 로슨Hilary Lawson의 견해로 고려할 만한 가치가 있다. 로슨은 "봉합은 개방성에 고정쇄를 박는 것으로 이해할 수 있다"고 말했다.[46] 지적인 탐구의 여정은 모름지기 계속 이어지는 것이며, 어떤 고정된 또는 영구적인 목적지에 도달하지 않는다. 그래서 로슨은 영원히 열린 상태를 유지해야 한다고 주장한다. 우리의 지적 항해는 어떤 정박지에도 도착하지 않고 일시적인 휴게소에만 다다를 뿐이다.[47]

이처럼 모든 지적 대안을 열어놓고 영구적인 판단 중지를 요구하는 로슨의 입장은 지속적으로 신학적 경각심을 유지하는 게 중요하다는 걸 강조하는 면에서는 가치가 있다. 하지만 안일한 태도를 피하고 정규적으로 지적 대안을 재검토하는 일이 중요하다고 강조하는 것 말고는 어떤 장점이 있는지 무척 의아하다. 로슨의 입장은 실재는 활짝 열려 있기에 인간 관찰자들이 자기네 이론으로 그것을 잘못 마무리하면 이해력이 제한되고 왜곡될 수밖에 없다는 것이다. 이런 왜곡을 피하는 유일한 방법은 봉합하는 행위 자체를 피하는 것이라고 라슨은 주장한다.

로슨의 주장이 다 옳지는 않을지라도 그 논점에 나름의 장점이 있는 건 사실이다. 나는 고전적 프로테스탄티즘의 대변인으로 기쁘게 기존의 신앙 공식을 줄곧 심문하고 재검토해야 한다는 사상에 헌신했다. 다시 말해 교회가 기독교 신앙의 기본 주제를 표현할 때 최상의 수단만을 사용하도록 분명히 짚고 넘어가고 싶다는 말이다. 이는 정통을 볼 때 그런 심문 과정을 거뜬히 통과하여 그 정당성을 인정받을 만한 탄탄하고 일관성 있는 관점으로 이해할 수 있다는 뜻이다. 정통 신앙은 독단적으로 강요되길 바라는 게 아니라 본유적인 미덕 때문에 인정받기를 원하는 것이다.

어쨌든 칼케돈 공의회를 거론하며 나사렛 예수의 정체성에 관한 문제가 완전히 마무리되었다는 식으로 말하는 것은 오도의 가능성이 많다. 칼케돈 공의회의 발표문은 그리스도의 인격에 관한 사유를 위한 몇 가지 기본 규율을 확인하고, 일정한 범위에 들어오는 것은 정통으로 합법화하는 한편 일부 대안들은 부적절한 것으로 배제한 것으로 보아야 한다. 그리스도의 정체성과 중요성에 관한 가능한 해석의 범위를 들판에 비유한다면, 칼케돈은 좋은 목초지 둘레에 울타리를 친 것에 불과하다. 저명한 신학자 카를 라너가 지적하듯이 칼케돈 공의

회는 그리스도의 정체성에 관한 성찰의 마감이 아닌 새로운 기점이 되었다고 할 수 있다.[48]

그런데 이런 논점들 아래에는 우리가 흔히 간과하는 무언가가 있다. 기독교 정통은 고정된 일련의 결과인 만큼 계속 이어지는 과정이라는 점이다. 나는 고전적 프로테스탄트의 한 사람으로서 어떤 믿음 체계가 정통 신앙으로 추정할 만한 타당한 이유를 갖고 있다고 주장할 것이다. 하지만 동시에 혹시라도 그것들이 부적절하거나 진정성이 없는 것으로 입증될지 몰라서 그것에 줄곧 의문을 제기하는 일에 헌

/ 451년 로마 교황 레오 1세의 요청으로 동로마 황제 마르키아누스가 소아시아의 칼케돈에서 소집한 칼케돈 공의회

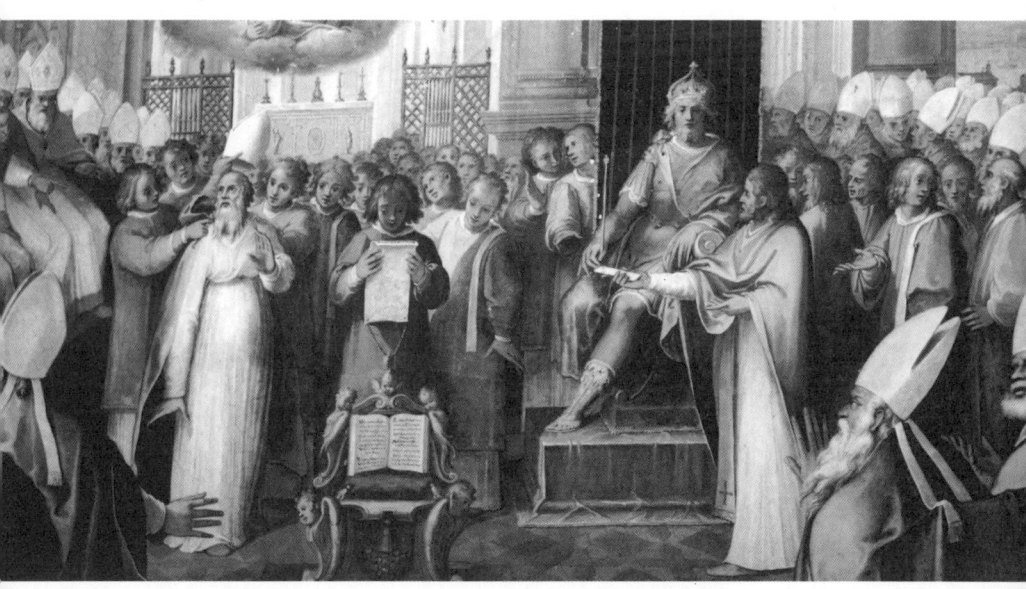

신하고 있다. 따라서 어떤 의미에서 정통은 미완성이라고 할 수 있다. 정통은 어느 시점에서 살아 있는 신앙을 공식화할 최선의 방법을 찾는 교회의 정신을 대변하기 때문이다. 과거와 현재의 갈등과 긴장 관계는 참신한 통찰을 확정하고 전통 사상을 새롭게 표현하는 방법을 개발하게 도울 수 있다. 또는 한때 적절하다고 생각했던 특정한 표현 양식과 사고방식을 이제는 문젯거리로 간주해야 한다는 것을 깨닫게 도와줄 수도 있다.

초기 기독교 사상의 역사를 보면 신학적으로 안일한 태도가 얼마나 위험한지 알 수 있다. 한때 정통 신앙으로 간주하던 사상이 종종 상당 기간에 걸친 면밀한 조사를 통해 부적절한 것으로 판명되었다. 사실 아리우스에 대해 이런 식으로 주장하는 것도 가능하다. 즉 그는 신학적 전통주의자였는데, 기독교 전통을 정돈하려고 하다가 오히려 빈약하게 만들었고, 신앙의 실체를 수용할 수 있는 개념적, 언어적 역량을 크게 손상시켰다는 사실을 미처 깨닫지 못한 사람이었다고 말이다.[49] 여기에서 하나의 역설적인 사실을 볼 수 있다. 과거의 신학적 공식을 말로 반복한 것을 정통으로 규정하는 자들은 기독교 신앙을 특정한 역사적 형태로 화석화한 나머지 정작 그것이 표현하고 전달하려는 신비로운 진리에 걸맞은 개념적, 언어적 여유를 잃어버린다.[50]

이 장에서는 한편에 정통과 이단을, 다른 한편에 정치권력을 놓고 이들 간의 상호작용에 대해 살펴보았다. 이들 사이에 서로 영향을 주고받는 역학관계가 있는 건 틀림없지만, 많은 교리가 현재의 형식으로 확정되던 교부시대에 권력층이 선호했던 견해를 기독교 정통으로 보는 사상은 결코 지지를 받을 수 없다. 그러나 기독교가 권력층 바깥의 종교 운동이었다가 중요한 정치 세력이 되어 기독교 세계의 출현까지 불러왔을 때는 이단의 개념이 새로운 연상聯想을 지닐 수밖에 없다. 정통의 정치화 현상은 그 반대편에 있는 이단의 정치화를 가져올 수밖에 없는 것이다.

이런 정치화 현상은 필연적으로 사회적인 결과도 낳았다. 현재 군림하는 정치화된 정통은 억압적이고 무정한 특권층으로 비친 반면에, 이단 운동은 개개인에게 대안적인 종교적 비전과 구조를 제공하는 것으로 보였다. 이들은 이런 사회적 기능을 가능케 해준 정치적 맥락 덕분에 효과적인 사회 저항 운동이 될 수 있는 역량을 갖게 된 것이다. 이런 맥락을 감안하면 이단이 근대 유럽 초창기에 자유지상주의의 열망으로 채색된 현상을 쉽게 이해할 수 있다. 사실 포스트모더니즘이 이단에 매료되는 것은 아직도 남아 있는 이런 문화적 기억에 근거하고 있다. 사회 현실은 바뀌었을지 모르지만 기억과 연상은 아직도 생존하고 있는 셈이다.

10

이단과 이슬람의 기독교관

기독교 이단의 특징은 코란에서 예수를 묘사하는 모습과 어떤 관련이 있을까? 만일 예수의 인격과 지위에 대한 기독교의 견해를 비판하는 코란의 방식이 기독교 정통파보다 이단과 비슷하다면 어떻게 될까? 이슬람이 기독교의 특성으로 묘사하는 대목은 모든 면에서 칼케돈의 정통파가 아니라 세트파 영지주의의 영향을 받은 것이다.

HERESY:
A HISTORY OF DEFENDING THE TRUTH

이 책에서 시도한 분석은 현재보다는 과거에 초점을 맞추고 있다. 하지만 과거에 대한 이해는 현재를 이해하고 오늘날의 문제를 다루는 데 무척 유용하다. 아쉽게도 이 책의 성격상 충분히 논의할 수는 없지만, 이를 보여주는 한 가지 중요한 예를 들어볼까 한다. 오늘날의 세계에서 가장 중요하고도 어려운 관계 중 하나는 의심의 눈초리로 서로를 쳐다보는 기독교와 이슬람의 불편한 관계이다. 양자 모두 계속 확장하는 중이므로 그 과정에서 서로 경쟁과 다툼의 상대가 될 가능성이 충분하다.

하지만 기독교와 이슬람이 서로 존중하는 태도로 대화를 하면 양자 간의 긴장을 줄이는 상당한 유익을 얻을 수 있다. 두 종교 간의 차이점이 그들 나름의 독특한 정체성을 조명해주기 때문이다. 한 가지 고전적인 예로 두 종교가 신의 계시의 문제를 다루는 방식을 들 수 있다. 리처드 마틴Richard Martin과 마크 우드워드Mark Woodward는 이렇게 말한다. "초월적이고 영원한 신성이 어떻게 역사적이고 인간적인 맥락 속에 존재할 수 있을까? 그리스도인에게 이 문제의 초점은 바로 예수 그리스도라는 인물이었다. 그러나 무슬림에게는 코란이란 책이 그 초점이었다."[1] 특정한 형태의 프로테스탄티즘처럼 기독교 안에도 이슬람과 같이 텍스트에 최고의 권위를 두는 진영이 있긴 하지만,[2] 기독교는 전통적으로 이슬람에서 코란이 차지하는 지위를 그리스도에게 부여했다. 이와 관련하여 종교학자 윌프레드 캔트웰 스미스Wilfred Cantwell Smith는 이렇게 말한다.

무슬림과 그리스도인은 상대방의 신앙을 자기네 패턴에 맞추려고 애쓰다 보니 서로 오해하게 되었고, 이로 말미암아 서로 멀어지게 되었다. 가장 흔한 잘못은 양쪽 모두 기독교에서 예수 그리스도의 역할과 이슬람에서 마호메트의 역할을 서로 비교 가능하다고 여기는 것이다. … 만일 이 두 종교의 구조를 놓고 서로 병행되는 점을 끌어낸다면, 코란에 상응하는 기독교의 요소는 성경이 아니라 그리스도라는 인물이다. 그리스도인에게 하나님의 계시는 바로 그리스도이기 때문이다.[3]

그러면 우리가 이제까지 탐구한 기독교 이단의 특징은 이슬람, 그중에서도 특히 코란에서 예수를 묘사하는 모습과 어떤 관련이 있을까? 만일 예수의 인격과 지위에 대한 기독교의 견해를 비판하거나 진술하는 코란의 방식이 기독교 정통파보다 이단과 비슷하다면 어떻게 될까?

이 어려운 관계를 완화하려고 노력하다 보면 꼭 떠오르는 문제가 있는데, 이슬람이 삼위일체 교리와 그리스도의 신성 같은 기독교의 핵심 사상을 진술하는 방식이다. 대다수 그리스도인은 이런 개념들에 대한 코란의 진술이 기독교 정통파와 거의 관계가 없다고 느낀다. 그래서 기독교 신앙에 관한 지식을 코란에만 의존하는 무슬림은 그리스도인이 예수에 관해 믿고 있다고 추정하는 내용과 그들이 그리스도인과의 대화에서 실제로 알게 되는 내용 사이의 긴장 때문에 종종 고민에 빠지곤 한다. 그렇다면 양쪽 모두를 손상시키지 않는 가운데 이런 상황을 해결할 수 있는 길이 있을까?

이 책에서 전개한 이론은 역사적으로나 신학적으로 개연성이 있는 해결책의 기반을 마련해준다. 코란이 진술하는 기독교는 직접적이든 간접적이든 그 지역에 존재했던 기독교 이단에 대한 지식을 반영한다. 이 책에서 줄곧 주장한 것처럼, 이단은 교회 내부에서 발생한 것으로 생각해야 마땅하므로 약한 의미로나마 기독교적이라고 간주할 수 있다. 그럼에도 불구하고 이단을 진정한 의미에서 기독교적이라고 볼 수는 없다. 따라서 코란은 기독교 신앙의 변두리에 있는 사상을 비판하고 있다고 할 수 있다. 사실상 모든 그리스도인이 결함이 있는 것으로 동의할 만한 그런 기독교 말이다.

이제 코란이 진술하는 기독교 사상 가운데 가장 문제가 되는 두 가지 사항을 실례로 들어볼까 한다. 바로 삼위일체 교리와 그리스도의 신성에 관한 교리이다.

삼위일체 교리에 대한 코란의 진술은 그리스도인을 무척 당혹스럽게 만든다. 텍스트에 약간 모호한 면이 있다 하더라도 코란은 그리스도인들이 별개의 세 인격, 하나님, 예수, 마리아로 구성된 삼위일체를 예배하는 것으로 묘사한다.[4] 이슬람 학자 여러 명이 그리스도인이 실제 믿는 내용을 조심스럽게 제시했음에도 불구하고,[5] 이런 이상한 삼신三神의 묘사는 여전히 대중적인 이슬람 안에서 상당한 영향을 미치고 있다. 이런 견해는 정통 기독교와 비교할 때 결코 지지를 받을 수 없는 것이다. 그러면 이런 견해는 어디에 뿌리를 두고 있는 것일까? 주류 기독교 정통에 아주 생소한 내용인데도 왜 코란은 그런 견해를 그리스도인의 탓으로 돌리는 것일까?

삼위일체에 대한 코란의 견해는 당시에 아라비아 지역에서 영향력이 컸던 기독교 내의 이단 종파와 어느 정도 유사점을 갖고 있는 듯하다. 여기서 말하는 이단은 오늘날 중동이라고 불리는 지역에서 아주 성행했던 컬리리디아니즘Collyridianism이란 종파이다.[6] 이 종파의 가장 두드러진 특징은 하나님에게 어울리는 숭배와 경배를 마리아에게 드리는 등 마리아를 여신으로 대우하는 것이다.[7] 컬리리디아니즘이 5세기에 크게 성행했던 지역은 공교롭게도 데메테르와 레아 같은 그리스 여신들을 숭배하던 지역과 일치하는데, 이는 무척 의미심장한 사실이다. 이 운동은 에피파니우스의 《파나리온Panarion》에 나오는 80가지 이단 중 하나이다. 80가지 이단 가운데 78번째로 등장한다는 사실은 그 이단을 특별히 중요하게 여기지 않았다는 뜻이다. 그럼에도 그 지역에서는 상당한 영향력을 갖고 있었기 때문에 나중에 이슬람이 출현하는 본거지가 되었다. 그러면 코란의 삼위일체에 대한 논평은 이 아라비아 지방의 이단과 비슷한 면이 있는가?

이와 똑같은 문제가 코란의 나사렛 예수에 대한 견해를 고찰할 때도 중요한 문제로 등장한다. 그러니까 초기 이슬람의 지리적 위치와 문화적 현주소가 기독교를 이해하고 평가하는 데 중요한 영향을 미쳤던 것이다. 칼케돈 신조를 따르는 정통 신앙이 동떨어진 아라비아반도에서 널리 수용되는 것은 차치하더라도 거기에 도달하는 데만도 상당한 시간이 걸린 것으로 보인다. 오히려 나사렛 예수의 정체성에 관한 이단적 견해들이 그 지방에 중요한 영향을 미쳤던 것 같다. 다른 대안이 없는 상황에서 이단의 그리스도론이 특히 대중적 차원에서 중

대한 영향을 준 것으로 보인다.

코란은 그리스도인이 예수를 신체적인 신의 형상으로 이해하고 예배하는 것으로 묘사하는데, 이는 이교 사상이나 우상숭배 내지는 범신론에 해당한다. 정통 기독교 사상은 성부 하나님과 성자 하나님의 관계를 신체적인 차원으로 이해하지 않는다는 점을 감안하면, 그런 비판에 대응하기는 결코 쉽지 않을 것이다.[9] 그러나 코란의 나사렛 예수에 대한 묘사는 당시 아라비아 지방에서 상당한 영향력을 끼치던, 본질상 도세티즘에 속하는 많은 영지주의적 그리스도론의 맥락에서 보면 충분히 이해할 수 있다.[10] 코란의 그리스도론에 대한 비판이 세트파 영지주의의 영향을 받은 그 지방의 여러 그리스도론으로부터 자극을 받았다고 말해도 비판의 타당성이 줄어드는 것은 아니다. 다만 정통파의 신앙 유형이 아니라 비정통파의 유형이 비판을 받는 것에 주목할 필요가 있다.

일례로 세트파 영지주의의 중요한 저서 〈위대한 셋의 둘째 논서〉에서 발췌한 대목을 다시금 살펴보기로 하자. 4세기에 집필한 것으로 보이는 이 저서는 당시 이집트와 아라비아에 널리 퍼져 있던 나사렛 예수에 대한 영지주의적 이해를 보여주는 중요한 증거 자료이다. 이 저술은 예수가 십자가에서 죽었다는 사실을 받아들이지 않고 1인칭을 사용하여 성聖 금요일의 사건을 다르게 이야기한다.

나는 그들이 작당한 대로 그들에게 굴하지 않았다. 나는 전혀 괴로움을 당하지 않았다. 거기에 있던 자들이 나를 벌했다. 그러나 나는 실제로 죽지 않았고 겉으로 죽은 것처럼 보였을 뿐이다. … 그들이 일어났다고 생각한 나의 죽음은 그들의 잘못과 무지로 말미암아 그들에게 일어났는데, 이유인즉 그들이 그들의 사람을 죽음에 이르도록 못 박았기 때문이다. 그들은 귀와 눈이 멀었으므로 그들의 에노이아스가 나를 보지 못했기 때문이다. 그러나 이런 짓을 함으로써 그들은 스스로 정죄했다. 그렇다, 그들이 나를 보았고, 그들이 나를 벌했다. 쓸개즙과 식초를 마신 자는 그들의 아버지였다. 내가 마신 게 아니었다. 그들이 갈대로 나를 쳤지만, 어깨에 십자가를 졌던 사람은 시몬이었다. 그들이 가시 면류관을 씌운 자도 다른 사람이었다.

이 가르침은 나사렛 예수에 관한 이슬람의 가르침과 놀랄 만큼 비슷하다. 이슬람 역시 예수가 고난을 받고 십자가에서 죽었다는 사실을 받아들이길 꺼리기 때문이다. 코란의 중심 단락은 이스라엘 자손이 하나님의 선지자들을 죽이고 마리아를 욕하고 그리스도를 죽였다는 이유로 그들을 질책한다.

그들은 "우리가 그리스도, 곧 마리아의 아들인 예수, 하나님의 사자를 확실히 죽였소"라고 말한다. 그들은 그를 죽이지 않았고 그를 십자가에 못 박지도 않았다. 다만 그들의 눈에 그렇게 보였을 뿐이다. … 그들은 그를 죽이지 않았다. … 오히려 하나님은 전능하시고 지혜로우시기 때문에 그를 자신에게로 데려가신 것이다.[12]

이 단락을 어떻게 번역해야 할지를 놓고 몇 가지 문법적인 의문이 있는 건 사실이다. 하지만 대다수 코란 해석자들은 이 대목을 그리스도가 원수의 손에 죽고 십자가에 매달렸음을 명시적으로 부인하는 것으로 간주한다. 많은 이슬람 주석가들도 이와 비슷한 노선을 취하여 신약성경에 예수의 신성이나 영광을 깎아내리는 자료가 포함되어 있다고 주장한다. 예컨대, 11세기의 저자 이븐 알 주와이니Ibn al-Juwayni는 복음서 저자들이 채찍질하는 장면과 가시 면류관을 씌우는 장면 등 예수를 모욕하는 사건들을 언급하는 대목을 생략했어야 한다고 주장했다.[13] 이와 비슷하게 아부 하미드 알 가잘리Abu Hamid al-Ghazali도 마태복음에 나오는 그리스도의 수난에 관한 묘사, 특히 "이 잔을 내게서 지나가게 하옵소서"와 "아버지 어찌하여 나를 버리셨나이까"와 같이 그리스도가 한 말로 기록되어 있는 대목에 이의를 제기했다. 이런 말은 예수가 신적 존재가 아니라 인간이라는 걸 가리킨다는 이유 때문이다.

마흐무드 무스타파 아유브Mahmoud Mustafa Ayoub 같은 일부 학자들은 코란의 예수관은 피상적으로는 도세티즘의 예수관처럼 보이지만, 실제로는 실질주의적 견해에 불과하다고 주장했다.[14] 하지만 이런 주장은 도세티즘을 여러 역사적 형태들 가운데 하나에만 국한시키는 것이다. 아유브는 도세티즘이 얼마나 복잡한 사상인지 잘 모르는 것 같다. 도세티즘에 속하는 일부 유형은 나사렛 예수의 십자가 죽음이 그의 신성을 손상시키는 굴욕적인 것이라는 이유로 부인한다. 이 견해에 따르면 예수는 십자가에서 죽은 것이 아니라 구레네 시몬 같은 대리자에 의해 대체되었다.

그러면 코란은 어떤 자료를 근거로 이렇게 기록한 걸까? 갈수록 분명해지는 것은 기독교의 기본 사상에 대한 코란의 묘사는 당시 아라비아반도에서 성행했던 기독교의 유형들과의 만남을 통해 형성되었다는 점이다. 그런데 그 유형들은 대체로 정통파가 아니라 이단이었던 것으로 보인다. 여기서 문제가 되는 것은 코란의 예수관 자체가 아니라 그 배후에 있는 자료이다. 마호메트는 어디에서 이런 견해를 갖고 왔을까? 나그함마디 문서에 이런 사상이 들어 있다는 것은 시사하는 바가 큰데, 그 자료가 아라비아반도에서 가까운 곳에서 발굴되었기 때문이다. 이슬람이 기독교의 특성을 묘사하는 대목은 모든 면에서 칼케돈의 정통파가 아니라 세트파 영지주의의 영향을 받은 자료를 토대로 형성된 것으로 보인다.

이런 식으로 보는 것이 옳다면 기독교와 이슬람이 신학적 공감대를 형성하는 데 상당한 진전을 이룰 수 있다. 기독교 이단들이 아무리 결함이 있고 변형되고 왜곡되었다 해도 어디까지나 기독교의 유형들인 만큼, 코란이 비판하는 것이 이단적인 기독교라는 것을 인정하면, 무슬림은 그것이 사실상 기독교의 한 유형이라고 주장할 수 있고, 그리스도인은 그것이 진정한 기독교가 아니라고 지적할 수 있기 때문이다. 그리스도인들은 코란에 진술된 그런 믿음을 비판하는 일에 기꺼이 동참할 것이다. 마호메트는 예수와 하나님에 관한 용납할 수 없는 기독교적 견해를 발견한 셈인데, 그가 정확하게 보았을 가능성이 많다. 그러나 그런 견해는 그리스도인들도 부적절한 것으로 여길 터이고 그 대표적인 인물들에 대해서도 의문을 표할 것이다.

　이 점을 더 탐구하면 기독교와 이슬람의 관계에 중요한 기여를 할 수 있을 것이다. 코란이 잘 알고 있는 기독교는 삼위일체와 그리스도론에 대한 이단적인 견해들인데도, 자칫하면 그런 것들을 기독교 자체로 일반화할 소지가 있다. 따라서 이 문제를 좀 더 면밀히 조사하면, 두 종교 간의 긴장이 어느 정도 완화될 수 있을 것이다.

나가는 말

이단의 미래

"도덕은 미술과 같이 어딘가에 선을 긋는 것을 의미한다." 오스카 와일드의 말이다. 이 책은 기독교 전통에 속한 이단의 개념을 탐구하면서 이단의 본질과 기원을 다루었다. 정통과 이단을 나누는 신학적 선을 왜 그어야 했고 또 실제로 어떻게 그었는지를 살펴보았다. 이 책은 이단 하나하나에 대한 새로운 통찰력을 제공하려고 쓴 것이 아니다. 다만 중요한 학문적 연구결과를 이단의 현상에 적용하되 몇 가지 중요한 점을 보여주고자 몇몇 이단들을 사례 연구로 활용했다. 물론 이런 탐구 작업은 학문적 관심에서 나온 것이지만, 정말로 중요한 의미는 그것이 교회 생활에 갖는 의미에 있다. 그래서 이제 이 책을 마무리하는 시점에서 이단의 본질과 기원에 관한 학문적 질문은 뒤로 하고, 간략하게나마 이단이 오늘날 기독교 공동체에 지니는 의미를 살펴보려 한다.

어떤 사람들은 이단을 가리켜 현대의 교회 생활과 거의 상관없는 케케묵은 개념이라고 주장한다.[1] 초대교회에 관한 최근 저술을 대충 읽기만 해도 이단의 개념이 오늘날에도 과연 정당하고 유용한지 의심하는 목소리가 계속 커지고 있다는 걸 알 수 있다. 이단은 교회 역사상 먼 옛날의 관심사와 의제를 반영하는 것인 만큼 갖다 버려도 무방하다는 주장이 널리 퍼져 있다. 그러나 이 책에서 제공한 분석은 다음 두 가지 이유로 그런 주장이 옳지 않다는 것을 보여준다.

첫째, 정통을 추구하는 일은 곧 기독교의 진정성을 찾는 일이다. 기독교의 진리를 표현하는 최상의 형식을 찾으려고 부단히 애쓰는 것은 기독교가 그 사상을 부적절하게 진술하고 이해할 소지가 있다는 통찰을 반영한다. 치열한 경쟁을 벌이는 종교적, 문화적 맥락에서 기독교의 미래와 번영은 기독교를 가장 진실한 형태로 나타내는 일에 달려 있다.[2] 이를 좀 투박하고 실용적으로 표현하면, 결함이 있고 손상된 형태의 기독교, 즉 이단은 그 수명이 길지 않을 것이란 말이다. 정통 신앙의 추구는 무엇보다도 진정성을 찾으려는 노력이다.

둘째, 이단은 역사와 마찬가지로 스스로 반복하는 습관을 갖고 있다. 역사가가 영지주의를 취급할 때는 후기 고전시대의 복잡한 지적 운동이자 문화 운동으로서 단지 학문을 연구하는 역사학자에게만 어느 정도 관심을 끄는 것이라 여길지도 모른다. 하지만 기독교와 현대 문화의 관계를 염려하는 이들은 그와 조금 다른 그림을 보게 된다. 영지주의는 현대인이 그 이름이나 역사를 모를지라도 오늘까지 살아 있는 사상이다.[3] 그 자취는 결코 사라지지 않았다. 그 메아리는 기독교를 구속의 종교가 아닌 자기발견의 종교로 해석하는 사람들 속에서 지금도 울려 퍼지고 있다. 종교는 진정한 내면의 정체성, 진정한 나, 신적 생명이 빛나는 내면의 불꽃 또는 진흙 속의 황금을 찾는 여정이라고들 한다. 오늘날 교회가 당면한 도전은 자기도 모르는 사이에 이와 같은 문화적 고정관념을 강화하고 있지 않은가, 거기에 대항할 수 있는가 하는 것이다.

20세기 말과 21세기 초의 뚜렷한 특징인 이단에 대한 새로운 관심은 지금까지 무시하거나 오해해온 과거의 현상에 대한 학문적 관심의 차원을 뛰어넘는다. 어떤 이들은 현대 학계가 옛적의 이단들에게 단지 매혹된 것이 아니라 공정한 역사를 희생시킨 채 역사적 변호인 노릇까지 맡고 있다고 말한다.[4] 예컨대, 최근의 많은 학자가 영지주의를 이른바 전통적 기독교의 실패와 악덕에 대한 훌륭한 대안으로 옹호한 것을 부인할 수 없다. 가령, 일레인 페이절스는 영지주의 또는 영지주의의 몇 가지 형태가 정통 기독교보다 더 평등주의적이라고 생각한다. 이런 생각은 당시의 상황을 상당히 잘못 읽은 소치이다. 그런데 이런 고정관념은 역사적 학문에 의해 도전을 받을 수 있어도 그 저변에 깔린 인식은 좀처럼 사라지지 않는다. 사실 많은 이들에게 그런 인식이 하나의 현실이 되었다. 따라서 그것에 도전하고 바로잡을 필요가 있다.

종교적 금기사항이 풍기는 매력은 사회심리학에 의거하여 어느 정도 설명할 수 있다.[5] 하지만 이런 매력은 사회적으로 금지된 것을 선호하는 심리 때문에만 생기는 것이 아니다. 서양 문화에 팽배한 이상한 인식, 곧 기독교 정통은 따분하고 해롭기 때문에 이단은 지적으로 흥미롭고 영적으로 자유로운 것이라는 일종의 반감 때문에 생긴다. 이런 인식은 소위 빅토리아 시대의 신앙의 위기에서도 찾아볼 수 있으며,[6] 오늘까지 정통의 호소력을 막는 강력한 위협거리로 남아 있다.

'신의 죽음'을 둘러싼 1960년대의 논쟁에 대해 한 잉글랜드의 비평가는 이렇게 지적한 바 있다. "신의 죽음을 논하는 문헌에 담긴 대다수의 철학과 신학은 형편없는 이류이거나 그보다 못한 것이지만, 이런 문헌을 쓴 저자들의 교회 예배나 신학자로서의 삶이 얼마나 무미건조했는지는 반드시 짚고 넘어가야 한다."[7] 자기가 몸담은 공동체가 따분하고 시시할 때 신은 죽었다고 결론을 내리는 게 그리 놀랄 만한 일인가?

그러나 교회가 직면한 진정한 도전은 신학적 정통이 기독교 공동체의 안녕을 위해 필요하다는 것을 증명한다고 해서 무력화되는 것이 아니다.[8] 과연 정통 신앙은 다시금 그 매력을 되찾을 수 있을까? 기독교가 상승세를 다시 회복하려면 G. K. 체스터튼이 말한 '정통 신앙의 로맨스'를 재발견하지 않으면 안 된다.[9] 정통 교리가 지적으로나 영적으로 가장 진정한 기독교 신앙임을 보여주거나 시험을 거쳐 다른 지적 대안들보다 더 나은 것으로 입증되었음을 보여주는 것만으로는 충분하지 않다. 문제는 그보다 더 깊은 곳, 즉 상상력과 정서의 차원에 있다. 그리스도가 진정 '상상력의 주인'[10]이라면 정통과 이단의 구별은 상상력과 관련된 의미를 갖고 있어야 한다. 교회가 당면한 진정한 도전은 정통이야말로 강한 상상력을 불러일으키고, 정서적으로 매력 있고, 심미적 감각을 증진하며, 개인적으로 해방감을 주는 것임을 증명하는 일이다. 이런 일이 일어나기를 간절히 고대한다.

주註

들어가는 말

1. Geoffrey Chaucer, *Canterbury Tales*, Wife of Bath's Prologue, 1. 525, 《컨터베리 이야기》(책이있는마을, 2003).
2. Patrick Henry, "Why Is Contemporary Scholarship So Enamored of Ancient Heresies?" in *Proceedings of the 8th International Conference on Patristic Studies*, ed. E. A. Livingstone(Oxford: Pergamon Press, 1980), 123-126.
3. Peter Gay, *Modernism: The Lure of Heresy from Baudelaire to Beckett and Beyond*(New York: W. W. Norton, 2008).
4. Will Herberg, *Faith Enacted as History: Essays in Biblical Theology*(Philadelphia: Westminster Press, 1976), 170-171.
5. '새로운 무신론'이란 용어는 2004-2007년에 등장한 일단의 저술을 가리키는 말이다. 다음 책이 대표적이다. Sam Harris, *The End of Faith: Religion, Terror, and the Future of Reason*(New York: W. W. Norton & Co., 2004), 《종교의 종말》(한언출판사, 2005); Daniel C. Dennett, *Breaking the Spell: Religion as a Natural Phenomenon*(New York: Viking, 2006), 《주문을 깨다》(동녘사이언스, 2010); Richard Dawkins, *The God Delusion*(Boston: Houghton Mifflin Co., 2006), 《만들어진 신》(김영사, 2007); Christopher Hitchens, *God Is Not Great: How Religion Poisons Everything*(New York: Twelve, 2007), 《신은 위대하지 않다》(알마, 2008).
6. 독일어판 원본을 보려면 다음 책을 참고하라. Walter Bauer, *Rechtgläubigkeit und Kerzerei imaltesten Christentum*(Tubingen: Mohr, 1934). 독일어 원본보다는 한참 뒤에 출간된 영어 번역판이 더 많은 영향을 끼쳤다. Walter Bauer, *Orthodoxy and Heresy in Earliest Christianity*(Philadelphia: Fortress Press, 1971).
7. 다음 책을 참고하라. Bart D. Ehrman, *Lost Christianities: The Battles for Scripture and the Faiths We Never Knew*(New York: Oxford Univ. Press, 2003), 163-180, 《잃어버린 기독교의 비밀》(이제, 2008).
8. Dan Brown, *The Da Vinci Code: A Novel*(New York: Doubleday, 2003), 《다빈치 코드》(문학수첩, 2008). '소설'이라는 이 중요한 부제가 유감스럽게도 나중에 나온 판들에서는 생략되었다.

9. Michael Baigent, Richard Leigh, and Henry Lincoln, *Holy Blood, Holy Grail*(New York: Delacorte Press, 1982), 《성혈과 성배》(자음과모음, 2005).
10. 2006년에 리처드 리와 마이클 베이전트가 런던 대법원에 브라운이 이 점을 비롯한 몇 군데에서 자신들의 저작권을 침해했다고 고소했으나 패소했다. 문제는 누가 이런 아이디어를 창안해서 지적 소유권을 갖고 있느냐 하는 점이었다.
11. Brown, *The Da Vinci Code*, 233.
12. 다음 책을 참고하라. Bart D. Ehrman, *Truth and Fiction in the Da Vinci Code: A Historian Reveals What We Really Know About Jesus, Mary Magdalene, and Constantine*(Oxford: Oxford Univ. Press, 2004), 23-24, 《예수는 결혼하지 않았다》(안그라픽스, 2005). "티빙의 주장은 중요한 면에서 모두 잘못되었다. 그리스도인들은 니케아 공의회 이전에 이미 예수를 신적 존재로 받아들였다. 신약성경의 복음서들은 그를 신으로 묘사하는 만큼 인간으로도 묘사한다. 신약성경에 포함되지 않은 다른 복음서들도 예수를 인간으로 묘사하는 만큼, 아니 그 이상으로 신으로 묘사한다." 바트 어만이 정통과 이단에 대한 전통 기독교의 설명에 반감을 품고 있다는 사실을 감안하면, 이런 비평은 상당히 의미심장하다.
13. Brown, *Da Vinci Code*, 234.
14. 다음을 참고하라. A. Segal, ed., *The Allure of Gnosticism: The Gnostic Experience in Jungian Psychology and Contemporary Culture*(Chicago: Open Court, 1995).
15. 이런 발전 양상에 관해서는 다음 책을 참고하라. Andrew Roach, *The Devil's World: Heresy and Society, 1100-1300*(London: Longman, 2005).
16. Peter L. Berber, *The Heretical Imperative: Contemporary Possibilities of Religious Affirmation*(Garden City, NY: Anchor Press, 1979), 30-31.
17. 다음 책에 나오는 분석을 참고하라. Don Cupitt, *After God: The Future of Religion*(London: Weidenfeld and Nicolson, 1997), 《신, 그 이후》(해냄, 1999).
18. 수용이론(reception theory)에 관해서는 다음 책을 참고하라. Wolfgang Iser, *The Act of Reading: A Theory of Aesthetic Response*(Baltimore: Johns Hopkins Univ. Press, 1978); Robert C. Holub, *Crossing Borders: Reception Theory, Poststructuralism, Deconstruction*(Madison: Univ. of Wisconsin Press, 1992).
19. Garrett Green, *Theology, Hermeneutics and Imagination: The Case of Interpretation at the End of Modernity*(Cambridge: Cambridge Univ. Press, 2000), 20.
20. 이 논쟁을 다루는 대표적인 저서들은 다음과 같다. April D. De Conick, *The Thirteenth Apostle: What the Gospel of Judas Iscariot: A New Look at Betrayer and*

Betrayed(Oxford: Oxford Univ. Press, 2006); Elaine H. Pagels and Karen L. King, *Reading Judas: The Gospel of Judas and the Shaping of Christianity*(New York: Viking, 2007); N. T. Wright, *Judas and the Gospel of Jesus: Have We Missed the Truth About Christianity?*(Grand Rapids, MI: Baker Books, 2006).

21. *Mail on Sunday*(London), March 12, 2006. 이 문서의 중요성을 과장한 대중매체의 허풍에 관한 자세한 논의는 다음 책을 참고하라. Simon J. Gathercole, *The Gospel of Judas: Rewriting Early Christianity*(Oxford: Oxford Univ. Press, 2007). 132-149.
22. 영지주의의 이런 측면에 관해서는 다음 책을 참고하라. Birger A. Pearson, *Gnosticism, Judaism, and Egyptian Christianity*(MinneapolisL Fortress Press, 1990).
23. 〈유다복음〉은 세트파(Sethianism)로 알려진 특정 유형의 영지주의를 대표하는 작품이다. 다음 책을 참고하라. John D. Turner, *Sethian Gnosticism and the Platonic Tradition*(Louvain: Peeters, 2001).
24. Wright, *Judas*.
25. 이 점에 관한 성찰은 다음 책을 참고하라. G. K. Chesterton, *Orthodoxy*(New York: John Lane, 1908), 131-132,《정통》(상상북스, 2010).
26. 이 문제를 다루는 비교적 읽을 만한 글은 다음과 같다. Ben Quash and Michael Ward, eds., *Heresies and How to Avoid Them: Why It Matters What Christians Believe*(London: SPCK, 2007).
27. H. E. W. Turner, *The Pattern of Christian Truth: A Study in the Relations Between Orthodoxy and Heresy in the Early Church*(London: Mowbray, 1954). 터너는 "정통과 이단 사이에 주변부 내지는 경계 부분"이 있다고 말한다(79쪽). 2세기의 교리 발전과 관련하여 이 이미지를 좀 더 자세히 탐구한 내용은 81-94쪽에 나온다.
28. John B. Henderson, *The Construction of Orthodoxy and Hersey*(Albany, NY: State Univ. of New York Press, 1998).

1장 신앙, 신조 그리고 기독교 복음

1. William James, "The Will to Believe," in *The Will to Believe and Other Essays in Popular Philosophy*(New York: Longmans, Green, and Co., 1897), 1-31.
2. 다음을 참고하라. Roy Baumeister, *Meanings of Life*(New York: Guilford Press, 1991),《인생의 의미》(원미사, 2010).

3. Alister E. McGrath, *The Open Secret: A New Vision for Natural Theology*(Oxford: Blackwell, 2008), 113-216.
4. Michael Polanyi, "Science and Reality," *British Journal for the Philosphy of Science* 18(1967), 177-196. 특히 190-191쪽을 주의해서 보라.
5. 이에 관한 문헌은 엄청나게 많은데, 그중에 몇 가지만 들면 다음과 같다. Alister C. Hardy, *The Spiritual Nature of Man: A Study of Contemporary Religious Experience*(Oxford: Clarendon Press, 1980); Nicholas Lash, *Easter in Ordinary: Reflections on Human Experience and the Knowledge of God*(Charlottesville: Univ. Press of Virginia, 1988); Jean Borella, *Le sens du surnaturel*(Geneva: Éditions Ad Solem, 1996).
6. Stanley Hauerwas, "The Demands of a Truthful Story: Ethics and the Pastoral Task," *Chicago Studies* 21(1982), 59-71. 이 문장은 65-66쪽에서 인용했다. 이와 비슷한 논점이 일찍이 다음 글에서도 개진되었다. Iris Murdoch, "Vision and Choice in Morality," in *Christian Ethics and Contemporary Philosophy*, ed. Ian T. Ramsey(London: SCM Press, 1966), 195-218.
7. Stanley Hauerwas, *The Peaceable Kingdom: A Primer in Christian Ethics*(Notre Dame, IN: Univ. of Notre Dame Press, 1983), 101-102.
8. C. S. Lewis, "Is Theology Poetry?" in *C. S. Lewis Essay Collection: Faith, Christianity and the Church*, ed. Lesley Walmsley(London: Collins, 2000), 1-21.
9. 다음 자료를 참고하라. Mark McIntosh, "Faith, Reason and the Mind of Christ," in *Reason and the Reasons of Faith*, ed. Paul J. Griffiths and Reinhart Hütter(New York: T&T Clark, 2005), 119-142.
10. McGrath, *Open Secret*, 171-216.
11. 이 주제는 다음 글에서 다루어진 바 있다. Stanton J. Linden, *Darke Hieroglipbicks: Alchemy in English Literature from Chaucer to the Restoration*(Lexington: Univ. Press of Kentucky, 1996), 156-192.
12. Clarence H. Miller, "Christ as the Philosopher's Stone in George Herbert's 'The Elixir,'" *Notes and Queries* 45(1998), 39-41.
13. N. R. Hanson, *Patterns of Discovery: An Inquiry into the Conceptual Foundations of Science*(Cambridge: Cambridge Univ. Press, 1961), 《과학적 발견의 패턴》(사이언스북스, 2007). 핸슨은 지구 중심의 태양계를 믿었던 튀코 브라헤와 태양 중심의 태양계 모델을 지지했던 요하네스 케플러를 예로 들면서 해가 뜨는 것을 관찰할 때 두 사람은

각각 전혀 다른 것을 '본다'고 설명한다. 브라헤는 정지된 수평선을 가로질러 해가 움직이는 장면을 보는데, 케플러는 움직이는 수평선이 정지된 해를 노출시키려고 아래쪽으로 기우는 장면을 본다는 것이다. 이를 상세히 분석한 책으로는 다음 자료를 참고하라. Matthias Adam, *Theoriebeladenheit und Objektivität: Zur Rolle von Beobachtungen in den Naturwissenschafte*(Frankfurt am Main: Ontos Verlag, 2002).

14. 최근의 훌륭한 예를 살펴보려면, 다음 자료를 참고하라. Rowan Williams, *Tokens of Trust: An Introduction to Christian Belief*(Louisville, KY: Westminster John Knox Press, 2007).

15. 신조의 역사적 발전 과정에 관해서는 다음 책을 참고하라. J. N. D. Kelly, *Early Christian Creeds*, 3rd ed.(New York: Longman, 1981).

16. James L. Bailey and Lyle D. Vander Broek, *Literary Forms in the New Testament: A Handbook*(Louisville, KY: Westminster/John Knox Press, 1992), 83-84.

17. 이 주제를 다룬 문헌은 상당히 많다. Colin E. Gunton, *The Actuality of Atonement: A Study of Metaphor, Rationality, and the Christian Tradition*(Grand Rapids, MI: Eerdmans, 1989).

18. Samuel Taylor Coleridge, *Complete Works*, 7 vols.(New York: Harper & Brothers,1884), 5:172.

19. Hava Tirosh-Samuelson, "Theology of Nature in Sixteenth-Century Italian Jewish Philosophy," *Science in Context* 10(1997), 529-570.

20. Gerhard May, *Creatio Ex Nihilo: The Doctrine of "Creation Out of Nothing" in Early Christian Thought*(Edinburgh: T. & T. Clark, 1995).

21. 이 주제를 다룬 문헌은 상당히 많은데, 그중 몇 가지 자료를 소개한다. Paul Fiddes, *The Creative Suffering of God*(Oxford: Clarendon Press, 1988); Terence E. Fretheim, *The Suffering of God: An Old Testament Perspective*(Philadelphia: Fortress Press, 1984); Paul Gavrilyuk, *The Suffering of the Impassible God: The Dialectics of Patristic Thought*(Oxford: Oxford Univ. Press, 2004).

22. 특히 다음 자료를 참고하라. Lewis Ayres, *Nicaea and Its Legacy: An Approach to Fourth-Century Trinitarian Theology*(Oxford: Oxford Univ. Press, 2004).

23. Charles Gore, *The Incarnation of the Son of God*(London: John Murray, 1922), 80-112.

24. Gore, *Incarnation*, 96, 101.

25. Gore, *Incarnation*, 21.
26. 다음 글에서 주장하는 논점도 참고하라. Rowan Williams, "Defining Heresy," in *The Origins of Christendom in the West*, ed. Alan Kreider(Edinburgh: T. & T. Clark, 2001), 313-335.
27. Rowan Williams, "Does It Make Sense to Speak of Pre-Nicene Orthodoxy?" in *The Making of Orthodoxy*, ed. Rowan Williams(Cambridge: Cambridge Univ. Press, 1989), 1-23. 2쪽에서 인용했다.
28. Robert M. Grant, *Heresy and Criticism: The Search for Authenticity in Early Christian Literature*(Louisville, KY: Westminster/John Knox Press, 1993), 1-13, 89-113.
29. Luke Timothy Johnson, *The Creed: What Christians Believe and Why It Matters*(New York: Doubleday, 2003).
30. 다음에 나온 내용을 더 참고하라. Alister E. McGrath, *The Genesis of Doctrine*(Oxford: Blackwell, 1990), 1-13.
31. Owen Ware, "Rudolf Otto's Ideal of the Holy: A Reappraisal," *Heythrop Journal* 48(2007), 48.60. 경외의 심리학에 관한 최근의 저서는 경외의 반응을 보이는 데 광대함이라는 개념이 얼마나 중요한지를 강조한다. Dacher Keltner and Jonathan Haidt, "Approaching Awe, a Moral, Spiritual and Aesthetic Emotion," *Cognition and Emotion* 17(2003), 297-314.
32. Augustine of Hippo, *Sermo* 117.3.5: "Si enim comprehendis, non est Deus."
33. Andrew Louth, *Origins of the Christian Mystical Tradition: From Plato to Denys*(Oxford: Oxford Univ. Press, 2007), 205.
34. Gore, *Incarnation*, 105-106.
35. 이 과정에 대한 설명은 다음 책들을 참고하라. Maurice F. Wiles, *The Making of Christian Doctrine*(Cambridge: Cambridge Univ. Press, 1967); Alister E. McGrath, *The Genesis of Doctrine*(Oxford: Blackwell, 1990), 1-13.
36. Jerome, *Commentarius in epistulam ad Galatas* 5.
37. 이에 대한 고전적인 분석과 논평은 다음 책에 나와 있다. Mary Douglas, *Purity and Danger: An Analysis of Concepts of Pollution and Taboo*(London: Routledge, 2003), 《순수와 위험》(현대미학사, 1997).
38. Dominic Abrahams, Michael A. Hogg, and José M. Marques, "A Social Psychological Framework for Understanding Social Inclusion and Exclusion," in

The Social Psychology of Inclusion and Exclusion, ed. Dominic Abrahams, Michael A. Hogg, and José M. Marques(New York: Psychology Press, 2005), 1-23.

2장 이단 개념의 기원

1. 다음 글을 참고하라. Fergus Miller, "Repentent Heretics in Fifth Century Lydia: Identity and Literacy," *Scripta Classica Israelica* 23(2004), 113-130.
2. Dietrich von Hildebrand, *Trojan Horse in the City of God: The Catholic Crisis Explained*(Manchester, NH: Sophia Institute Press, 1993). 힐데브란트는 세속주의가 제2차 바티칸 공의회(1962-1965) 기간을 전후하여 가톨릭교회에서 거점을 확보하여 교회의 가치관과 믿음을 저해했다고 본다.
3. 다음을 참고하라. Thomas Aquinas, *Summa Theologiae* 2a2ae q. 11 a. 1. "이단은 기독교 신앙을 고백하지만, 그 도그마를 오염시키는 불신의 종(種)이다."
4. Syofiardi Bachyul Jb, "Two Former Al-Qiyadah Activists Get Three Years for Blasphemy," *Jakarta Post*, May 3, 2008.
5. 이와 비슷한 논쟁이 최근 이집트에서 나스르 하미드 아부 자이드의 견해를 둘러싸고 벌어졌다. 다음 자료를 참고하라. Charles Hirschkind, "Heresy or Hermeneutics: The Case of Nasr Hamid Abu Zayd," *Stanford Humanities Review* 5(1996), 35-50.
6. 이 점에 관한 날카로운 분석은 다음 글을 참고하라. Lester Kurtz, "The Politics of Heresy," *American Journal of Sociology* 88(1983), 1085-1115.
7. Pierre Bourdieu, "Genesis and Structure of the Religious Field," *Comparative Social Research* 13(1991), 1-43.
8. 다음 책에서 개진된 논점들을 참고하라. John B. Henderson, *The Construction of Orthodoxy and Heresy: Neo-Confucian, Islamic, Jewish, and Early Christian Patterns*(Albany: State Univ. of New York Press, 1998).
9. Abigail Lustig, Robert J. Richards, and Michael Ruse, eds., *Darwinian Heresies*(Cambridge: Cambridge Univ. Press, 2004), 1-13.
10. Egbert G. Leigh, "Neutral Theory: A Historical Perspective," *Evolutionary Biology* 20(2007), 2075-2091.
11. 이 주장의 근거를 보려면 다음 자료를 참고하라. Mary Midgley, *Evolution as a Religion: Strange Hopes and Stranger Fears*, 2nd ed.(London: Routledge, 2002).

12. 다음을 참고하라. Paul Root Wolpe, "The Dynamics of Heresy in a Profession," *Social Science and Medicine* 39(1994), 1133-1148; R. Kenneth Jones, "Schism and Heresy in the De-velopment of Orthodox Medicine: The Threat to Medical Hegemony," *Social Science and Medicine* 58(2004), 703-712.
13. Brian Martin, "Dissent and Heresy in Medicine: Models, Methods, and Strategies," *Social Science and Medicine* 58(2004), 713-725.
14. Michelle Zerba, "Medea Hypokrites," *Arethusa* 35(2002), 315-337.
15. David T. Runia, "Philo of Alexandria and the Greek Hairesis-Model," *Vigiliae Christianae* 53(1999), 117-147. hairesis의 복수형이 haireses이다.
16. Josephus, *Antiquitates Judaicae* 13.171.
17. 다음 자료를 참고하라. Andrew D. Clarke, *Secular and Christian Leadership in Corinth: A Socio-Historical and Exegetical Study of 1 Corinthians 1-6*(Leiden: Brill, 1993). 나는 크레이그 블롬버그의 논점에 공감하지만, 이는 어디까지나 신약성경이 좀 더 구체적인 후대의 이단 개념보다 거짓 가르침의 부정적 영향에 더 관심이 있다는 것을 증명한 것에 불과하다. Craig L. Blomberg, "The New Testament Definition of Heresy(or When Do Jesus and the Apostles Really Get Mad?)," *Journal of the Evangelical Theological Society* 45(2002), 59-72.
18. 고린도전서 11장 19절, 갈라디아서 5장 20절, 베드로후서 2장 1절에 대한 틴데일의 번역을 보라. 한편 틴데일은 사도행전 24장 14절에 나오는 헬라어 *hairesis*를 heresy로 번역했다.
19. 고어에 속하는 privily(틴데일에서는 pervely)는 '개인적으로' 또는 '비밀리에'라는 뜻이다. 이런 고전적인 영어 번역과 이런 번역이 영어 형성에 미친 영향에 관한 논의는 다음 책을 참고하라. David Daniell, *William Tyndale: A Biography*(New Haven, CT: Yale Univ. Press, 1994), 83-150; Alister E. McGrath, *In the Beginning: The Story of the King James Bible*(New York: Doubleday, 2001).
20. Richard Norris, "Heresy and Orthodoxy in the Late Second Century," *Union Seminary Quarterly Review* 52(1998), 43-59.
21. Henry Chadwick, *East and West: The Making of a Rift in the Church: From Apostolic Times Until the Council of Florence*(Oxford: Oxford Univ. Press, 2003), 2.
22. 다음 글을 참고하라. Caroline Humfress, "Citizens and Heretics: Late Roman Lawyers on Christian Heresy," in *Heresy and Identity in Late Antiquity*, ed. Eduard Iricinschi and Holger M. Zellentin(Tübingen: Mohr Siebeck, 2008), 128-142. 특히

142쪽을 보라.
23. Michel Desjardins, "Bauer and Beyond: On Recent Scholarly Discussions of Hairesis in the Early Church Era," *Second Century* 8(1991), 65-82.

3장 다양성: 초기 이단의 배경

1. 이 주제에 관한 글들을 모아놓은 훌륭한 모음집이 있다. Stephen T. Davis, Daniel Kendall, and Gerald O'Collins, eds., *The Incarnation: An Interdisciplinary Symposium on the Incarnation of the Son of God*(Oxford: Oxford Univ. Press, 2004).
2. 다음을 참고하라. Frank J. Matera, *New Testament Christology*(Louisville, KY: Westminster John Knox Press, 1999); Andrew Chester, *Messiah and Exaltation: Jewish Messianic and Visionary Traditions and New Testament Christology* (Tübingen: Mohr Siebeck, 2007); Ronald R. Cox, *By the Same Word: Creation and Salvation in Hellenistic Judaism and Early Christianity*(Berlin: De Gruyter, 2007).
3. Raymond E. Brown, *The Churches the Apostles Left Behind*(New York: Paulist Press, 1984).
4. Jerome Murphy-O'Connor, *Paul: A Critical Life*(Oxford: Oxford Univ. Press, 1996), 85-89. 특히 로마의 상황과 관련된 무척 유용한 자료가 있다. John Dominic Crossan and Jonathan L. Reed, *In Search of Paul: How Jesus's Apostle Opposed Rome's Empire with God's Kingdom*(San Francisco: HarperSanFrancisco, 2004).
5. 팔레스타인의 상황에 관해서는 다음 글을 참고하라. James S. McLaren, "Jews and the Imperial Cult: From Augustus to Domitian," *Journal for the Study of the New Testament* 27(2005), 257-278.
6. Larry Hurtado, *At the Origins of Christian Worship: The Context and Character of Earliest Christian Devotion*(Grand Rapids, MI: Eerdmans, 2000).
7. Bruce M. Metzger, *The Canon of the New Testament: Its Origin, Development, and Significance*(Oxford: Clarendon Press, 1987).
8. 좀 더 자세한 분석을 보려면 다음 책을 참고하라. Raymond F. Collins, *The Many Faces of the Church: A Study in New Testament Ecclesiology*(New York: Crossroad, 2004).

9. H. E. W. Turner, *The Pattern of Christian Truth: A Study in the Relations Between Orthodoxy and Heresy in the Early Church*(London: Mowbray, 1954), 239-378.
10. Harry Y. Gamble, *Books and Readers in the Early Church: A History of Early Christian Texts*(New Haven, CT: Yale Univ. Press, 1995); Kim Hains-Eitzen, *Guardians of Letters: Literacy, Power, and the Transmitters of Early Christian Literature*(New York: Oxford Univ. Press, 2000); Larry W. Hurtado, *The Earliest Christian Artifacts: Manuscripts and Christian Origins*(Grand Rapids, MI: Eerdmans, 2006).
11. 다음 책에서 특히 포르피리오스의 비평을 주목해서 보라. Robert L. Wilken, *The Christians as the Romans Saw Them*, 2nd ed.(New Haven, CT: Yale Univ. Press, 2003), 126-163.
12. 갬블은 이렇게 말한다. "우리가 생각하기로는… 처음 몇 세기 동안 교회의 대다수 그리스도인은 문맹이었던 것으로 추정되는데, 이는 그들이 특이해서가 아니라 평범한 사람들이었기 때문이다." Gamble, *Books and Readers*, 5-6.
13. Pieter J. J. Botha, "Greco-Roman Literacy as Setting for New Testament Writings," *Neotestamentica* 26(1992), 192-215.
14. Rebecca Lyman, "Lex orandi: Heresy, Orthodoxy, and Popular Religion," in *The Making and Remaking of Christian Doctrine*, ed. Sarah Coakley and David Pailin(Oxford: Clarendon Press, 1993), 131-141.
15. 다음 자료에 나와 있다. Alain Le Boulluec, *La notion d'hérésie dans la littérature grecque, IIe.IIIe siècles*, 2 vols.(Paris: Études Augustiniennes, 1985), 1:226-229.
16. Jerome, *Epistola* 107.
17. Alain Le Boulluec, "L'écriture comme norme hérésiologique dans les controverses des IIe et IIIe siècles(domaine grec)," *Jahrbuch für Antike und Christentum* 23(1996), 66-75.
18. David Brakke, "Canon Formation and Social Conflict in Fourth-Century Egypt: Athanasius of Alexandria's Thirty-Ninth Festal Letter," *Harvard Theological Review* 87(1994), 395-420. 브라크의 말처럼, 아타나시우스의 관심은 책의 목록에만 국한되지 않았고, 기독교의 권위와 교회 조직에 대한 여러 경쟁적 비전들과 패러다임들 간의 더 근본적인 갈등을 반영하고 있었다.
19. Bruce M. Metzger, *The Canon of the New Testament: Its Origin, Development, and Significance*(Oxford: Clarendon Press, 1997).

20. 이와 관련하여 주로 거론하는 인물이 아빌라의 프리스킬리안이다. Virginia Burrus, *The Making of a Heretic: Gender, Authority, and the Priscillianist Controversy* (Berkeley: Univ. of California Press, 1995), 19-21. 이 문제에 관한 좀 더 자세한 설명은 다음 글을 참고하라. Andrew S. Jacobs, "The Disorder of Books: Priscillian's Canonical Defense of Apocrypha," *Harvard Theological Review* 93(2000), 135-159.
21. 초기의 기독교 '정통' 개념에 대한 비판을 보려면 다음을 참고하라. James D. G. Dunn, *Unity and Diversity in the New Testament: An Inquiry into the Character of Earliest Christianity*, 2nd ed.(London: SCM Press, 1990), 1-7.
22. Stephen Neill, *Jesus Through Many Eyes: Introduction to the Theology of the New Testament*(Philadelphia: Fortress Press, 1976).
23. 신약성경의 교회 개념에 관한 에른스트 캐제만의 고전적인 에세이에 나온 논점을 참고하라. Ernst Käsemann, "Unity and Multiplicity in the New Testament Doctrine of the Church," in *New Testament Questions of Today*(Philadelphia: Fortress Press, 1969), 252-259.
24. Arland J. Hultgren, *The Rise of Normative Christianity*(Minneapolis: Fortress Press, 1994), 86.
25. Dunn, *Unity and Diversity*, 11-32.
26. Dunn, *Unity and Diversity*, 2.
27. Richard B. Hays, *The Moral Vision of the New Testament: Community, Cross, New Creation, a Contemporary Introduction to New Testament Ethics*(San Francisco: Harper-SanFrancisco, 1996), 193-205, 《신약의 윤리적 비전》(IVP, 2002).
28. 이 문제에 관해서는 다음 책을 참고하라. Alister E. McGrath, *Christianity's Dangerous Idea: The Protestant Revolution*(San Francisco: HarperOne, 2007), 199-241, 《기독교, 그 위험한 사상의 역사》(국제제자훈련원, 2009).
29. 소키누스주의와 아리우스주의 사이에는 분명히 역사적 연속성이 있다. 하지만 전자는 16세기 파우스토 파올로 소치니의 저술에서 구체적인 형태를 갖게 되었으며, 나사렛 예수의 정체성에 대한 이해를 유니테리언주의 신관에 두고 있다.
30. Elaine H. Pagels and Karen L. King, *Reading Judas: The Gospel of Judas and the Shaping of Christianity*(London: Allen Lane, 2007), 31.
31. Thomas G. Guarino, "Tradition and Doctrinal Development: Can Vincent of Lérins Still Teach the Church?" *Theological Studies* 67(2006), 34-72.
32. 이 점을 둘러싼 몇 가지 중요한 난점을 보려면 다음을 참고하라. Mark Vessey, "The

Forging of Orthodoxy in Latin Christian Literature: A Case Study," *Journal of Early Christian Studies* 4(1996), 495-513.

33. 여기에서 다루기에는 너무 복잡하지만 무척 흥미로운 물음을 제기한다. 에른스트 캐제만이 조심스럽게 설파한 견해로 성서비평이 이단에 이의를 제기하고 바로잡는 역할을 할 수 있지 않을까 하는 문제이다. 그 가능성에 대한 평가는 다음 글을 참고하라. A. K. M. Adam, "Docetism, Käsemann, and Christology: Why Historical Criticism Can't Protect Christological Orthodoxy," *Scottish Journal of Theology* 49(1996), 391-410.

34. Ben Quash and Michael Ward, *Heresies and How to Avoid Them: Why It Matters What Christians Believe*(London: SPCK, 2007), 2-3.

35. 다음 책에 나온 분석을 참고하라. T. E. Pollard, *Johannine Christology and the Early Church*(Cambridge: Cambridge Univ. Press, 2005). 마르키온에 대해서도 비슷한 이슈가 제기되었다. Ugo Bianchi, "Marcion: Theologien biblique ou docteur gnostique?" *Vigiliae Christianae* 21(1967), 141-149.

36. 다음 책에서 일련의 성경 텍스트를 분석한 것을 참고하라. Eugene LaVerdiere, *The Eucharist in the New Testament and in the Early Church*(Collegeville, MN: Liturgical Press, 1996), 29-126.

37. 초기 기독교 예배가 다양한 성격을 갖고 있었다고 인정하는 학자들이 갈수록 많아지고 있다. Paul F. Bradshaw, *The Search for the Origins of Christian Worship: Sources and Methods for the Study of Early Liturgy*, 2nd ed.(New York: Oxford Univ. Press, 2002). 종교 입문에 대한 초기 기독교의 다양한 접근이 특히 의미심장하다(144-170).

38. 이 점은 제프리 웨인라이트 같은 저자들이 강조했다. Geoffrey Wainwright, *Doxology: The Praise of God in Worship, Doctrine, and Life: A Systematic Theology*(New York: Oxford Univ. Press, 1980).

39. Prosper of Aquitaine, *Capitula Coelestini* 8.

40. Paul V. Marshall, "Reconsidering 'Liturgical Theology': Is There a *Lex Orandi* for All Christians?" *Studia Liturgica* 25(1995), 129-151.

41. 유스매닉 폰트로 교정을 본 코란에 관해서는 다음 책을 참고하라. Anna M. Gade, *Perfection Makes Practice: Learning, Emotion, and the Recited Qur'an in Indonesia*(Honolulu: Univ. of Hawaii Press, 2004), 25-27.

42. 다음 글에 나온 분석을 참고하라. A. I. C. Heron, "The Interpretation of I Clement in Walter Bauer's *Rechtglaubigkeit und Ketzerei im ältesten Christentum*,"

Ekklesiastokos Pharos 55(1973), 517-545.
43. Turner, Pattern of Christian Truth, 9.
44. 교회 전체의 공동체 의식을 강화하는 측면에서 가족의 중요성을 강조한 다음 책을 참고하라. Judith Lieu, *Christian Identity in the Jewish and Graeco-Roman World*(Oxford: Oxford Univ. Press, 2006), 164-169.
45. 다음 글에 나온 논의를 참고하라. David G. Horrell, "'Becoming Christian': Solidifying Christian Identity and Content," in *Handbook of Early Christianity*, ed. Anthony J. Blasi, Paul-André Turcotte, and Jean Duhaime(Walnut Creek, CA: AltaMira Press, 2002), 309-336.
46. 로마인에게 기독교에 대한 강한 인식을 심어준 '타자' 개념을 성찰한 다음 글을 참고하라. Lieu, *Christian Identity*, 269-297. 리에우는 로마가 다른 인종이나 문화 집단을 구분할 때도 비슷한 과정을 거쳤다고 지적한다. 예컨대 로마인들은 타키투스의 시각을 통해 독일인을 바라보았다.
47. 이를 역사적으로 입증한 획기적인 연구서는 다음과 같다. Alain Le Boulluec, *La notion d'hérésie dans la littérature grecque, IIe.IIIe siècles*, 2 vols.(Paris: Études Augustiniennes, 1985).
48. 이 장르의 중요성에 관해서는 다음 글을 참고하라. Averil Cameron, "How to Read Heresiology," *Journal of Medieval and Early Modern Studies* 33(2003), 471-492. 나중에 그녀가 개진한 논점도 참고하라. Averil Cameron, "The Violence of Orthodoxy," in Heresy and Identity in Late Antiquity, ed. Eduard Iricinschi and Holger M. Zellentin(Tübingen: Mohr Siebeck, 2008), 102-114.
49. G. E. L. Owen, "Philosophical Invective," *Oxford Studies in Ancient Philosophy* 1(1983), 1-25.

4장 이단의 초기 발달사

1. 기독교의 발달 과정은 다음 책을 참고하라. Peter Lampe, *From Paul to Valentinus: Christians at Rome in the First Two Centuries*(Minneapolis: Fortress Press, 2003).
2. 다음을 참고하라. Adolf von Harnack, *Marcion: Das Evangelium vom fremden Gott: Eine Monographie zur Geschichte der Grundlegung der katholischen Kirche*, 2nd ed.(Leipzig: Hinrich, 1924), 16*-28*.

3. 에피파니우스의 《파나리온》은 이에 관한 내용을 로마 히폴리투스의 유실된 작품 《산타그마》에서 끌어온 것으로 알려져 있다. 다음을 참고하라. Einar Thomassen, "Orthodoxy and Heresy in Second-Century Rome," *Harvard Theological Review* 97(2004), 241-256. 특히 242-243쪽을 유의해서 보라.
4. 마르키온은 또한 물질이 근본적으로 악하다고 보는 이원론자로 종종 묘사된다. 마르키온의 사상이 지닌 이런 측면을 평가한 글로는 다음을 참고하라. Michael A. Williams, *Rethinking "Gnosticism": An Argument for Dismantling a Dubious Category* (Princeton, NJ: Princeton Univ. Press, 1996), 23-26.
5. Epiphanius, *Panarion* 42.1-2.
6. Tertullian, *De praescriptione haereticorum* 30.2.
7. Tertullian, *Adversus Valentinianos* 4.1.
8. Tertullian, *De praescriptione haereticorum* 1.1.
9. 이 내용은 다음 연구서에서 인용한 것이다. H. E. W. Turner, *The Pattern of Christian Truth: A Study in the Relations Between Orthodoxy and Heresy in the Early Church*(London: Mowbray, 1954), 3-8.
10. Tertullian, *De praescriptione haereticorum* 7.9.
11. Peter Fraenkel, *Testimonia Patrum: The Function of the Patristic Argument in the Theology of Philip Melanchthon*(Geneva: Droz, 1961), 162.
12. Turner, *Pattern of Christian Truth*, 132-141.
13. 이 논점을 상세히 다룬 다음 책을 참고하라. Alister E. McGrath, *The Genesis of Doctrine*(Oxford: Blackwell, 1990), 1-8.
14. 이 논점은 로언 윌리엄스가 치밀하게 검토했다. Rowan Williams, "Baptism and the Arian Controversy," in *Arianism After Arius: Essays on the Development of the Fourth-Century Trinitarian Conflict*, ed. Michel Barnes and Daniel Williams(Edinburgh: T. & T. Clark, 1993), 149-180; Rowan Williams, *Arius: Heresy and Tradition*, 2nd ed.(London: SCM Press, 2001), 235-236. 이 논점에 관한 토론은 다음 글을 참고하라. Benjamin Myers, "Disruptive History: Rowan Williams on Heresy and Orthodoxy," in *On Rowan Williams: Critical Essays*, ed. Matheson Russell(Eugene, OR: Cascade Books, 2008), 47-67.
15. 특히 다음 책을 참고하라. Renate Struman, "De la perpétuité de la foi dans la controverse Bossuet-Julien(1686,1691)," *Revue d'histoire ecclésiastique* 37(1941), 145-189; Richard F. Costigan, "Bossuet and the Consensus of the Church," *Theological*

Studies 56(1995), 652-672.
16. 다음 책에 이에 대한 자세한 분석이 실려 있다. Hans Geisser, *Glaubenseinheit und Lehrentwicklung bei Johann Adam Möhler*(Göttingen: Vandenhoeck & Ruprecht, 1971).
17. Wilhem Maurer, "Das Prinzip der Organischen in der evangelischen Kirchenge-schichtsschreibung des 19. Jahrhunderts," *Kerygma und Dogma* 8(1962), 256-292.
18. John Henry Newman, "The Theory of Developments in Religious Doctrine," in *Conscience, Consensus and the Development of Doctrine*, by John Henry Newman, ed. James Gaffney(New York: Doubleday, 1992), 6-30.
19. 다음을 참고하라. Nicholas Lash, *Change in Focus: A Study of Doctrinal Change and Continuity*(London: Sheed & Ward, 1973), 88; Hugo Meynell, "Newman on Revelation and Doctrinal Development," *Journal of Theological Studies* 30(1979), 138-152.
20. John Henry Newman, *An Essay on the Development of Christian Doctrine* (London: Longmans, Green & Co., 1909), 74.
21. Réginald Garrigou-Lagrange, "L'immutabilité du dogme selon le Concile du Vatican, et le relativisme," *Angelicum* 26(1949), 309-322.
22. Thomas G. Guarino, "Tradition and Doctrinal Development: Can Vincent of Lérins Still Teach the Church?" *Theological Studies* 67(2006), 34-72.
23. 토마스 아퀴나스는 '교리의 발전'이라는 표현을 쓰진 않지만, 다음 글이 지적하듯이 아퀴나스의 저술에 좀 더 깊은 의미의 '교리의 발전' 개념이 담겨 있다고 말할 수는 있다. Christopher Kaczor, "Thomas Aquinas on the Development of Doctrine," *Theological Studies* 62(2001), 283-302.
24. Charles Gore, *The Incarnation of the Son of God*(London: John Murray, 1892), 85-87.
25. 이브 콩가르의 다음 글에 주목하라. Yves Congar, "La 'réception' comme réalité ecclésiologique," *Revue des sciences philosophiques et théologiques* 56(1972), 369-403.
26. Tertullian, *De praescriptione haereticorum* 7.9. "Quid ergo Athenis et Hierosolymis? quid academiae et ecclesiae? quid haereticis et christianis?"
27. Christine Trevett, *Montanism: Gender, Authority, and the New Prophecy*(Cambridge: Cambridge Univ. Press, 1996), 77-150.

28. 특히 다음 책을 참고하라. Vera-Elisabeth Hirschmann, *Horrenda Secta: Untersuchungen zum frühchristlichen Montanismus und seinen Verbindungen zur paganen Religion Phrygiens*(Stuttgart: Franz Steiner Verlag, 2005). 이보다 앞서 이 문제를 연구한 책도 있다. Wilhelm E. Schepelern, *Der Montanismus und die phrygischen Kulte: Eine Religionsgeschichtliche Untersuchung*(Tübingen: J. C. B. Mohr, 1929).
29. 이 입장을 강력하게 진술한 다음 글을 참고하라. Kurt Aland, "Der Montanismus und die kleinasiatische Theologie," *Zeitschrift für die Neutestamentliche Wissenschaft* 46(1955), 109-116.
30. Walter Bauer, *Rechtgläubigkeit und Ketzerei im ältesten Christentum*(Tübingen: Mohr, 1934). 영어 번역판은 한 세대가 지난 뒤에 출판되었다. *Orthodoxy and Heresy in Earliest Christianity*(Philadelphia: Fortress Press, 1971).
31. 다음을 참고하라. Helmut Koester, "Gnomai Diaphorai: The Origin and Nature of Diversification in the History of Early Christianity," in *Trajectories Through Early Christianity*, ed. James M. Robinson and Helmut Koester(Philadelphia: Fortress Press, 1971), 114-157.
32. 다음에 나오는 한스 디터 베츠의 탁월한 글에서 분위기 전환이 감지된다. Hans Dieter Betz, "Orthodoxy and Heresy in Primitive Christianity: Some Critical Remarks on Georg Strecker's Republication of Walter Bauer's *Rechtgläubigkeit und Ketzerei im ältesten Christentum*," *Interpretation* 19(1965), 299-311.
33. Koester, "Gnomai Diaphorai," 114.
34. 이 문제를 개관한 저서는 다음을 참고하라. Robert M. Grant, *Heresy and Criticism: The Search for Authenticity in Early Christian Literature*(Louisville, KY: Westminster/ John Knox Press, 1993); Arland J. Hultgren, *The Rise of Normative Christianity*(Minneapolis: Fortress Press, 1994). 몇 가지 구체적인 이슈들을 다룬 글로는 다음을 참고하라. Daniel J. Harrington, "The Reception of Walter Bauer's *Orthodoxy and Heresy in Earliest Christianity During the Last Decade*," *Harvard Theological Review* 73(1980), 289-298.
35. Hultgren, *Rise of Normative Christianity*, 10.
36. Martin Elze, "Häresie und Einheit der Kirche im 2. Jahrhundert," *Zeitschrift für Theologie und Kirche* 71(1974), 389-409.
37. Adelbert Davids, "Irrtum und Häresie: 1 Clem.—Ignatius von Antiochien-Justinus,"

Kairos 15(1973), 165-187.
38. 특히 다음을 참고하라. Thomas A. Robinson, *The Bauer Thesis Examined: The Geography of Heresy in the Early Christian Church*(Lewiston, NY: Edwin Mellen Press, 1988), 35-91.
39. Robert Wilken, "Diversity and Unity in Early Christianity," *Second Century* 1(1981), 101-110.
40. James F. McCue, "Orthodoxy and Heresy: Walter Bauer and the Valentinians," *Vigiliae Christianae* 33(1979), 118-130. 특히 119-121쪽을 참고하라.
41. Birger A. Pearson, "Pre-Valentinian Gnosticism in Alexandria," in *The Future of Early Christianity*, ed. Birger A. Pearson(Minneapolis: Fortress Press, 1991), 455-466. 이 책의 확장판도 나중에 출간되었다. Birger A. Pearson, *Gnosticism and Christianity in Roman and Coptic Egypt*(London: T&T Clark, 2004).
42. Robin Lane Fox, *Pagans and Christians in the Mediterranean World from the Second Century A.D. to the Conversion of Constantine*(London: Penguin, 1988), 276. 로빈 레인 폭스는 브리티시 아카데미의 1977년 슈바이히 렉처에서 수집된 중요한 증거에 주목하라고 말한다. 다음 책을 참고하라. Colin H. Roberts, *Manuscript, Society and Belief in Early Christian Egypt*(London: Oxford Univ. Press), 1979.
43. 이는 터너가 고전 연구서에서 개진한 견해이다. H. E. W. Turner, *The Pattern of Christian Truth: A Study in the Relations Between Orthodoxy and Heresy in the Early Church*(London: Mowbray, 1954), 81-94. 특히 '정통과 이단 간의 주변부 또는 반그늘'에 대해 언급한 79쪽을 참고하라.
44. Robinson, *Bauer Thesis Examined*, 36.
45. Hultgren, *Rise of Normative Christianity*, 11.
46. Elaine H. Pagels, *The Gnostic Gospels*(New York: Random House, 1979).
47. 페이절스의 책에 대한 초기의 비판은 다음 글을 참고하라. Kathleen McVey, "Gnosticism, Feminism, and Elaine Pagels," *Theology Today* 37(1981), 498-501. 특히 맥베이의 견해(499쪽)를 주목하라. "페이절스는 영지주의 그리스도인들이 조직은 잘 되었으나 무식한 문자주의자들의 손에 정당한 역사적 역할을 박탈당한 창의적 소수파라며 매력적인 인물로 묘사한다."
48. 이와 관련된 접근법으로 이단의 기원과 본질에 관한 바우어의 모델에 의존하는 또 다른 예를 보려면 다음 두 책을 참고하라. Gerd Ludemann, *Heretics: The Other Side of Early Christianity*(London: SCM Press, 1996); Bart D. Ehrman, *Lost Christianities:*

The Battle for Scripture and the Faiths We Never Knew(New York: Oxford Univ. Press, 2003). 안타깝게도, 게르트 뢰데만의 저서는 정통을 반대하는 편견으로 점철된 나머지 이단의 본질과 중요성을 논의하는 역사적 분석이나 거기에 기여하는 것만 가치 있는 것으로 취급한다.

49. Antoine Guillaumont et al., eds., *The Gospel According to Thomas*(Leiden: Brill, 2001), 57. 여기서 나는 헬라어 *hina*를 that으로 번역하지 않고 적절한 의미에 맞춰 in order that으로 정정하여 번역했음을 밝힌다.
50. Kathryn Greene-McCreight, *Feminist Reconstructions of Christian Doctrine: Narrative Analysis and Appraisal*(New York: Oxford Univ. Press, 2000), 90.
51. 여기에 관한 글로는 다음을 참고하라. Rowan Williams, "Does It Make Sense to Speak of Pre-Nicene Orthodoxy?" in *The Making of Orthodoxy*, ed. Rowan Williams(Cambridge: Cambridge Univ. Press, 1989), 1-23.
52. Larry W. Hurtado, *Lord Jesus Christ: Devotion to Jesus in Earliest Christianity* (Grand Rapids, MI: Eerdmans, 2003), 494, 《주 예수 그리스도》(새물결플러스, 2010).
53. Hurtado, *Lord Jesus Christ*, 495.
54. Hultgren, *Rise of Normative Christianity*, 97-101.

5장 이단의 본질은 무엇인가

1. 이런 사상을 개발한 대표적인 저서는 다음과 같다. Bart D. Ehrman, *Lost Christianities: The Battles for Scripture and the Faiths We Never Knew*(New York: Oxford Univ. Press, 2003).
2. 이는 다음 글에 강조되어 있다. Fergus Miller, "Repentent Heretics in Fifth Century Lydia: Identity and Literacy," *Scripta Classica Israelica* 23(2004), 113-130.
3. 다음 책에 나온 분석을 참고하라. Denise Kimber Buell, *Making Christians: Clement of Alexandria and the Rhetoric of Legitimacy*(Princeton, NJ: Princeton Univ. Press, 1999). 이 밖에도 유용한 자료가 더 있다. Virginia Burrus, *The Making of a Heretic: Gender, Authority, and the Priscillianist Controversy*(Berkeley: Univ. of California Press, 1995); Judith M. Lieu, "The Forging of Christian Identity," *Mediterranean Archaeology* 11(1998), 71-82.
4. 유디스 리우의 상세한 논거를 참고하라. Judith Lieu, *Neither Jew nor Greek?*

Constructing Early Christianity(London: T & T Clark, 2002).
5. 이 구절은 다음 책에서 인용했다. Daniel Boyarin, *A Radical Jew: Paul and the Politics of Identity*(Berkeley: Univ. of California Press, 1994), 29.
6. 금욕주의를 특징으로 하는 2세기 기독교 운동 몬타누스주의는 훈련의 중요성을 특별히 강조한다. "구원의 핵심에 관한 사안이 아니라 훈련된 그리스도인의 일상생활을 강조한다"는 점에서 새로운 운동이었다. Christine Trevett, *Montanism: Gender, Authority, and the New Prophecy*(Cambridge: Cambridge Univ. Press, 1996), 215. 트레빗이 바르게 지적하고 있듯이, 예전에는 없던 비정통 신학의 추세가 3세기 초 몬타누스주의 안에서 발전하기 시작했으며 주로 삼위일체 교리와 관련된 것이었다(215-217쪽). 금욕주의 운동에 내재한 이단의 경향성에 대한 우려는 후대에도 계속 이어졌다. 특별히 다음 책을 참고하라. David G. Hunter, *Marriage, Celibacy and Heresy in Ancient Christianity* (Oxford: Oxford Univ. Press, 2007), 88-129.
7. 그러므로 '이단'이란 용어가 어떤 관행이 아니라 사상을 가리키는 말로 사용되었다는 사실에 유념해야 한다. 이단의 사상이 때로는 의심스러운 행동을 야기할 수도 있지만, 그런 행동 자체를 '이단적'이라고 묘사해서는 안 된다.
8. 이 사상에 관한 입문서로는 다음을 참고하라. Pierre Bourdieu and Terry Eagleton, "Doxa and Common Life: In Conversation," *New Left Review* 191(1992), 111-121.
9. 다음을 참고하라. Robert M. Grant, *Heresy and Criticism: The Search for Authenticity in Early Christian Literature*(Louisville, KY: Westminster/John Knox Press, 1993).
10. 이런 발전 양상의 몇 가지 측면을 다룬 자료는 다음과 같다. Paul Keresztes, "From the Great Persecution to the Peace of Galerius," *Vigiliae Christianae* 37(1983), 379-399; David Woods, "Two Notes on the Great Persecution," *Journal of Theological Studies* 43(1992), 128-134; William Tabbernee, "Eusebius' Theology of Persecution as Seen in the Various Editions of His Church History," *Journal of Early Christian Studies* 5(1997), 319-334. 물론 박해가 그리스도인의 공동체 의식을 강화하는 역할을 했고, 이는 박해자로 하여금 그리스도인의 정체성을 위협할 만한 수단을 더욱 강구하게 했다. Daniel Boyarin, "Martyrdom and the Making of Christianity and Judaism," *Journal of Early Christian Studies* 6(1998), 577-627.
11. 이 문제의 중요성을 이해하려면 유럽에서 늘 자신들의 독특한 문화적, 종교적 정체성을 위협받았던 유대인의 역사를 생각해보라. 20세기 초 비엔나에 있던 유대인 공동체에게 비엔나 문화에 동화되라고 계속해서 압력을 가했던 예가 대표적이다. 다음 글을 참고하

라. Stephen Beller, "Big-City Jews: Jewish Big-City: The Dialectics of Jewish Assimilation in Vienna c. 1900," in *The City in Central Europe: Culture and Society from 1800 to the Present*, ed. Malcolm Gee, Tim Kirk, and Jill Steward(Ashgate: Aldershot, 1999), 145-158.

12. Tertullian, *De praescriptione haereticorum* 7.9.
13. Hippolytus, *De Christo et Antichristo* 59. 이 이미지는 19세기 복음전도자 드와이트 무디도 사용했다. "배가 있어야 할 곳은 바다이지만, 바닷물이 배 안에 들어오면 하나님이 도와주신다."
14. Grant, *Heresy and Criticism*, 49-73; Richard A. Burridge and Graham Gould, *Jesus Now and Then*(Grand Rapids, MI: Eerdmans, 2004), 129-131.
15. James A. Froude, *Thomas Carlyle: A History of His Life in London, 1834-1881*, 2 vols.(London: Longmans, Green, and Co., 1884), 2:462.
16. 이는 세속주의가 유대교에 미친 영향과 관련하여 중요한 의미를 갖는다. 다음을 참고하라. Stephen Sharot, "Judaism and the Secularization Debate," *Sociological Analysis* 52(1991), 255-275. 이와 달리 유대교의 도그마에 대해 합법적으로 논할 수 있다고 주장하는 모세스 마이모니데스의 견해에 대해서는 다음 글을 참고하라. Yitzchak Blau, "Flexibility with a Firm Foundation: On Maintaining Jewish Dogma," *Torah u-Madda Journal* 12(2004), 179-191.
17. Ulrich Schmid, *Marcion und sein Apostolos: Rekonstruktion und historische Einordnung der marcionitischen Paulusbriefausgabe*(Berlin: de Gruyter, 1995). 이 책은 먼저 출간된 아돌프 폰 하르낙의 유명한 저서가 지닌 오류를 바로잡았다. Adolf von Harnack, *Marcion—das Evangelium vom fremden Gott: Eine Monographie zur Geschichte der Grundlegung der katholischen Kirche*(Leipzig: Hinrichs, 1921).
18. 다음을 참고하라. Francis Watson, *Paul, Judaism and the Gentiles: A Sociological Approach*(Cambridge: Cambridge Univ. Press, 1986), 49-87.
19. 다음을 참고하라. Watson, *Paul, Judaism and the Gentiles*, 178. 미묘한 차이가 있는 접근법을 보려면 다음을 참고하라. N. T. Wright, *The Climax of the Covenant: Christ and the Law in Pauline Theology*(Edinburgh: T&T Clark, 1991).
20. R. A. Markus, "The Problem of Self-Definition: From Sect to Church," in *Jewish and Christian Self-Definition*, ed. E. P. Sanders, 2 vols.(London: SCM Press, 1980.82), 1:1-15.
21. Wayne A. Meeks, "The Stranger from Heaven in Johannine Sectarianism," *Journal*

of Biblical Literature 91(1972), 44-72. 다음 책도 참고하라. David L. Balch, *The Social History of the Matthean Community: Cross-Disciplinary Approaches* (Minneapolis: Fortress Press, 1991). 이런 '공동체' 개념에 대한 비판서로는 다음을 참고하라. Richard Bauckham, ed., *The Gospels for All Christians: Rethinking the Gospel Audiences*(Grand Rapids, MI: Eerdmans, 1998).

22. Wayne A. Meeks, *The First Urban Christians: The Social World of the Apostle Paul*(New Haven, CT: Yale Univ. Press, 1983), 84-107.

23. 물론 이집트의 수도원 운동 같은 중요한 예외들도 유념할 필요가 있다. Derwas J. Chitty, *The Desert a City: An Introduction to the Study of Egyptian and Palestinian Monasticism Under the Christian Empire*(Crestwood, NY: St. Vladimir's Seminary Press, 1995).

24. Tertullian, *Apologia* 42.

25. Georg Günter Blum, *Tradition und Sukzession: Studien zum Normbegriff des Apostolischen von Paulus bis Irenaeus*(Berlin: Lutherisches Verlagshaus, 1963). 신조에 관해 전반적으로 다루는 책은 다음을 참고하라. J. N. D. Kelly, *Early Christian Creeds*, 3rd ed.(New York: Longman, 1981).

26. S. L. Greenslade, "Heresy and Schism in the Later Roman Empire," in *Schism, Heresy and Religious Protest*, ed. Derek Baker(Cambridge: Cambridge Univ. Press, 1972), 1-20.

27. George W. Knight, *The Pastoral Epistles: A Commentary on the Greek Text*(Grand Rapids, MI: Eerdmans, 1992), 11-12. 정통과 이단의 출현을 이해하는 데 바울 서신이 갖는 중요성을 다룬 글로는 다음을 참고하라. William E. Arnal, "Doxa, Heresy, and Self-Construction: The Pauline Ekklesiai and the Boundaries of Urban Identities," in *Heresy and Identity in Late Antiquity*, ed. Eduard Iricinschi and Holger M. Zellentin(Tübingen: Mohr Siebeck, 2008), 50-101.

28. Knight, *Pastoral Epistles*, 88-89.

29. 이단의 개념이 신약성경에 나오고 정통파의 가르침에 의해 반박되고 있다고 주장하는 대표적인 논증은 크레이그 블룸버그가 쓴 다음 논문을 참고하라. Craig L. Blomberg, "The New Testament Definition of Heresy(Or When Do Jesus and the Apostles Really Get Mad?)," *Journal of the Evangelical Theological Society* 45(2002), 59-72.

30. Larry W. Hurtado, *Lord Jesus Christ: Devotion to Jesus in Earliest Christianity*(Grand Rapids, MI: Eerdmans, 2003), 108-118.

31. Herman N. Ridderbos, *Paul: An Outline of His Theology*(Grand Rapids, MI: Eerdmans, 1997), 369-395.
32. Hurtado, *Lord Jesus Christ*, 605-614.
33. 다음 책에서 요한 지지울러스가 강조한 논점을 참고하라. Miroslav Volf, *After Our Likeness: The Church as the Image of the Trinity*(Grand Rapids, MI: Eerdmans, 1998), 73-107.
34. 다음을 참고하라. William T. Cavenaugh, "The City: Beyond Secular Parodies," in *Radical Orthodoxy: A New Theology*, ed. John Milbank, Catherine Pickstock, and Graham Ward(London: Routledge, 1998), 182-200. 특히 196쪽을 유의하여 보라.
35. 이 이미지는 다음 책에서 끌어온 것이다. Charles Gore, *The Incarnation of the Son of God*, 2nd ed.(London: John Murray, 1892), 96-97.
36. 이에 관해서는 다음 책을 참고하라. Klaus M. Beckmann, *Der Begriff der Häresie bei Schleiermacher*(Munich: Kaiser Verlag, 1959), 36-62.
37. F. D. E. Schleiermacher, *The Christian Faith*, 2nd ed.(Edinburgh: T&T Clark, 1928), 52. 이 강조점에 대한 논평과 더불어 구속에 있어서 교회와 그리스도의 역할 간에 존재하는 긴장을 다룬 글을 보려면 다음을 참고하라. Paul T. Nimmo, "The Mediation of Redemption in Schleiermacher's Glaubenslehre," *International Journal of Systematic Theology* 5(2003), 187-199.
38. Richard Hooker, *Laws of Ecclesiastical Polity* 5.54.10. 이단에 대한 리처드 후커의 견해를 논평한 이질 그리슬리스의 글도 참고하라. Egil Grislis, "The Role of Sin in the Theology of Richard Hooker," *Anglican Theological Review* 84(2002), 881-896. 슐라이어마허는 '자연 발생적 이단' 중 두 개가 그리스도의 인격과 관련이 있고 나머지 두 개가 그분의 사역과 관련이 있다고 보는 점에서 후커와 구별된다. 이에 비해 후커는 자연 발생적 이단 넷 모두 그리스도의 인격과 관련되어 있다고 본다.
39. Schleiermacher, *Christian Faith*, 98. 다음 책도 참고하라. Henning Paulsen, *Zur Literatur und Geschichte des frühen Christentums: Gesammelte Aufsätze* (Tübingen: Mohr Siebeck, 1997), 73-74.
40. 이 두 이단에 관한 슐라이어마허와 카를 바르트의 견해를 비교하는 게 도움이 될 것이다. 바르트의 의견은 다음 글을 참고하라. Paul D. Molnar, "Some Dogmatic Implica-tions of Barth's Understanding of Ebionite and Docetic Christology," *International Journal of Systematic Theology* 2(2000), 151-174.
41. 다음을 참고하라. George V. Vito, "Toward a Sociology of Heresy," *Sociological*

Analysis 44(1983), 123-130; Jacques Berlinerblau, "Toward a Sociology of Heresy, Orthodoxy, and Doxa," *History of Religions* 40(2001), 327-351.
42. 일반적인 문제에 관해서는 다음 글을 참고하라. A. H. M. Jones, "Were Ancient Heresies National or Social Movements in Disguise?" *Journal of Theological Studies* 10(1959), 280-286; W. H. C. Frend, "Heresy and Schism as Social and National Movements," in *Schism, Heresy and Protest*, ed. Derek Baker (Cambridge: Cambridge Univ. Press, 1972), 37-49. 이 책의 155-156쪽도 함께 보라.
43. 다음 글에 나온 비평을 참고하라. Elizabeth A. Clark, "Elite Networks and Heresy Accusations: Towards a Social Description of the Origenist Controversy," *Semeia* 56(1991), 81-107.
44. Lewis Ayres, *Nicaea and Its Legacy: An Approach to Fourth-Century Trinitarian Theology*(Oxford: Oxford Univ. Press, 2004), 78-84.
45. Malcolm Lambert, *Medieval Heresy: Popular Movements from the Gregorian Reform to the Reformation*(Oxford: Blackwell, 2002), 4-5.

6장 초기의 고전적 이단들

1. 최근에 나온 훌륭한 설명을 보려면 다음 자료들을 참고하라. Philip F. Esler, ed., *The Early Christian World*, 2 vols.(London: Routledge, 2000); Henry Chadwick, *The Church in Ancient Society from Galilee to Gregory the Great*(Oxford: Oxford Univ. Press, 2001); Peter Lampe, *From Paul to Valentinus: Christians at Rome in the First Two Centuries*(Minneapolis: Fortress Press, 2003).
2. 특히 찰스 카넨기서가 중요한 글을 모아놓은 다음 책을 참고하라. Charles Kannengiesser, ed., *Handbook of Patristic Exegesis: The Bible in Ancient Christianity*, 2 vols.(Leiden: Brill, 2003). 이 책은 여러 면에서 탁월하지만 몇 가지 점에서 비판의 소지가 있다. Johannes van Oort, "Biblical Interpretation in the Patristic Era: A 'Handbook of Patristic Exegesis' and Some Other Recent Books and Related Projects," *Vigiliae Christianae* 60(2006), 80-103.
3. 다음 자료를 참고하라. James D. Ernest, *The Bible in Athanasius of Alexandria* (Leiden: Brill, 2004); Elizabeth Dively Lauro, *The Soul and Spirit of Scripture Within Origen's Exegesis*(Leiden: Brill, 2005); Angela Russell Christman, "What Did

Ezekiel See?": *Christian Exegesis of Ezekiel's Vision of the Chariot from Irenaeus to Gregory the Great*(Leiden: Brill, 2005); Robert C. Hill, *Reading the Old Testament in Antioch*(Leiden: Brill, 2005).
4. Alister E. McGrath, *The Genesis of Doctrine*(Oxford: Blackwell, 1990); Kevin J. Vanhoozer, *The Drama of Doctrine: A Canonical-Linguistic Approach to Christian Theology*(Louisville, KY: Westminster John Knox Press, 2005), 115-237.
5. Robert M. Grant, *Heresy and Criticism: The Search for Authenticity in Early Christian Literature*(Louisville, KY: Westminster/John Knox Press, 1993).
6. Malcolm Lambert, *Medieval Heresy: Popular Movements from the Gregorian Reform to the Reformation*(Oxford: Blackwell, 2002), "나는 신학자가 아닌 역사학자로서 이 글을 썼다. 그리고 '이단'이란 용어를 그 기간에 교황이 명시적으로나 암시적으로 정죄한 모든 것을 가리키는 말로 사용했다."
7. Herbert Grundmann, *Religiöse Bewegungen im Mittelalter: Untersuchungen über die geschichtlichen Zusammenhänge zwischen der Ketzerei, den Bettelorden und der religiösen Frauenbewegung um 12. und 13. Jahrhundert und über die geschichtlichen Grundlagen der deutschen Mystik*(Berlin: Emil Ebering, 1935). 나중에 이 주제에 관해 성찰한 다음 글을 참고하라. Herbert Grundmann, *Ketzergeschichte des Mittelalters*(Göttingen: Vandenhoeck & Ruprecht, 1963).
8. Othmar Hageneder, "Der Häresiebegriff bei den Juristen des 12. und 13. Jahrhunderts," in *The Concept of Heresy in the Middle Ages*, ed. W. Lourdaux and D. Verhelst(Louvain: Louvain Univ. Press, 1978), 42-103.
9. Robert I. Moore, *The Formation of a Persecuting Society: Power and Deviance in Western Europe, 950-1250*(Oxford: Basil Blackwell, 1990).
10. 에비온주의자(Ebionite)라는 말은 가난한 자를 뜻하는 히브리어 에비님(*ebyonim*)에서 유래한 것으로 그리스도인들이 대체로 사회 하층민 출신으로 가난했기 때문에(행 11:28-30; 24:17; 고전 1:26-29; 16:1-2) 원래는 그리스도인을 일컫는 말로 사용했던 것으로 보인다. "가난한 자는 복이 있다"(눅 6:20)는 나사렛 예수의 설교에서 끌어왔을 수도 있다. 바울은 '가난한 사람들(*hoi ptochoi*)'이라는 용어를 구체적으로 예루살렘과 유대 교회를 지칭하는 단어로 사용하는 듯하다(갈 2:10). 히브리어를 잘 몰랐던 초대교회의 이단론자들은 모든 이단이 창설자의 이름을 좇는다고 가정한 나머지 이 이단의 창시자로 '펠라의 에비온(Ebion of Pella)'이란 사람이 존재했던 것이라 잘못 추론했다. 다음 글을 참고하라. Hans Joachim Schoeps, *Theologie und Geschichte des*

Judenchristentums(Tübingen: J. C. B. Mohr, 1949), 8-9.

11. 이에 관한 탁월한 설명이 다음 글에 나와 있다. Richard Bauckham, "The Origin of the Ebionites," in *The Image of the Judaeo-Christians in Ancient Jewish and Christian Literature*, ed. Peter J. Tomson and Doris Lambers-Petry(Tübingen: Mohr Siebeck, 2003), 162-181. 이 글은 앞서 발표된 한스 요아킴의 글을 보완하고 정정한다. Hans Joachim Schoeps, "Ebionite Christianity," *Journal of Theological Studies* 4(1953), 219-224.

12. 일찍이 이 문제를 다룬 글로는 다음 책을 참고하라. Joseph A. Fitzmyer, "The Qumran Scrolls, the Ebionites, and Their Literature," *Theological Studies* 16(1955), 335-372.

13. 초기 유대 지방의 유대 기독교 안에서 논쟁이 되었던 문제들을 개관해놓은 최근의 훌륭한 자료는 다음과 같다. Richard Bauckham, *God Crucified: Monotheism and Christology in the New Testament*(Grand Rapids, MI: Eerdmans, 1998); Larry W. Hurtado, *Lord Jesus Christ: Devotion to Jesus in Earliest Christianity*(Grand Rapids, MI: Eerdmans, 2003), 155-216.

14. Bauckham, "Origin of the Ebionites," 162-171.

15. Michael Goulder, "A Poor Man's Christology," *New Testament Studies* 45(1999), 332-348.

16. 다음 책들에서 개진된 논점을 참고하라. Darrell D. Hannah, *Michael and Christ: Michael Traditions and Angel Christology in Early Christianity*(Tübingen: Mohr Siebeck, 1999), 173-175; Timo Eskola, *Messiah and the Throne: Jewish Merkabah Mysticism and Early Christian Exaltation Discourse*(Tübingen: Mohr Siebeck, 2001), 307-309.

17. 나사렛 예수의 중요성에 관한 마가의 설명을 다룬 다음 글을 참고하라. Morna D. Hooker, "'Who Can This Be?' The Christology of Mark's Gospel," in *Contours of Christology in the New Testament*, ed. Richard G. Longenecker(Grand Rapids, MI: Eerdmans, 2005), 79-98.

18. Stevan L. Davies, *Jesus the Healer: Possession, Trance, and the Origins of Christianity*(London: Continuum, 1995), 66-77. 좀 더 일반적인 자료를 보려면 다음 글을 참고하라. W. D. Davies and E. P. Sanders, "Jesus from the Jewish Point of View," in *The Cambridge History of Judaism: The Early Roman Period*, ed. William Horbury, W. D. Davies, and John Sturdy(Cambridge: Cambridge Univ. Press, 1999), 618-676.

19. 다음 논평을 참고하라. James R. Edwards, *The Gospel According to Mark*(Grand Rapids, MI: Eerdmans, 2002), 75-79.
20. 다음을 참고하라. Donald A. Hagner, "Matthew: Apostate, Reformer, Revolutionary?" *New Testament Studies* 49(2003), 193-209. 특히 200-201쪽을 주의해서 보라.
21. Karl Barth, *Church Dogmatics*, 14 vols.(Edinburgh: T&T Clark, 1957-75), 1:402-403. 다음 글도 참고하라. Paul D. Molnar, "Some Dogmatic Implications of Barth's Understanding of Ebionite and Docetic Christology," *International Journal of Systematic Theology* 2(2000), 151-174. 특히 156-158쪽을 주의해서 보라.
22. 다음 책을 참고하라. Gerd Ludemann, *Heretics: The Other Side of Early Christianity*(London: SCM Press, 1996), 52-53.
23. 이를 몇 가지 측면에서 다룬 다음 책을 참고하라. Ludemann, *Heretics*, 27-60.
24. Oskar Skarsaune, *In the Shadow of the Temple: Jewish Influences on Early Christianity*(Downers Grove, IL: InterVarsity Press, 2002), 147-162; 259-274.
25. 이로 말미암아 뢰데만은 바울이 유대 기독교 진영에서 사실상 이단자로 취급되었다고 주장했다. 발터 바우어가 처음 개진한 논점을 발전시킨 뢰데만의 다음 책을 참고하라. Lüdemann, *Heretics*, 61-103.
26. Ludemann, *Heretics*, 53-56.
27. Hurtado, *Lord Jesus Christ*, 155-214.
28. Moishe Rosen, *Y'shua: The Jewish Way to Say Jesus*(San Francisco: Purple Pomegranate Productions, 1982).
29. Juliene G. Lipson, *Jews for Jesus: An Anthropological Study*(New York: AMS Press, 1990), 15. 다음 책도 참고하라. David A. Rausch, *Messianic Judaism: Its History, Theology, and Polity*(Lewiston, NY: Edwin Mellen Press, 1982).
30. Georg Strecker, *The Johannine Letters: A Commentary on 1, 2, and 3 John*(Minneapo-lis: Fortress Press, 1996), 69-77; Paul R. Trebilco, *The Early Christians in Ephesus from Paul to Ignatius*(Tübingen: Mohr Siebeck, 2004), 694-696. 특히 "예수 그리스도께서 육체로 오신 것을 시인하는 영마다 하나님께 속한 것이요"(요일 4:1-3)라는 구절에 주목하라. 이 단락은 예수 그리스도가 육체로 온 것을 부인하고 단지 육체를 입은 것처럼 '보였을' 뿐이라고 주장하는 자들을 배격해야 한다고 말한다.
31. Irenaeus of Lyons, *Adversus haereses* 1.26.1.

32. 이그나티우스는 교회가 전통적인 유대인의 안식일이 아니라 '주의 날'(일요일)을 안식일의 날로 지켜야 한다고 주장한 가장 초창기 그리스도인 저자 중 하나였다.
33. Ignatius, *Letter to the Trallians*, 9.10; *Letter to the Smyrnaeans*, 2.3.
34. Clement of Alexandria, *Stromateis* 3.69.3. 이 글은 발렌티누스가 아가타포우스에게 보낸 편지에서 인용한 것이다. 지금은 유실되고 없다.
35. Norbert Brox, "'Doketismus'-eine Problemanzeige," *Zeitschrift für Kirchengeschichte* 95(1984), 301-314.
36. Brox, "Doketismus," 309. 다음 글도 참고하라. Michael Slusser, "Docetism: A Historical Definition," *Second Century* 1(1981), 163-172.
37. 다음 글에 나온 분석을 참고하라. Guy Strousma, "Christ's Laughter: Docetic Origins Reconsidered," *Journal of Early Christian Studies* 12(2004), 267-288. 특히 268쪽을 참고하라.
38. Ronnie Goldstein and Guy G. Stroumsa, "The Greek and Jewish Origins of Docetism: A New Proposal," *Zeitschrift für Antikes Christentum* 10(2007), 423-441.
39. Goldstein and Stroumsa, "Origins of Docetism," 430.
40. 골드스타인과 스트라우스마가 논지를 발전시키는 데 상당한 영향을 끼친 노먼 오스틴의 다음 책을 참고하라. Norman Austin, *Helen of Troy and Her Shameless Phantom*(Ithaca, NY: Cornell Univ. Press, 1994).
41. "이것이 일천 척의 배를 진수시키고 일리움의 높은 탑을 불태운 얼굴인가?" 이 구절은 고전 시대가 아니라 1600년경에 크리스토퍼 말로우가 쓴 희곡 〈닥터 파우스투스〉에 나오는 것이다.
42. Plato, *Phaedrus* 243a-b.
43. Goldstein and Stroumsa, "Origins of Docetism," 429.
44. 다음 글에 나온 논증을 참고하라. Strousma, "Christ's Laughter." 이삭의 제물에 대한 해석은 다음 책을 참고하라. Edward Kessler, *Bound by the Bible: Jews, Christians and the Sacrifice of Isaac*(Cambridge: Cambridge Univ. Press, 2004).
45. Irenaeus of Lyons, *Adversus haereses* 1.26.4. 이에 관한 논평은 다음 책을 참고하라. Daniel Wanke, *Das Kreuz Christi bei Irenaeus von Lyon*(Berlin: de Gruyter, 2000), 75-82.
46. *Second Treatise of the Great Seth* 55:16-35. 다음 책도 참고하라. Paul Gavrilyuk, *The Suffering of the Impassible God: The Dialectics of Patristic Thought*(Oxford:

Oxford Univ. Press, 2004), 80-83. 이와 비슷한 입장을 취하는 영지주의 텍스트를 보려면 다음을 참고하라. Gavrilyuk, *Suffering of the Impassible God*, 79-90. 세트파 영지주의는 발렌티누스주의와 여러 면에서 차이가 있다.

47. Peter Lampe, *From Paul to Valentinus: Christians at Rome in the First Two Centuries*(Minneapolis: Fortress Press, 2003), 301-345. 피터 람페는 이 책에서 로마 교회의 분할 현상을 이야기한다.

48. Antonia Tripolitis, *Religions of the Hellenistic-Roman Age*(Grand Rapids, MI: Eerdmans, 2002), 16-21.

49. 최근의 설명은 다음 글을 참고하라. Roger Beck, "Ritual, Myth, Doctrine, and Initiation in the Mysteries of Mithras: New Evidence from a Cult Vessel," *Journal of Roman Studies* 90(2000), 145-180.

50. 다음 책을 참고하라. Robert A. Segal, ed., *The Allure of Gnosticism: The Gnostic Experience in Jungian Psychology and Contemporary Culture*(Chicago: Open Court, 1995).

51. 이 운동에 대한 오늘날의 해석에 결정적 영향을 끼친 한스 요나스는 영지주의의 본질을 "특정한 이원론, 사람과 세계 사이의 소원한 관계"로 정의한다. Hans Jonas, *The Gnostic Religion: The Message of the Alien God and the Beginnings of Christianity*, 3rd ed.(Boston: Beacon Press, 2001), 325. 커트 루돌프 역시 같은 입장을 취한다. Kurt Rudolph, *Gnosis: The Nature and History of Gnosticism*(San Francisco: Harper & Row, 1983).

52. 특히 다음 글을 참고하라. Michael A. Williams, *Rethinking "Gnosticism": An Argument for Dismantling a Dubious Category*(Princeton, NJ: Princeton Univ. Press, 1996), 43-44. 다음 책에도 유익한 논의가 담겨 있다. Birger A. Pearson, *Gnosticism, Judaism, and Egyptian Christianity*(Minneapolis: Fortress Press, 1990).

53. 이 주장을 자세히 보려면 다음 글을 참고하라. Phillip A. Tite, "Categorical Designations and Methodological Reductionism: Gnosticism as Case Study," *Method and Theory in the Study of Religions* 13(2001), 269-292.

54. 특히 다음 책의 결론 부분을 참고하라. Karen L. King, *What Is Gnosticism?* (Cambridge, MA: Belknap Press, 2003).

55. King, *What Is Gnosticism?* "핵심 문제는 수사적 실체(이단)를 실제 현상(영지주의)에 투영하는 것이다. 따라서 정통과 이단 논의에서 비롯된 수사적 표현 때문에 긴박해 보이

는 이단의 기원 문제는 그리 심각한 주제가 아니다"(190쪽).
56. King, *What Is Gnosticism?*, 224.
57. Christoph Markschies, *Valentinus Gnosticus? Untersuchungen zur valentinianischen Gnosis mit einem Kommentar zu den Fragmenten Valentins*(Tübingen: Mohr, 1992). 이 책의 견해대로 나는 발렌티누스가 나중에 발렌티누스주의자들의 특징이 된 일부 교리를 제시하지 않았다고 본다.
58. Lampe, *From Paul to Valentinus*, 376, 390-393. Valentinianism이라는 용어가 문헌에서 자주 사용되고 있다는 점에 주목하라. 두 가지 형태 모두 사용해도 무방하다.
59. Einar Thomassen, "Orthodoxy and Heresy in Second-Century Rome," *Harvard Theological Review* 97(2004), 241-256.
60. 이를 가장 상세하게 다룬 책은 아이너 크라센의 책이다. Einar Thomassen, *The Spiritual Seed: The Church of the 'Valentinians'* (Leiden: Brill, 2008). 주 58번에서 언급했듯이 Valentinianism이란 용어가 때로는 Valentinism보다 더 자주 쓰인다.
61. Irenaeus of Lyons, *Adversus haeresis* 1.24.6.
62. Michael Kaler and Marie-Pierre Bussières, "Was Heracleon a Valentinian? A New Look at Old Sources," *Harvard Theological Review* 99(2006), 275-289.
63. Joel Kalvesmaki, "Italian Versus Eastern Valentinianism?" *Vigiliae Christianae* 62(2008), 79-89.
64. 이에 관해서는 다음 책을 참고하라. John D. Turner, *Sethian Gnosticism and the Platonic Tradition*(Louvain: Peeters, 2001).
65. Birger A. Pearson, "The Figure of Seth in Gnostic Literature," in *The Rediscovery of Gnosticism, ed. Bentley Layton*(Leiden: Brill, 1980), 472-504.
66. 이 인용문은 발렌티누스주의자들이 발간한 〈3부 소책자〉에서 발췌한 것이다. 이에 대한 비평은 다음 책을 참고하라. Thomassen, *Spiritual Seed*, 50.
67. Thomassen, *Spiritual Seed*, 28-30.
68. 다음 글에 나온 분석을 참고하라. James F. McCue, "Orthodoxy and Heresy: Walter Bauer and the Valentinians," *Vigiliae Christianae* 33(1979), 118-130.
69. McCue, "Orthodoxy and Heresy," 122-123.
70. 이 점에 대한 이레나이우스의 성경 해석의 중요성에 관해서는 다음 자료를 참고하라. Jacques Fantino, *La théologie d'Irénée. Lecture des Écritures en réponse à l'éxegèse gnostique: Une approche trinitaire*(Paris: Éditions du Cerf, 1994).
71. 다음 책에 나오는 이레나이우스의 논의를 참고하라. Irenaeus of Lyons, *Adversus*

haereses 2.2.1-4.1. 이 논의를 발췌해서 여기에 실었다. 이런 문제들에 관한 자세한 논의는 고전 연구서들을 참고하라. Georg Gunter Blum, *Tradition und Sukzession: Studien zum Normbegriff des Apostolischen von Paulus bis Irenaeus*(Berlin: Lutherisches Verlagshaus, 1963); Norbert Brox, *Offenbarung, Gnosis und gnostischer Mythos bei Irenäus von Lyon: Zur Charakteristik der Systeme*(Salzburg: Pustet Verlag, 1966).

72. 다음 책을 참고하라. Adelbert Davids, "Irrtum und Häresie. 1 Clem.—Ignatius von Antiochien—Justinus," *Kairos* 15(1973), 165-187.
73. Irenaeus of Lyons, *Adversus haeresis* 1.24.6.
74. Ragner Holte, "Logos Spermatikos: Christianity and Ancient Philosophy According to St. Justin's Apologies," *Studia Theologica* 12(1958), 109-168.
75. 이에 관한 고전 연구서를 참고하라. Charles Bigg, *The Christian Platonists of Alexandria*(Hildesheim: G. Olms, 1981).
76. 이 주제를 좀 더 자세히 살펴보려면 다음 자료를 참고하라. Markus N. A. Bockmuehl, *Revelation and Mystery in Ancient Judaism and Pauline Christianity*(Tübingen: Mohr, 1990); John Joseph Collins, "Natural Theology and Biblical Tradition: The Case of Hellenistic Judaism," *Catholic Biblical Quarterly* 60(1998), 1-15.
77. 특히 디모데후서 3장 16-17절을 보라.
78. G. W. H. Lampe and K. J. Woollcombe, eds., *Essays on Typology*(London: SCM Press, 1957).
79. Justin Martyr, *Dialogue with Trypho* 94. 다음을 참고하라. Craig D. Allert, *Revelation, Truth, Canon, and Interpretation: Studies in Justin Martyr's Dialogue with Trypho*(Leiden: Brill, 2002).
80. Justin Martyr, *Apology* 1.26.
81. 이 주제는 다음 글에서 더 자세히 다루고 있다. Ekkehard Mühlenberg, "Marcion's Jealous God," in *Disciplina Nostra: Essays in Memory of Robert F. Evans*, ed. D. Winslow(Cambridge, MA: Philadelphia Patristic Foundation, 1979), 93-113.
82. Irenaeus of Lyons, *Adversus haereses* 1.25.1.
83. Tertullian, *Adversus Marcionem* 1.6.
84. Robin Lane Fox, *Pagans and Christians in the Mediterranean World from the Second Century A.D. to the Conversion of Constantine*(London: Penguin, 1988), 332.

85. Stephen G. Wilson, "Marcion and the Jews," in *Anti-Judaism in Early Christianity*, vol. 2, Separation and Polemic, ed. Stephen G. Wilson(Waterloo, Ontario: Wilfred Laurier Univ. Press, 1986), 45-58; Heikki Raisanen, "Marcion and the Origins of Christian Anti-Judaism," *Temenos* 33(1997), 121-135.
86. 이와 다른 관점을 보려면 다음을 참고하라. Andrew McGowan, "Marcion's Love of Creation," *Journal of Early Christian Studies* 9(2001), 295-311.
87. Peter M. Head, "The Foreign God and the Sudden Christ: Theology and Christology in Marcion's Gospel Redaction," *Tyndale Bulletin* 44(1993), 307-321.
88. John J. Clabeaux, *A Lost Edition of the Letters of Paul: A Reassessment of the Text of the Pauline Corpus Attested by Marcion*(Washington, DC: Catholic Biblical Association of America, 1989).
89. Irenaeus of Lyons, *Adversus haereses* 1.27.4.
90. Tertullian, *De prescriptione hereticorum* 38.7-10.
91. 이 서문들은 다음 책에 실려 있다. Daniel J. Theron, *Evidence of Tradition: Selected Source Material for the Study of the History of the Early Church, Introduction and Canon of the New Testament*(London: Bowes & Bowes, 1957), 79-83. 이에 대한 논평은 다음 책을 참고하라. Ulrich Schmid, *Marcion und sein Apostolos: Rekonstruktion und historische Einordnung der marcionitischen Paulusbriefausgabe*(Berlin: De Gruyter, 1995).
92. Robert Morgan and John Barton, *Biblical Interpretation*(Oxford: Oxford Univ. Press, 1988); Bertrand de Margerie, *An Introduction to the History of Exegesis*, 3 vols.(Petersham, MA: St. Bede's Publications), 1998.
93. Richard Dawkins, *The God Delusion*(Boston: Houghton Mif.in, 2006), 31.
94. 상세한 내용은 다음을 참고하라. Dawkins, *God Delusion*, 237.50.
95. Adolf von Harnack, *Marcion: Das Evangelium vom fremden Gott: Eine Monographie zur Geschichte der Grundlegung der katholischen Kirche*, 2nd ed.(Leipzig: Hinrich, 1924). 비판적 평가를 보려면 다음을 참고하라. Wolfram Kinzig, *Harnack, Marcion und das Judentum: Nebst einer kommentierten Edition des Briefwechsels Adolf von Harnacks mit Houston Stewart Chamberlain*(Leipzig: Evangelische Verlagsanstalt, 2004).
96. Kinzig, Harnack, *Marcion und das Judentum*, 200.
97. Gerd Lüdemann, "Zur Geschichte des ältesten Christentums in Rom. I. Valentin

und Marcion. II. Ptolemäus und Justin," *Zeitschrift für die Neutestamentliche Wissenschaft* 70(1979), 86-114. 특히 95-96쪽에 주의하라. Lampe, *From Paul to Valentinus*, 392-393; Thomassen, "Orthodoxy and Heresy," 242.
98. Thomassen, "Orthodoxy and Heresy," 245.
99. 바우어가 제기한 신학 문제들에 관한 고찰은 다음 글을 참고하라. G. Clarke Chapman, "Some Theological Reflections on Walter Bauer's *Rechtglaubigkeit und Ketzerei im ältesten Christentum*: A Review Article," *Journal of Ecumenical Studies* 7(1970), 564-574; David J. Hawkin, "A Reflective Look at the Debate on Orthodoxy and Heresy in Earliest Christianity," *Église et théologie* 7(1976), 367-378.

7장 후기의 고전적 이단들

1. 이 주제는 오늘날 종교를 설명하는 대다수의 글에 뚜렷하게 나타난다. 다음 책을 참고하라. Bryan S. Turner, *Religion and Social Theory*, 2nd ed.(London: Sage Publications, 1991). "종교란 상징 및 가치 체계로 감정적 영향력을 통하여 사람들을 거룩한 공동체로 묶어줄 뿐 아니라 규범적이고 이타적으로 집단의 목적에 헌신하게 해주는 것이다."
2. Charles King, "The Organization of Roman Religious Beliefs," *Classical Antiquity* 22(2003), 275-312.
3. William R. Schoedel, "Christian 'Atheism' and the Peace of the Roman Empire," *Church History* 42(1973), 309-319.
4. Olivia F. Robinson, "Repressionen gegen Christen in der Zeit vor Deciusnoch immer ein Rechtsproblem," *Zeitschrift der Savigny-Stiftung für Rechtsgeschichte. Romanistische Abteilung* 125(1995), 352-369.
5. J. B. Rives, "The Decree of Decius and the Religion of Empire," *Journal of Roman Studies* 89(1999), 135-154.
6. 이 칙령의 텍스트는 다음 자료에 실려 있다. Lactantius, *De mortibus persecutorum* 34-35.
7. 좀 더 자세한 내용은 다음 자료를 참고하라. Ramsay MacMullen, *Christianizing the Roman Empire*(A.D. 100-400)(New Haven, CT: Yale Univ. Press, 1984); Charles

M. Odahl, *Constantine and the Christian Empire*(London: Routledge, 2004).
8. Caroline Humfress, "Citizens and Heretics: Late Roman Lawyers on Christian Heresy," in *Heresy and Identity in Late Antiquity*, ed. Eduard Iricinschi and Holger M. Zellentin(Tübingen: Mohr Siebeck, 2008), 128-142.
9. Mark J. Edwards, "Justin's Logos and the Word of God," *Journal of Early Christian Studies* 3(1995), 261-280.
10. 이 주제를 다룬 문헌은 아주 많다. 그중에서도 가장 탁월한 입문서는 다음 책이다. Aloys Grillmeier, *Christ in Christian Tradition*, 2nd ed.(London: Mowbrays, 1975).
11. 아리우스의 사상과 그 배경에 관해서는 다음 책을 참고하라. R. P. C. Hanson, *The Search for the Christian Doctrine of God: The Arian Controversy, 318-381*(Edinburgh: T. & T. Clark, 1988); Rowan Williams, *Arius: Heresy and Tradition*, 2nd ed.(London: SCM Press, 2001); Lewis Ayres, *Nicaea and Its Legacy: An Approach to Fourth-Century Trinitarian Theology*(Oxford: Oxford Univ. Press, 2004). 아리우스주의가 기독교에 대한 합리적 접근으로 계속 호소력을 발휘해온 현상에 대해서는 다음 책이 잘 다루고 있다. Maurice F. Wiles, *Archetypal Heresy: Arianism Through the Centuries*(Oxford: Clarendon Press, 1996).
12. 아리우스가 주후 321년경 니코메디아의 주교였던 에우세비우스에게 보낸 편지를 보라. 이 편지는 약간씩 다른 형태로 다음 자료에 실려 있다. Theodoret of Cyrus, *Ecclesiastical History* 1.5.1-4; Epiphanius of Constantia, *Panarion* 69.6. 다음 자료를 참고하라. Christopher Haas, "The Arians of Alexandria," *Vigiliae Christianae* 47(1993), 234-245.
13. 이를 분석한 다음 자료를 참고하라. T. E. Pollard, *Johannine Christology and the Early Church*(Cambridge: Cambridge Univ. Press, 2005).
14. Alexander of Alexandria, *Depositio Arii* 3.
15. Alexander of Alexandria, *Depositio Arii* 3.
16. 다음 책이 이런 문제를 훌륭하게 요약하고 있다. Thomas G. Weinandy, *Athanasius: A Theological Introduction*(Aldershot, UK: Ashgate, 2007), 11-100.
17. 해석 부분에는 논란의 여지가 많지만 다음 책에 이 점이 제대로 강조되어 있다. Robert C. Gregg and Dennis Groh, *Early Arianism: A View of Salvation*(Philadelphia: Fortress Press, 1981).
18. 다음 책에 나온 논점을 참고하라. Larry Hurtado, *At the Origins of Christian*

Worship: The Context and Character of Earliest Christian Devotion(Grand Rapids, MI: Eerdmans, 2000).
19. 아리안 논쟁의 정치적 측면을 훌륭하게 다룬 다음 책을 참고하라. Timothy D. Barnes, *Athanasius and Constantius: Theology and Politics in the Constantinian Empire*(Cambridge, MA: Harvard Univ. Press), 1993. 티모시 반즈는 콘스탄티우스의 아들이었던 콘스탄티누스 황제 치하에서 일어난 발전 양상에 초점을 맞추면서 특히 아타나시우스의 말년을 잘 조명해냈다. 그러나 반즈가 중요하게 꼽는 많은 요인이 이미 콘스탄티우스 치하에도 있었던 것이다. 갈등을 둘러싼 정치 및 사회 심리학에 대해 성찰한 다음 책을 참고하라. Richard E. Rubenstein, *When Jesus Became God: The Epic Fight over Christ's Divinity in the Last Days of Rome*(New York: Harcourt Brace & Co., 1999).
20. 신약성경은 주후 50년경에 있었던 예루살렘 공의회에 관한 기록을 담고 있는데(행 15장 참조), 이는 이방인들을 교회에 입교시킬 수 있는지를 결정하고자 초기 기독교 지도자들이 다함께 모였던 회의였다. 다음을 참고하라. Richard Bauckham, "James and the Jerusalem Church," in *The Book of Acts in Its Palestinian Setting*, ed. Bruce Winter(Grand Rapids, MI: Eerdmans, 1995), 415-480.
21. 밀란의 암브로시우스와 포아티에의 힐라리우스는 주교 318명이 참석했다고 보고했지만, 아브라함의 종 318명(창 14:14)을 암시하는 상징적 표현일 가능성도 배제할 수 없다.
22. 하지만 3세기 북아프리카 기독교에는 전례가 있었다. Harvey J. Sindima, *Religious and Political Ethics in Africa: A Moral Inquiry*(Westport, CT: Greenwood Press, 1998), 77-79.
23. 공의회 초기에는 지지율이 조금 더 높았지만, 결국에는 주교 두 명만 아리우스의 편에 섰다.
24. 다음 책에 나오는 논의를 참고하라. Timothy D. Barnes, *Constantine and Eusebius*(Cambridge, MA: Harvard Univ. Press, 2006).
25. Erik Peterson, *Der Monotheismus als politisches Problem: Ein Beitrag zur Geschichte der politischen Theologie im Imperium Romanum*(Leipzig: Hegner, 1935). 이에 대한 논평은 다음 자료를 참고하라. Christoph Markschies, "Heis Theos-Ein Gott? Der Monotheismus und das antike Christentum," in *Polytheismus und Monotheismus in den Religionen des vorderen Orients*, ed. Manfred Krebernik and Jürgen van Oorschot(Münster: Ugarit Verlag, 2002), 209-234; Alfons Fürst, "Monotheismus und Monarchie: Zum Zusammenhang von Heil und Herrschaft in

der Antike," in *Der Monotheismus als theologisches und politisches Problem*, ed. Stefan Stiegler and Uwe Swarat(Leipzig: Evangelische Verlagsanstalt, 2006), 61-81.

26. 특히 비판적인 글을 모아놓은 다음 책을 참고하라. Alfred Schindler, ed., *Monotheismus als politisches Problem? Erik Peterson und die Kritik der politischen Theologie*(Gütersloh: Mohn, 1978).

27. 다음을 참고하라. Jürgen Moltmann, *The Trinity and the Kingdom: The Doctrine of God*(Minneapolis, MN: Fortress Press, 1993).

28. Dorothy L. Sayers, *Creed or Chaos?*(London: Methuen, 1947), 32-35.

29. 이 운동의 기원과 발달 과정에 관해서는 다음 책을 참고하라. W. H. C. Frend, *The Donatist Church: A Movement of Protest in Roman North Africa*(Oxford: Clarendon Press, 2000). 일부 저자들은 도나투스주의를 이단이 아니라 종파 운동으로 간주해야 한다고 주장한다. 그러나 나는 도나투스주의를 이단으로 이해하는 것이 최선이라는 전통적인 견해를 따른다.

30. Maureen A. Tilley, "Sustaining Donatist Self-Identity: From the Church of the Martyrs to the Collecta of the Desert," *Journal of Early Christian Studies* 5(1997), 21-35.

31. 오늘날 배신자를 뜻하는 용어로 사용하는 traitor라는 단어도 동일한 뿌리를 갖고 있다. 박해와 관련된 그 밖의 용어에는 *sacrificati*(로마 신들에게 제사를 드린 자들), *thurificati*(이방 제단에 향을 피운 자들), *libellatici*(종교적 복종을 약속하는 문서에 서명한 자들) 등이 있다.

32. Bernhard Kriegbaum, *Kirche der Traditoren oder Kirche der Märtyrer: Die Vorgeschichte des Donatismus*(Innsbruck: Tyrolia-Verlag, 1986), 59-148.

33. 다음 글에 나온 분석을 참고하라. Geoffrey D. Dunn, "Heresy and Schism According to Cyprian of Carthage," *Journal of Theological Studies* 55(2004), 551-574.

34. Cyprian of Carthage, *Epistula* 72: "[S]alus extra ecclesiam non est."

35. 이에 관한 설명은 다음 글을 참고하라. A. H. Merrills, "Vandals, Romans and Berbers: Understanding Late Antique Roman Africa," in *Vandals, Romans and Berbers: New Perspectives on Late Antique North Africa*, ed. A. H. Merrills (Aldershot, UK: Ashgate, 2004), 1-28.

36. 이 문제들에 관한 개관은 다음 자료를 참고하라. W. H. C. Frend, "Heresy and Schism as Social and National Movements," in *Schism, Heresy and Protest*, ed. Derek Baker(Cambridge: Cambridge Univ. Press, 1972), 37-49. 로마 교회와 카르타고 교회

간의 긴장에 관해서는 다음 책을 참고하라. Werner Marschall, *Karthago und Rom: Die Stellung der nordafrikanischen Kirche zum Apostolischen Stuhl in Rom*(Stuttgart: Hiersemann, 1971).

37. 아우구스티누스의 초대 교회관은 다음 자료를 참고하라. David C. Alexander, *Augustine's Early Theology of the Church: Emergence and Implications, 386-391* (New York: Peter Lang, 2008).

38. 그 배경에 대해서는 다음 책을 참고하라. W. H. C. Frend, *Saints and Sinners in the Early Church: Differing and Conflicting Traditions in the First Six Centuries*(London: Darton, Longman & Todd, 1985), 94-117.

39. James S. Alexander, "A Note on the Interpretation of the Parable of the Threshing Floor at the Conference of Carthage of A.D. 411," *Journal of Theological Studies* 24(1973), 512-519.

40. 특히 가톨릭파가 도나투스주의에 보인 정치적 반응과 관련하여 이 문제를 잘 설명한 다음 책을 참고하라. John von Heyking, *Augustine and Politics as Longing in the World*(Columbia: Univ. of Missouri Press, 2001), 222-256.

41. 아우구스티누스의 회심에 관해서는 다음 책을 참고하라. Colin Starnes, *Augustine's Conversion: A Guide to the Argument of Confessions I.IX*(Waterloo, Ontario: Wilfrid Laurier Univ. Press, 1990).

42. Augustine of Hippo, *Confessiones* 10.29. "Da quod iubes, et iube quod vis." 더 자세한 내용을 보려면 다음 글을 참고하라. Peit F. Fransen, "Augustine, Pelagius and the Controversy on the Doctrine of Grace," *Louvain Studies* 12(1987), 172-181.

43. Robert Evans, *Pelagius: Inquiries and Reappraisals*(New York: Seabury Press, 1968), 66.

44. Gerald Bonner, "Rufinus of Syria and African Pelagianism," *Augustinian Studies* 1(1970), 31-47.

45. Eugene TeSelle, "Rufinius the Syrian, Caelestius, Pelagius: Explorations in the Prehistory of the Pelagian Controversy," *Augustinian Studies* 3(1972), 61-95. 더 자세한 내용을 보려면 다음을 참고하라. Guido Honnay, "Caelestius, Discipulus Pelagi," *Augustiniana* 44(1991), 271-302.

46. Jean-Michel Girard, *La mort chez Saint Augustin: Grandes lignes de l'évolution de sa pensée, telle qu'elle apparaît dans ses traités*(Fribourg: Editions Universitaires, 1992), 133-138.

47. 이 면에서 펠라기우스를 다룬 중요한 연구 논문 두 편을 주목하라. Peter Brown, "Pelagius and His Supporters: Aims and Environment," *Journal of Theological Studies* 19(1968), 83-114; Peter Brown, "The Patrons of Pelagius: The Roman Aristocracy Between East and West," *Journal of Theological Studies* 21(1970), 56-72.
48. 펠라기우스 운동의 로마적 맥락을 다룬 책은 다음과 같다. Charles Pietri, *Roma christiana: Recherches sur l'Église de Rome, son organisation, sa politique, son idéologie de Miltiade à Sixte III*(311-440)(Rome: École Française de Rome, 1976), 1222-1244.
49. F. G. Nuvolone and G. Solignac, "Pélage et Pelagianisme," in *Dictionaire de spiritualité*(Paris: Beauchesne, 1986), 12:2889-2942.
50. 시기 문제에 관해서는 다음 책을 참고하라. Yves-Marie Duval, "La date de 'De natura' de Pélage: Les premières étapes de la controverse sur la nature de la grâce," *Revue des études Augustiniennes* 36(1990), 257-283.
51. 다음을 참고하라. Sebastian Thier, *Kirche bei Pelagius*(Berlin: de Gruyter, 1999).
52. 이 점에 관해서는 다음 책이 잘 설명하고 있다. Gisbert Greshake, *Gnade als konkrete Freiheit: Eine Untersuchung zur Gnadenlehre des Pelagius*(Mainz: Matthias Grunewald Verlag, 1972).
53. Pelagius, *Epistula ad Demetriadem* 16.
54. 펠라기우스의 가르침에 대한 로마 주교들의 반응을 다룬 다음 책을 참고하라. Otto Wermelinger, *Rom und Pelagius: Die theologische Position der römischen Bischöfe im pelagianischen Streit in den Jahren 411-432*(Stuttgart: Hiersemann, 1975).
55. 다음을 참고하라. Josef Lössl, *Julian von Aeclanum: Studien zu seinem Leben, seinem Werk, seiner Lehre und ihrer Überlieferung*(Leiden: Brill, 2001), 250-330.
56. 존 크리소스톰의 저술은 이 시기에 주목을 받았다. Duval, "'De natura' de Pélage," 280-281.
57. 펠라기우스 논쟁이 나중에 어떻게 변형되었는지에 초점을 맞추어 아우구스티누스의 견해를 훌륭하게 설명한 다음 책을 참고하라. Donato Ogliari, *Gratia Et Certamen: The Relationship Between Grace and Free Will in the Discussion of Augustine with the So-Called Semipelagians*(Louvain: Peeters, 2003). 아우구스티누스의 은혜의 교리를 자세히 설명한 다음 책을 참고하라. Agostino Trapè, *Sant'Agostino: Introduzione alla dottrina della grazia*, 2 vols.(Rome: Città Nuovà, 1990).
58. Augustine of Hippo, *De natura et gratia* 3.3.

59. 특히 다음 글을 참고하라. Pelagius, *De induratione cordis Pharaonis*.
60. 좀 더 자세한 논의를 보려면 다음 글을 참고하라. Timothy Maschke, "St Augustine's Theology of Prayer," in *Augustine: Presbyter Factus Sum*, ed. Joseph T. Lienhard, Earl C. Muller, and Roland J. Teske(New York: Peter Lang, 1993), 431-446.
61. Stephen J. Duffy, *The Dynamics of Grace: Perspectives in Theological Anthropology*(Collegeville, MN: Liturgical Press, 1993), 89.
62. Augustine of Hippo, *Tractatus in Johannem* 27.7.
63. 이 점은 다음 책에서 강조하고 있다. Ronald W. Dworkin, *The Rise of the Imperial Self: America's Culture Wars in Augustinian Perspective*(Lanham, MD: Rowman & Littlefield, 1996). 특히 펠라기우스주의에 관해 논평한 39-58쪽을 주의하여 보라.
64. 드워킨은 이를 알아챘다. Dworkin, *Rise of the Imperial Self*, 59-73.

8장 이단 발생의 문화적 동인과 지적 동기

1. 뉴먼의 시각에 대해 논평한 다음 자료를 참고하라. Rowan Williams, "Newman's Arians and the Question of Method in Doctrinal History," in *Newman After a Hundred Years*, ed. Ian Ker and Alan G. Hill(Oxford: Clarendon Press, 1990), 263-285; Thomas Ferguson, "The Enthralling Power: History and Heresy in John Henry Newman," *Anglican Theological Review* 85(2003), 641-662.
2. H. M. Gwatkin, *Studies in Arianism*, 2nd ed.(Cambridge: Deighton Bell & Co., 1900), 17-21, 274. 과트킨의 견해에 대한 획기적 반응이자 현대 아리우스 학파의 기원으로 간주되는 다음 글을 참고하라. Maurice F. Wiles, "In Defence of Arius," *Journal of Theological Studies* 13(1962), 339-347.
3. 이 접근에 대한 중요한 초기 진술을 보려면 다음을 참고하라. Pascal Boyer, *The Naturalness of Religious Ideas: A Cognitive Theory of Religion*(Berkeley: Univ. of California Press, 1994). 최근의 개관은 다음 글에 나와 있다. Justin L. Barrett, "Exploring the Natural Foundations of Religion," *Trends in Cognitive Sciences* 4(2000), 29-34.
4. 이를 보여주는 좋은 예는 다음 책을 참고하라. Daniel C. Dennett, *Breaking the Spell: Religion as a Natural Phenomenon*(New York: Viking Penguin, 2006). 비판적 입장은 다음 글을 참고하라. Justin L. Barrett, "Is the Spell Really Broken? Bio-

Psychological Explanations of Religion and Theistic Belief," *Theology and Science* 5(2007), 57-72.
5. 다음 글에서 인용했다. Robert N. McCauley, "The Naturalness of Religion and the Unnaturalness of Science," in *Explanation and Cognition*, ed. F. Keil and R. Wilson(Cambridge, MA: MIT Press, 2000), 61-85.
6. R. P. C. Hanson, *The Search for the Christian Doctrine of God: The Arian Controversy*, 318-381(Edinburgh: T. & T. Clark, 1988).
7. 이 개념은 '단일신론(monarchianism)'으로 알려져 있으며, 2세기와 3세기 기독교 사상에서 중요한 역할을 했다. 이 개념과 현 논의와의 관련성은 다음 글을 참고하라. D. H. Williams, "Monarchianism and Photinus of Sirmium as the Persistent Heretical Face of the Fourth Century," *Harvard Theological Review* 99(2006), 187-206.
8. Mark J. Edwards, "Justin's Logos and the Word of God," *Journal of Early Christian Studies* 3(1995), 261-280. 이 연구서는 예전에 저스틴의 접근법에 대한 오해를 바로잡아 주었다.
9. Augustine of Hippo, *De doctrina Christiana* 2.40.60-61.
10. Augustine of Hippo, *De civitate Dei* 10.10.21. 다음 책에 나온 논평을 참고하라. Leonard Robert Palmer, *The Latin Language*(London: Faber & Faber, 1954), 191-194.
11. 기독교의 칭의론이 발전한 과정에 관해서는 다음 책을 참고하라. Alister E. McGrath, *Iustitia Dei: A History of the Christian Doctrine of Justification*, 3rd ed.(Cambridge: Cambridge Univ. Press, 2005).
12. Cicero, *Rhetoricum libro duo* 2.53: "Iustitia virtus est, communi utilitate servata, suam cuique tribuens dignitatem." Cf. Justinian Institutio 1.1: "Iustitia est constans et perpetua voluntas suum unicuique tribuens." See further D. H. van Zyl, *Justice and Equity in Cicero*(Pretoria: Academica Press, 1991).
13. 그의 생애와 사상에 관해서는 다음 책을 참고하라. Josef Lössl, *Julian von Aeclanum: Studien zu seinem Leben, seinem Werk, seiner Lehre und ihrer Überlieferung*(Leiden: Brill, 2001). 좀 더 구체적인 내용은 다음 글을 참고하라. Andreas Urs Sommer, "Das Ende der antiken Anthropologie als Bewährungsfall kontextualistischer Philosophiegeschichtsschreibung: Julian von Eclanum und Augustin von Hippo," *Zeitschrift für Religions- und Geistesgeschichte* 57(2005), 1-28.
14. 시 31:1. 중요 논점을 분석한 다음 글을 참고하라. McGrath, *Iustitia Dei*, 6.21.

15. 이를 충분히 논의한 글은 다음과 같다. Alister E. McGrath, "Divine Justice and Divine Equity in the Controversy Between Augustine and Julian of Eclanum," *Downside Review* 101(1983), 312-319. 다음 글에도 유익한 자료가 담겨 있다. F. J. Thonnard, "Justice de Dieu et justice humaine selon Saint Augustin," *Augustinus* 12(1967), 387-402.
16. Austin Farrer, "The Christian Apologist," in *Light on C. S. Lewis*, ed. Jocelyn Gibb(London: Geoffrey Bles, 1965), 23-43. 26쪽에 인용되어 있다.
17. 다음 글에 나오는 예를 참고하라. Caroline P. Bammel, "Pauline Exegesis, Manichaeism, and Philosophy in the early Augustine," in *Christian Faith and Greek Philosophy in Late Antiquity*, ed. Lionel R. Wickham and Caroline P. Bammel(Leiden: Brill, 1993), 1-25.
18. 이에 관한 최고의 연구서는 다음 책이다. George H. Williams, *The Radical Reformation*, 3rd ed.(Kirksville, MO: Sixteenth Century Journal Publishers, 1992).
19. 다음을 참고하라. Mihály Balázs, *Early Transylvanian Antitrinitarianism*(1566-1571), *From Servet to Palaeologus*(Baden-Baden: Valentin Koerner, 1996).
20. Art de Groot, "L'antitrinitarisme socinien," Études théologiques et religieuses 61(1986), 51-61.
21. William S. Babcock, "A Changing of the Christian God: The Doctrine of the Trinity in the Seventeenth Century," *Interpretation* 45(1991), 133-146.
22. 다음 책에 수록된 중요한 연구 논문들을 참고하라. John Hedley Brooke and Ian Maclean, eds., *Heterodoxy in Early Modern Science and Religion*(Oxford: Oxford Univ. Press, 2005). 이보다 앞서 발표된 다음 논문도 중요하다. Michael Hunter, "Science and Heterodoxy: An Early Modern Problem," in *Reappraisals of the Scientific Revolution*, ed. David C. Lindberg and Robert S. Westman(Cambridge: Cambridge Univ. Press, 1990), 437-460.
23. 다음을 참고하라. Stephen D. Snobelen, "Newton, Heretic: The Strategies of a Nicodemite," *British Journal for the History of Science* 32(1999), 381-419.
24. Maurice Wiles, *Archetypal Heresy: Arianism Through the Ages*(Oxford: Oxford Univ. Press, 1996), 62-134.
25. William P. Alston, *Perceiving God: The Epistemology of Religious Experience*(Ithaca, NY: Cornell Univ. Press, 1991), 289.
26. 다음 책에서 강조하고 있다. Alister E. McGrath, *The Open Secret: A New Vision for*

Natural Theology(Oxford: Blackwell, 2008).

27. Emily A. Green.eld and Nadine F. Marks, "Religious Social Identity as an Explanatory Factor for Associations Between More Frequent Formal Religious Participation and Psychological Well-Being," *International Journal for the Psychology of Religion* 17(2007), 245-259.

28. 이 유형은 신약성경에 나오는 바울 공동체들의 사회 현실을 연구한 웨인 미크스의 책에 나와 있다. Wayne A. Meeks, *The First Urban Christians: The Social World of the Apostle Paul*(New Haven, CT: Yale Univ. Press, 1983), 84-103.

29. 다음을 참고하라. A. H. M. Jones, "Were Ancient Heresies National or Social Movements in Disguise?" *Journal of Theological Studies* 10(1959), 280-286; W. H. C. Frend, "Heresy and Schism as Social and National Movements," in *Schism, Heresy and Protest*, ed. Derek Baker(Cambridge: Cambridge Univ. Press, 1972), 37-49.

30. 이 견해의 고전적 형태는 다음 책에 나와 있다. W. H. C. Frend, *The Donatist Church: A Movement of Protest in Roman North Africa*(Oxford: Clarendon Press, 2000).

31. Robert A. Markus, "Christianity and Dissent in Roman North Africa," *Studies in Church History* 9(1972), 21-36.

32. 다음을 참고하라. Augustine of Hippo, *Epistula* 66.1.

33. Maureen A. Tilley, *The Bible in Christian North Africa: The Donatist World* (Minneapolis: Fortress Press, 1997). 특히 19쪽을 참고하라.

34. 자세한 분석은 다음 책을 참고하라. Oliver O'Donovan, *The Desire of the Nations: Rediscovering the Roots of Political Theology*(Cambridge: Cambridge Univ. Press, 1996).

35. Gerald Bonner, "Pelagianism and Augustine," *Augustinian Studies* 23(1992), 33-51.

36. 다음을 참고하라. Christine Trevett, *Montanism: Gender, Authority, and the New Prophecy*(Cambridge: Cambridge Univ. Press, 1996).

37. 다음을 참고하라. David G. Hunter, *Marriage, Celibacy, and Heresy in Ancient Christianity: The Jovinianist Controversy*(Oxford: Oxford Univ. Press, 2007). 이단과 금욕주의 간의 복잡한 상호작용을 다룬 헌터의 분석(87-170쪽)에 특히 주목하라.

38. 다음 책을 참고하라. Robert E. Lerner, *The Heresy of the Free Spirit in the Later Middle Ages*(Berkeley, CA: Univ. of California Press, 1972). 특히 10-13쪽을 유의해

서 보라.
39. Norman Cohn, *The Pursuit of the Millennium: Revolutionary Millenarians and Mystical Anarchists of the Middle Ages*, rev. and expanded ed.(New York: Oxford Univ. Press, 1970), 151.
40. H. E. W. Turner, *The Pattern of Christian Truth: A Study in the Relations Between Orthodoxy and Heresy in the Early Church*(London: Mowbray, 1954), 97-163.

9장 정통, 이단 그리고 권력

1. Rowan Williams, "Defining Heresy," in *The Origins of Christendom in the West*, ed. Alan Kreider(Edinburgh: T. & T. Clark, 2001), 313-335.
2. 다음을 참고하라. John B. Henderson, *The Construction of Orthodoxy and Heresy: Neo-Confucian, Islamic, Jewish, and Early Christian Patterns*(Albany: State Univ. of New York Press, 1998).
3. 비판적 실재론에 관한 설명은 다음 자료를 참고하라. Andrew Collier, *Critical Realism: An Introduction to Roy Bhaskar's Philosophy*(London: Verso, 1994); Margaret Archer, Andrew Collier, and Douglas V. Porpora, eds., *Transcendence: Critical Realism and God*(London: Routledge, 2004).
4. Karl Marx and Friedrich Engels, *The German Ideology*(New York: International Publishers, 1972), 64. 이 접근법에 대한 평가는 다음 책을 참고하라. Hans Barth, *Wahrheit und Ideologie*(New York: Arno Press, 1975), 73-190.
5. 농민전쟁을 계급투쟁에 근거한 것으로 본 엥겔스의 견해는 이후에 진행된 운동에 대한 역사적 연구에 중대한 영향을 미쳤다. 다음 글을 참고하라. Peter Blickle, "Communal Reformation and Peasant Piety: The Peasant Reformation in Its Late Medieval Origins," *Central European History* 20(1987), 216-228.
6. George V. Zito, "Toward a Sociology of Heresy," *Sociological Analysis* 44(1983), 123-130. 126쪽에 인용되어 있다.
7. Max Weber, *The Sociology of Religion*(Boston: Beacon Press, 1993), 68.
8. 이 주제에 관한 사변적 탐구를 보려면 다음을 참고하라. Meerten B. ter Borg, "Canon and Social Control," in *Canonization and Decanonization*, ed. A. van der Kooij and K. van der Toorn(Leiden: Brill, 1998), 411-423.

9. 이 문제를 탐구한 다음 책을 참고하라. Virginia Burrus, *The Making of a Heretic: Gender, Authority, and the Priscillianist Controversy*(Berkeley: Univ. of California Press, 1995), 19-21.
10. Rowan Williams, "Origen: Between Orthodoxy and Heresy," in *Origeniana Septima: Origenes in den Auseinandersetzung des 4. Jahrhunderts*, ed. Wolfgang A. Bienert and Uwe Kühneweg(Louvain: Peeters, 1999), 3-14.
11. 다음을 참고하라. Rowan Williams, "Does It Make Sense to Speak of Pre-Nicene Orthodoxy?" in *The Making of Orthodoxy*, ed. Rowan Williams(Cambridge: Cambridge Univ. Press, 1989), 1-23.
12. 다음 책에 나오는 논고를 참고하라. Timothy D. Barnes, *Constantine and Eusebius*(Cambridge, MA: Harvard Univ. Press, 2006).
13. 이 문제에 관한 개론서로는 다음 책을 참고하라. William P. Haugaard, *Elizabeth and the English Reformation: The Struggle for a Stable Settlement of Religion*(Cambridge: Cambridge Univ. Press, 1970).
14. 이와 같은 역사적 발전 양상과 그에 따른 결과는 다음 책을 참고하라. Lewis Ayres, *Nicaea and Its Legacy: An Approach to Fourth-Century Trinitarian Theology*(Oxford: Oxford Univ. Press, 2004), 100-104. 콘스탄티누스 자신은 니케아 공의회 결과를 썩 마음에 들어 하지 않았고, 그중에서도 아리우스 지지자들에 대한 처분을 내켜하지 않았다.
15. 콘스탄티노플 공의회는 로마제국의 동쪽 지방에서만 권력을 행사하던 테오도시우스 1세가 개최했다. 이 회의의 중요한 의미에 관해서는 다음 책을 참고하라. Henry Chadwick, *East and West: The Making of a Rift in the Church from Apostolic Times Until the Council of Florence*(Oxford: Oxford Univ. Press, 2003), 20-26.
16. 이 분석에 관한 개요는 다음 책을 참고하라. Ayres, *Nicaea and Its Legacy*, 167-260.
17. 다음 책에 나온 설명을 참고하라. Judith Herrin, *The Formation of Christendom* (Princeton, NJ: Princeton Univ. Press, 1987).
18. Kathleen Cushing, *Papacy and Law in the Gregorian Revolution*(Oxford: Oxford Univ. Press, 1998).
19. Jane Sayers, *Innocent III, Leader of Europe, 1198-1216*(New York: Longman, 1994).
20. Cyprian of Carthage, *Epistula* 72: "[S]alus extra ecclesiam non est."
21. Jean-Maurice Rouquette, *Provence romane: La Provence rhodanienne*, 2nd ed.(La

Pierre-qui-Vire: Zodiaque, 1980), 50.
22. Francis Sullivan, *Salvation Outside the Church? Tracing the History of the Catholic Response*(Mahwah, NJ: Paulist Press, 1992).
23. 다음 책을 참고하라. R. I. Moore, *The Origins of European Dissent*(London: Allen Lane, 1977).
24. 다음 자료에 나오는 논의를 참고하라. Richard Landes, "The Birth of Heresy: A Millennial Phenomenon," *Journal of Religious History* 24(2000), 26-43; R. I. Moore, "The Birth of Popular Heresy: A Millennial Phenomenon?" *Journal of Religious History* 24(2000), 8-25.
25. Heinrich Fichtenau, *Heretics and Scholars in the High Middle Ages, 1000-1200*(University Park: Pennsylvania State Univ. Press, 1998), 105-126.
26. 카타르파는 툴루즈의 북동부에 위치한 소도시 알비(Albiga) 출신으로 알비파라고도 불린다. 이에 대한 입문서는 다음을 참고하라. Stephen O'Shea, *The Perfect Heresy: The Revolutionary Life and Death of the Medieval Cathars*(New York: Walker & Co., 2000). 카타르(Cathar)라는 용어는 순결을 뜻하는 헬라어 *katharos*에서 유래한 것으로 이들이 도덕적 순결을 강조했다는 걸 보여준다.
27. Gabriel Audisio, *The Waldensian Dissent: Persecution and Survival, c. 1170-c. 1570*(Cambridge: Cambridge Univ. Press, 1999).
28. Kantik Ghosh, *The Wycliffite Heresy: Authority and the Interpretation of Texts*(Cambridge: Cambridge Univ. Press, 2002), 22.
29. Ghosh, *Wycliffite Heresy*, 67-85.
30. Richard Kieckhefer, "The Office of Inquisition and Medieval Heresy: The Transition from Personal to Institutional Jurisdiction," *Journal of Ecclesiastical History* 46(1995), 36-61.
31. 일찍이 이런 입장을 표명한 다음 책을 참고하라. Herbert Grundmann, *Religiöse Bewegungen im Mittelalter: Untersuchungen über die geschichtlichen Zusammenhänge zwischen der Ketzerei, den Bettelorden und der religiösen Frauenbewegung um 12. und 13. Jahrhundert und über die geschichtlichen Grundlagen der deutschen Mystik*(Berlin: Emil Ebering, 1935).
32. 다음을 참고하라. Martin Brecht, *Martin Luther*, 3 vols.(Minneapolis: Fortress Press, 1990-1994).
33. Norman E. Nagel, "Luther and the Priesthood of All Believers," *Concordia*

Theological Quarterly 61(1997), 277-298.
34. 다음에 나오는 논의를 참고하라. Alister E. McGrath, *The Intellectual Origins of the European Reformation*, 2nd ed.(Oxford: Blackwell, 2003).
35. B. B. Warfield, *Calvin and Augustine*(Philadelphia: Presbyterian and Reformed Publishing Company, 1956), 322.
36. 다음 책에 나오는 중요한 자료를 참고하라. Leif Grane, Alfred Schindler, and Markus Wriedt, eds., *Auctoritas patrum: Zur Rezeption der Kirchenväter im 15. und 16. Jahrhundert*(Mainz: Verlag Philipp von Zabern, 1993); Leif Grane, Alfred Schindler, and Markus Wriedt, eds., *Auctoritas patrum II: Neue Beiträge zur Rezeption der Kirchenväter im 15. und 16. Jahrhundert*(Mainz: Verlag Philipp von Zabern, 1998).
37. 이 입장을 견지한 멜란히톤의 진술을 보려면 고전 연구서인 다음 책을 참고하라. Peter Fraenkel, *Testimonia Patrum: The Function of the Patristic Argument in the Theology of Philip Melanchthon*(Geneva: Droz, 1961). 이 분석은 다음 책에서 더 확장되었다. Irena Backus, *Historical Method and Confessional Identity in the Era of the Reformation*(1378-1615)(Leiden: Brill, 2003).
38. 더 자세한 내용은 다음 글을 참고하라. Massimo Firpo, "The Italian Reformation and Juan de Valdes," *Sixteenth Century Journal* 27(1996), 353-364.
39. 여기서 우리의 관심사는 프로테스탄트들이 예전의 이단으로 쉽게 환원시킬 수 없는 새로운 사상을 접했을 때 느꼈던 어려움에 주목하는 것이므로, 논쟁 자체를 상세히 다룰 수는 없다. 이 논쟁을 둘러싼 역사 및 신학 문제를 더 살펴보려면 다음 자료들을 참고하라. Nicholas Tyacke, *Anti-Calvinists: The Rise of English Arminianism, c. 1590-1640*(Oxford: Oxford Univ. Press, 1990); Martin Mulsow and Jan Rohls, eds., *Socinianism and Arminianism: Antitrinitarians, Calvinists, and Cultural Exchange in Seventeenth-Century Europe*(Leiden: Brill, 2005); Benjamin Myers, *Milton's Theology of Freedom*(New York: Walter de Gruyter, 2006).
40. 다음을 참고하라. Maurice Wiles, *Archetypal Heresy: Arianism Through the Centuries*(Oxford: Clarendon Press, 1996).
41. 특히 다음 글을 참고하라. Benjamin Myers, "Following the Way Which Is Called Heresy: Milton and the Heretical Imperative," *Journal of the History of Ideas* 69(2008), 375-393. 밀턴의 자유지상주의에 대한 일반적인 설명은 다음 글을 참고하라. Milton, Rights, and Liberties, ed. Christophe Tournu and Neil Forsyth(New York:

Peter Lang, 2007), 21-30.
42. *Complete Prose Works of John Milton*, ed. Don M. Wolfe et al., 8 vols.(New Haven, CT: Yale Univ. Press, 1953-1982), 7:247-248.
43. 나는 이런 논점을 다음 책에서 이야기한 바 있다. Alister E. McGrath, *Christianity's Dangerous Idea: The Protestant Revolution*(San Francisco: HarperOne, 2007).
44. Michel Foucault, *Discipline and Punish: The Birth of the Prison*, 2nd ed.(New York: Vintage Books, 1995).
45. 이 점은 정통파에게도 그대로 적용된다. 신앙 공동체 전체가 공식적으로 수용한 믿음으로서의 '도그마' 개념에 관해서는 다음 책을 참고하라. Alister E. McGrath, *The Genesis of Doctrine*(Oxford: Blackwell, 1990), 8-13.
46. Hilary Lawson, *Closure: A Story of Everything*(London: Routledge, 2001), 4.
47. Lawson, *Closure*, 327.
48. 이 주제에 관한 논의는 다음 책을 참고하라. Karl Rahner, "Chalkedon—Ende oder Anfang?" in *Das Konzil von Chalkedon: Geschichte und Gegenwart*, ed. Alois Grillmeier and Heinrich Bacht, 3 vols.(Würzburg: Echter-Verlag, 1951-1954), 1:3-49.
49. 이 견해는 다음 책에 나와 있다. Rowan Williams, *Arius: Heresy and Tradition*, 2nd ed.(London: SCM Press, 2001). 그가 쓴 다른 글도 참고하라. "What Is Catholic Orthodoxy?" in *Essays Catholic and Radical*, ed. Kenneth Leech and Rowan Williams(London: SPCK, 1983), 11-25.
50. 다음 책도 참고하라. Alister E. McGrath, *The Genesis of Doctrine*(Oxford: Blackwell, 1990), 1-8.

10장 이단과 이슬람의 기독교관

1. Richard C. Martin and Mark R. Woodward, *Defenders of Reason in Islam: Mu'tazilism from Medieval School to Modern Symbol*(Oxford: Oneworld, 1997), 202-203.
2. 다음 책을 참고하라. Alister E. McGrath, *Christianity's Dangerous Idea: The Protestant Revolution*(San Francisco: HarperOne, 2007), 474-476.
3. Wilfred Cantwell Smith, *Islam in Modern History*(Princeton, NJ: Princeton Univ. Press, 1957), 17-18.

4. Surah 4:167-170; 5:77. 이교도식 용어로 표현하면 신성한 성부, 성자, 성모로 해석할 수 있다.
5. 다음 글에서 몇 가지 예를 참고하라. David Thomas, "The Doctrine of the Trinity in the Early Abbasid Era," in *Islamic Interpretations of Christianity*, ed. Lloyd Ridgeon(Richmond: Curzon Press, 2001), 78-98.
6. 이 분파의 이름은 떡 조각을 뜻하는 헬라어 *kollyris*에서 유래했다. 여신 마리아에게 떡을 바치는 행위를 지칭하는 것이다.
7. 자세한 내용은 다음 책을 참고하라. Vasiliki Limberis, *Divine Heiress: The Virgin Mary and the Creation of Christian Constantinople*(New York: Routledge, 1994), 114-121.
8. Schwager Raymund, "Christologie und Islam," in *Penser la foi: Recherches en théologie aujourd'hui: Mélanges offerts à Joseph Moingt*, ed. Joseph Doré and Christoph Theobald(Paris: Éditions du Cerf, 1993), 203-215; David Thomas, "Explanations of the Incarnation in Early Abbasid Islam," in *Redefining Christian Identity: Cultural Interaction in the Middle East Since the Rise of Islam*, ed. J. J. van Ginkel, H. L. Murrevan den Berg, and Theo Maarten van Lint(Louvain: Peeters, 2005), 127-149.
9. 자세한 설명은 다음 책을 참고하라. Peter Widdicombe, *The Fatherhood of God from Origen to Athanasius*(Oxford: Clarendon Press, 1994).
10. 영지주의와 네스토리우스교가 코란에 영향을 미쳤을 거라는 이야기가 회자되곤 한다. 예컨대 코란에는 예수께서 진흙으로 만든 새들에게 생명을 불어넣는 이야기가 나오는데(Sura 3:49, 5:110), 이는 영지주의 문헌인 〈도마가 쓴 유년기 복음〉 4장 2절에서 언급하는 내용이다. 이와 더불어 시리아가 코란에 끼친 영향도 주목할 필요가 있다. 다음 책을 참고하라. Gabriel Said Reynolds, ed., *The Qur'an in Its Historical Context*(New York: Routledge, 2007).
11. Second Treatise of the Great Seth 55:16-35. 다음 책도 참고하라. Paul Gavrilyuk, *The Suffering of the Impassible God: The Dialectics of Patristic Thought*(Oxford: Oxford Univ. Press, 2004), 79-90.
12. Surah 4:157-158.
13. 이를 비롯한 여러 예를 보려면 다음 책을 참고하라. David Pinault, "Images of Christ in Arabic Literature," *Die Welt des Islams* 27(1987), 103-125.
14. Mahmoud Mustafa Ayoub, "Towards an Islamic Christology, II: The Death of Jesus, Reality or Delusion?" *Muslim World* 70(1980), 91-121.

나가는 말

1. 다음 글은 이런 생각에 찬성하지는 않지만 공감을 표시하고 있다. Eleonore Stump, "Orthodoxy and Heresy," *Faith and Philosophy* 16(1999), 147-163.
2. 다음 책에 나와 있듯이 이런 관심은 교부 시대에도 있었다. Robert M. Grant, *Heresy and Criticism: The Search for Authenticity in Early Christian Literature*(Louisville, KY: Westminster/John Knox Press, 1993).
3. Robert A. Segal, ed., *The Allure of Gnosticism: The Gnostic Experience in Jungian Psychology and Contemporary Culture*(Chicago: Open Court, 1995).
4. Patrick Henry, "Why Is Contemporary Scholarship So Enamored of Ancient Heresies?" in *Proceedings of the 8th International Conference on Patristic Studies*, ed. E. A. Livingstone(Oxford: Pergamon Press, 1980), 123-126. 패트릭 헨리의 우려는 다음과 같은 책에서도 제대로 해소되지 못했다. Virginia Burrus, *The Making of a Heretic: Gender, Authority, and the Priscillianist Controversy*(Berkeley: Univ. of California Press, 1995), 1-2.
5. 다음을 참고하라. Philip E. Tetlock, Orie V. Kristel, S. Beth Elson, Melanie C. Green, and Jennifer S. Lerner, "The Psychology of the Unthinkable: Taboo Trade-Offs, Forbidden Base Rates, and Heretical Counterfactuals," *Journal of Personality and Social Psychology* 78(2000), 853-870.
6. 이런 현상에 대한 비판적인 논평을 보려면 최근 등장한 수정주의를 참고하라. Timothy Larsen, *Crisis of Doubt: Honest Faith in Nineteenth-Century England*(Oxford: Oxford Univ. Press, 2006).
7. Arthur Michael Ramsey, *The Christian Priest Today*(London: SPCK, 1972), 21.
8. 소위 비도그마적 신앙의 개념을 비판하면서 교리적 진술의 필요성을 역설한 대표적인 입장을 보려면 다음 책을 참고하라. Alister E. McGrath, *A Scientific Theology*, vol. 3, Theory(London: T&T Clark, 2003), 3-76.
9. G. K. Chesterton, Orthodoxy(New York: Doubleday, 1959), 129-147. 129-147쪽에 인용되어 있다. 여기서 체스터턴은 신앙에 대한 입장을 기독교의 진리에 기반을 두기보다는 "호기심이 충만하고 아름답고 활동적이고 상상력이 풍부한 삶"(3쪽)을 살고 싶은 우리의 욕구에 부응할 수 있는 역량에 두고 있음에 주목해야 한다.
10. 이 구절은 다음 책에서 인용했다. William Lynch, *Christ and Apollo: The Dimensions of the Literary Imagination*(Notre Dame, IN: Univ. of Notre Dame Press, 1960), 157.

찾아보기

ㄱ

가톨릭교회 14, 17, 230, 232, 307, 314, 315
게이, 피터 11
《고백록》 237, 238
고시, 칸틱 306
골드스테인, 로니 175, 176
공동체의 정체성 17, 42, 54, 68, 94, 108, 126, 132, 133, 135-138, 141, 143, 144, 148, 201, 211, 213, 222, 264, 267, 276-278, 294, 311
과트킨, H. M. 261
교리의 발전 43, 44, 47, 107-114, 120, 254
교황의 권위 159, 160, 303, 307, 308
권위주의 20, 225, 281, 284, 285, 319, 321
그룬트만, 허버트 159, 307, 315
그리스 철학 174, 183, 191, 218, 272, 273
그린, 개릿 21
금욕주의 282, 284
《기독교 교리의 발전론》 110, 254

ㄴ

나그함마디 문서 117, 118, 338
나사렛 예수 13, 14, 21, 25, 33, 38, 39, 41, 42, 44, 45, 48, 50, 53, 75, 83, 84, 105, 117, 140, 145-148, 161, 163, 165-171, 173, 178, 182, 190-192, 195, 196, 198, 205, 212-214, 218, 219, 221, 227, 233, 274, 324, 334-337
누미디아 229, 230, 277
뉴먼, 존 헨리 110, 111, 254, 261
니케아 공의회 14, 45, 48, 50, 91, 211, 224, 298, 300, 301, 311
니케아 신조 141

ㄷ

《다빈치 코드》 13, 15-17, 321
다양성 18, 59, 68, 75, 78, 79, 82-85, 88-94, 123, 131, 183, 300
다원주의 62, 112, 292
던, 제임스 84
데메트리아스 244
데미우르고스 183-186
데키우스의 박해 91, 206, 207
도나투스 논쟁 211, 297
도나투스주의 148, 149, 210, 212, 228, 235, 253, 254, 277, 278, 314
〈도마복음〉 80, 124
도세티즘 47, 148, 171-175, 178, 195, 212, 335, 337
동화 135, 176, 264, 268-270, 277, 279, 286
드라이든, 존 86, 87
디오클레티아누스 박해 207, 210, 228, 231

ㄹ

라너, 카를 275, 324
라우스, 앤드류 51

라이트, 톰 24
램버트, 말콤 150
로고스 185, 190, 213, 216, 265
로마 교회 13, 67, 92, 93, 102, 103, 119, 131, 178, 182, 192, 198, 199-201, 239, 241, 282, 283, 295, 296
로슨, 힐러리 323, 324
루시안 79
루터, 마르틴 273, 294, 308-314
루피누스 240, 242, 283
리, 리처드 13, 14
링컨, 헨리 13

ㅁ

마르쿠스, R. A. 140
마르크스, 카를 293
마르키온주의 125, 189, 197, 199, 279
《만들어진 신》 197
만인 제사장직 309
맥큐, 제임스 121
멘수리우스 228, 229
멜란히톤, 필립 106
몬타누스주의 115, 116, 125, 283, 321
무신론 11, 12, 134, 197, 206
민족주의 229, 232
밀라노 칙령 208
밀턴, 존 318, 319

ㅂ

바르트, 카를 166, 275
바실리데스 176, 182, 189

바우어, 발터 12, 13, 92, 93, 117, 119-123, 131, 181, 189, 200, 201, 291, 296, 298
반삼위일체론 273, 274, 316
반유대주의 198
발도파 18, 159, 305
발렌티누스주의 121, 122, 178, 182, 183, 185, 186, 199, 200, 295
배교자 210, 229, 230, 232, 261
버거, 피터 19
베르베르 149, 229, 232, 277
베이전트, 마이클 13, 14
보쉬에, 자크 베니뉴 109
부르디외, 피에르 61, 134
브라운, 댄 13, 14, 16, 17, 321
빈켄티우스 88, 89, 188

ㅅ

삼위일체 교리 136, 148, 186, 225, 263, 273-276, 314, 316, 332-334, 339
성경 해석 85, 86, 88-90, 158, 186, 219, 261, 297, 304, 305, 307, 311, 315, 317, 319, 320
성례 185, 187, 228, 231, 232, 234-237, 308
성육신 44, 46, 174, 187, 217-219, 221, 226, 228, 273, 274, 321
《성혈과 성배》 13
세속화 111, 136
세이어즈, 도로시 227
세트파 영지주의 183, 184, 186, 335, 338
소키누스주의 87, 273

순교자 저스틴 120, 182, 190, 192, 193, 200, 213, 264, 265
슐라이어마허, 프리드리히 144, 145-150
스미스, 윌프레드 캔트웰 331
스테시코러스 175
스토아학파 64, 106, 136
스트롬사, 가이 175, 176
신념 체계 60, 134
신앙의 민주화 307, 309, 311
신앙의 유산 78, 109
신의 죽음 343
신적 계시 49, 52, 226
신조 11, 25, 33, 34, 40, 41, 45, 47, 52, 88, 91, 94, 141, 142, 144, 188, 199, 223, 334
신화 19, 175, 176, 181
십계명 243, 250

ㅇ

아르미니우스, 야코뷔스 317, 318
아리우스 논쟁 49, 149, 211, 215, 216, 222, 224, 298
아리우스주의 138, 161, 167, 201, 211, 212, 218, 219, 222-227, 254, 261, 273, 275, 301, 318
아우구스티누스 50, 232-239, 241, 242, 245-252, 265, 266, 270, 271, 277, 282, 314
아케이즘(의고주의) 108
아타나시우스 46, 81, 90, 108, 137, 138, 219-221, 225, 300, 301, 314
암브로시우스 284

얄다바오스 184
에반스, 로버트 239
에비온주의 47, 161, 163, 164, 166-170, 212, 218, 279
에우리피데스 175
에피파니우스 101-103, 334
엘레우시스 제전 179
엥겔스, 프리드리히 293
〈연금유액〉 36
영지주의 21, 23, 24, 80, 81, 122-125, 141, 163, 173, 174, 177-184, 186-189, 194, 199, 280, 304, 335, 338, 341, 342
영지주의 복음서 24, 80, 118, 123, 177
예수의 정체성 39, 43, 45, 50, 75, 90, 114, 139, 146, 148, 161, 169, 170, 190, 198, 212, 213, 218, 219, 222, 225, 227, 324, 325, 334
예정론 317
오리게네스 240
외경 80, 82
요비니아누스 284
요세푸스 64
원죄 234, 247, 249
〈위대한 셋의 둘째 논서〉 177, 335
위클리프, 존 306, 307, 312
〈유다복음〉 21-24
유대교 43, 64, 75, 79, 101, 102, 135, 138, 139, 143, 157, 161, 163-167, 169, 170, 172, 174, 184, 189, 191-193, 195-197, 199, 212, 218, 261, 275, 278, 279
율리아누스 240, 244, 269-271
이그나티우스 120, 172, 189

이단론 95, 104, 144, 149, 295, 316
이데올로기 62, 200, 209, 211, 225, 293, 301, 306, 322
이레나이우스 85, 87, 88, 95, 96, 121, 141, 163, 168, 171, 180, 186-189, 193, 195
이슬람교 60, 61, 92, 138, 217, 225, 226, 275
이신론 275, 276
인간의 본성 147, 187, 214, 236, 237, 245, 248
〈인빅투스〉 243

ㅈ

자연신학 275, 276
자유의지 246, 247, 250, 312
자유주의 144, 197, 300
작업가설 33, 37
제1차 바티칸 공의회 111
제2차 바티칸 공의회 314
제롬 53, 54, 80, 240
제임스, 윌리엄 33, 37
종교재판 159, 307, 316
중세 교회 106

ㅊ

찰스, 다윈 112
창조 교리 43
창조자 181, 182, 184, 186, 215
천년 세대 305

ㅋ

카이킬리아누스 228, 230
카타르파 18, 305
칼라일, 토머스 138
칼뱅, 장 314, 317
칼케돈 공의회 109, 112, 316, 322, 324
컬리리디아니즘 334
케리그마 84
케린투스 171, 172
켈레스티우스 240, 242, 282
코란 92, 331-339
콘, 노먼 284
콘스탄티노플 공의회 301
콘스탄티누스 15-17, 79, 91, 208-211, 222-224, 229, 230, 296-301, 311
콘스탄티우스 2세 300, 301
쾨스터, 헬무트 120
쿠르즈, 레스터 61
키프리아누스 230, 231, 304
킹, 카렌 88, 181

ㅌ

터너, H. E. W. 78, 93, 108, 285
테르툴리아누스 48, 103, 104, 106, 114, 115, 136, 137, 140, 141, 194, 195, 261, 279, 283
테오도투스 183
토라 138, 191, 192
통일성 42, 64, 77, 82-84, 88, 92-94, 120, 131, 141, 167, 186, 205, 209, 211, 217, 219, 222, 231, 298, 300
틴데일, 윌리엄 65

ㅍ

파레, 오스틴 272
페이절스, 일레인 88, 123, 124, 342
펠라기우스주의 147, 161, 212, 237, 240-243, 245, 248-250, 252, 253, 269, 282-284, 312
평등주의 124, 125, 342
포스트모던 12, 16, 17, 320, 323
폭스, 로빈 레인 122, 194
푸코, 미셸 322
프로테스탄티즘 85-87, 307-309, 314-320, 324, 331
프톨레마이오스 183
플라톤주의 47, 106, 180, 213, 264, 265
피터슨, 에리크 224, 225

ㅎ

하나님의 정의 269-271
하르낙, 아돌프 폰 197
하에레시스 67
하우어워스, 스탠리 34, 35
하이레시스 63-65, 67, 68, 135
핸슨, N. R. 37
허버그, 윌 11
허버트, 조지 36, 37
허타도, 래리 126
헤라클레온 183
헤로도토스 175
헨리, 윌리엄 어니스트 243
현자의 돌 36
후스파 159, 278, 312
후커, 리처드 146, 147

히브리 성경 101, 191, 194
히폴리투스 136, 163, 173